Reinhold Ebertin

Angewandte Kosmobiologie

Reinhold Ebertin

Angewandte Kosmobiologie

Fünfte, überarbeitete und
erweiterte Auflage

Ebertin Verlag
Freiburg im Breisgau

CIP-Kurztitelaufnahme der Deutschen Bibliothek

Ebertin, Reinhold:
Angewandte Kosmobiologie / Reinhold Ebertin. –
5., überarb. u. erw. Aufl. –
Freiburg im Breisgau : Ebertin, 1986.
ISBN 3-87186-064-6

Mit 93 Zeichnungen.

5., überarbeitete und erweiterte Auflage 1986.
ISBN 3-87186-064-6
© 1986 by Ebertin Verlag, Freiburg im Breisgau.
Alle Rechte vorbehalten.
Herstellung im Rombach: Druckhaus KG, Freiburg im Breisgau.
Printed in Germany.

Inhalt

Vorwort zur fünften Auflage

Nachdem das Buch längere Zeit vergriffen und trotzdem die Nachfrage groß war, habe ich das Buch überarbeitet und auf den neusten Stand gebracht, um den Lesern ein gründliches und umfangreiches Lehrbuch zu bieten. Das ausführliche Lehrbeispiel Johann Wolfgang von Goethe mußte ganz neu bearbeitet werden, da die Berechnung mit dem Computer gegenüber früheren Veröffentlichungen einige Differenzen aufwies. Die Ganzheitsbetrachtung, wie sie die Kosmobiologie verlangt, erforderte auch, den Deklinationen besondere Aufmerksamkeit zu widmen und die erarbeiteten Lebensdiagramme als notwendige Ergänzung beizufügen.

Ich wünsche allen Lesern, daß sie lernen, ganz und gar in Harmonie mit dem Kosmos zu leben und glücklich zu sein.

Hirschlanden, im Frühjahr 1986 *Reinhold Ebertin*

Was ist Kosmobiologie?

Im allgemeinen versucht man, Astrologie und Kosmobiologie gleichzusetzen und möchte glauben machen, daß Kosmobiologie nur ein anderer Name für Astrologie sei. Das ist aber nicht der Fall. Der Astronom Robert Henseling, ein Gegner der allgemeinen Astrologie[1], sagt, daß die Kosmobiologie viel früher, bereits vor Jahrtausenden, da war. Sie war die Ganzheitsbetrachtung kosmisch-irdischer Beziehungen, die vorwiegend in der Beobachtung des Wetters und des Weltgeschehens bestanden, ohne zunächst den Menschen in die Betrachtung mit einzubeziehen. Aus der ursprünglichen Kosmobiologie ist die Astrologie hervorgegangen, die aber zuerst noch einen ganz anderen Charakter hatte. So sagte Professor Dr. Franz Boll[2]: »Die Astrologie, vor allem die griechische Astrologie und die sich eng an sie anschließende des Mittelalters und der Renaissance, war noch etwas anderes, als man sich zumeist bei diesen Worten denken mag; sie war sehr viel mehr als der vergebliche Versuch, eines Menschen Zukunft mit Hilfe der Sterne zu ergründen. Es verrät Unkenntnis ihres Wesens und ihrer Geschichte, sie mit dem vulgären Aberglauben in einen Topf zu werfen. Sie war einmal der Versuch einer universellen Weltauffassung von großem Stil und imponierender Einheitlichkeit, und sie ist in so viele Einzelgebiete eingedrungen, als es einer universellen Weltanschauung nur immer möglich ist; in nicht weniger als die Scholastik oder die Philosophie Hegels. Und nicht etwa der unbelehrbaren Masse, sondern geistigen Führern der verschiedensten Zeiten galt es als eine Verirrung, an der immer bedingten Wahrheit dieser Lehre zu zweifeln.«

Aber Religion und Wissenschaft gingen im Laufe der Zeit verschiedene Wege. Die Astrologie ist dann immer mehr isoliert worden; sie wurde aus der Religion verbannt und von der Wissenschaft nicht mehr gepflegt; sie blieb sich selbst überlassen. Die Folgen faßt Henseling[1] mit den Worten zusammen: »Aber welch ein Ballast menschlichen Wahns hat sich in all den Jahrtausenden astrologischen Glaubens, von den Anfängen her, an diese ursprünglich durchaus vernünftigen, wenn auch für uns als gänzlich fehlschlüssig erkennbaren Auffassungen angeheftet! Es ist aus ihnen schließlich ein dichtes Netz völlig willkürlicher Lehren herausgesponnen worden, ein Gewebe, dessen Anlage und dessen kreuz und quer durcheinanderlaufende Fäden ihren Ursprung nicht irgendeiner ›Erfahrung‹ verdanken, sondern nur dem Bedürfnis, das als richtig und allgemein gültig angenommene Gesetz des ›unten wie oben‹ erschöpfend auszubauen und es auf jede Erscheinung anzuwenden. Bei solchem Bestreben erlag der Mensch, allzuoft unbemerkt, der Gefahr, das Oben nach dem Bilde des Unten, das große Ganze nach dem kleinen Einzelnen gewaltsam auszudeuten und der lebendigen Vielfalt der menschlichen Umwelt und Innenwelt dürftige Schemata seiner spekulierenden Einfalt aufzuprägen.«

Nun, Henseling geht hier etwas zu weit mit seinem harten Urteil, denn aus der Astrologie der Massen hat sich schließlich auch eine seriöse Astrologie entwickelt, die aber immer noch nicht wissenschaftlichen Urteilen standhalten kann.

Anfang des 20. Jahrhunderts wurde aber der Versuch unternommen, eine naturwissenschaftliche Astrologie zu begründen. Dr. med. Feerhow nannte diese Richtung in seinem Buch *Die medizinische Astrologie*[3] »Kosmobiologie«. Er wandte sich ganz besonders gegen den kosmischen Determinismus mit dem Bestreben, unbedingt Schicksale voraussagen zu wollen, weil es nur möglich ist, Dispositionen anzudeuten. Er stützte sich dabei auch auf die Aussagen der Ärzte Dr. Allendy, Dr. Heinrich Däath und andere. Dr. Allendy vertrat auf dem Zweiten Internationalen Kongreß für experimentelle Psychologie Ende März 1913 nachdrücklich die Bedeutung der medizinischen Astrologie für die Krankheitsdiagnose[3]. Paracelsus hatte schon darauf hingewiesen, daß es für den Arzt unerläßlich sei, den Einfluß der Gestirne bei Krankheiten zu berücksichtigen. 1928 erschien

12

das erste *Jahrbuch für kosmobiologische Forschung*, herausgegeben von Dr. H. A. Strauss[4]. Darin bekannten sich namhafte Wissenschaftler zur Kosmobiologie, zum Beispiel Richard Wilhelm, Hans Kayser, Edgar Daqué, Erich Winkel, Thomas Ring, K. E. Krafft, Prof. August Vetter, Sigrid Strauss-Kloebe in ihren *Beiträgen zur Kosmobiologie*. Aber bereits im zweiten Jahrgang mußte die Herausgabe dieses fortschrittlichen Jahrbuches wegen Absatzmangels eingestellt werden.

Der »Kongreß astrologischer Pioniere 1932«[5] in Erfurt, den ich mit Hilfe meiner Zeitschrift *Der Seher* einberufen hatte, entwickelte die Idee einer wissenschaftlichen Ausrichtung und auch die Möglichkeit einer künftigen Akademie, aber es war unmöglich, eine Einigung herbeizuführen.

Es war vielleicht ein glücklicher Umstand, daß meine Mutter, Elsbeth Ebertin, mir 1938 die Redaktion ihres seit 1918 bestehenden Jahrbuches *Ein Blick in die Zukunft* übergab. Ich gestaltete es zu einem *Kosmobiologischen Jahrbuch* um, das erstmals 1938 für das Jahr 1939 erschien[6]. Zu den ersten Mitarbeitern gehörten unter anderem Prof. Dr. Otto Julius Hartmann, Dipl.-Ing. Gerhard Krüger, Dr. med. Georg Lomer, Studienrat Emil Sänger, Heinz Nösselt, Thomas Ring, Dr. Walter Koch, Elsbeth Ebertin. Es waren durchaus führende Köpfe unseres Wissensgebietes. Richtunggebend für die Zukunft war wohl meine Abhandlung *Kosmos – Erde – Mensch*. Darin legte ich in großer Ausführlichkeit auf zwanzig Druckseiten klar, daß der Kosmos unser Leben nicht allein bestimmt, sondern daß es nur einen kosmischen Faktor neben anderen Einflüssen geben kann. Ich widmete verschiedene Abschnitte folgenden Themen: Einwirkung der Gestirne auf alle Lebewesen; kosmische Strahlen; Einfluß der Erde; das Erbgut; die Umwelt; Klima und Seele; die Atmosphäre; Einfluß des Bodens; der rhythmische Ablauf des Lebens; Sonnen- und Mondrhythmus; das Siebenjahr; der Wille des Menschen.

Das Hitler-Regime und der Zweite Weltkrieg haben die kosmobiologische Forschung behindert, aber im stillen ging sie weiter. In der Februarausgabe der Zeitschrift *Neue Sternblätter*, die kurz vor der Machtübernahme Hitlers am 30. Januar 1933 erschien, wurde bereits auf den künftigen Sturz Hitlers hingewiesen. Während des Krieges entwickelte ich das neue »Arbeitsgerät für die kosmobiologische Forschung« und die graphischen 45-Grad-Ephemeriden, mit deren Hilfe ich das Ende des Krieges vorhersehen konnte.

Am 1. Oktober 1948 konnte die frühere Zeitschrift *Mensch im All* unter dem neuen Titel *Kosmobiologie* erscheinen; 1949 wurde die erste »Arbeitstagung für kosmobiologische Forschung« einberufen. Die Tagungen nahmen immer mehr einen internationalen Charakter an. Diese Tagungen hatten ein durchaus wissenschaftliches Niveau. Als Referenten wurden nicht nur kosmobiologische Praktiker gewonnen, sondern es sprachen auch zahlreiche Wissenschaftler aus dem In- und Ausland, zum Beispiel Pfarrer Erich Bergmann, Aalen; Prof. Dr. Robert Bünsow, Göttingen; Prof. Dr. Miguel Charneco, Puerto Rico; Prof. Dr. R. Danneel, Bonn; Dr. med. Heinz Fidelsberger, Wien; Dr. med. W. Folkert, Kelkheim; Prof. Dr. Michel Gauquelin, Paris; Dr. med. Walter Gollner, Ludwigsburg; Dr. Theresia Gruber, München; Dr.-Ing. Fritz Hahn, Heidelberg; Dr. med. Carl Hagenbuchner, Innsbruck, als Vertreter von Prof. Dr. med. Urban, Innsbruck; Manfred Graf Keyserling, Pommertsweiler; Dr. Walter Koch, Göppingen; Univ.-Prof. Dr. A. Köberle, Tübingen, und viele andere. Ich muß einen Teil dieser Namen nennen, weil immer wieder versucht wird, der Kosmobiologie den wissenschaftlichen Charakter abzusprechen und der Astrologie der Massen gleichzustellen.

Berichte über die Tagungen und die gekürzten Referate sind bis 1978 regelmäßig in den Jahrbüchern erschienen. Die wesentlichen Vorträge auf den späteren Tagungen sollen besonders zusammengefaßt werden.

Ein bedeutungsvoller Wendepunkt für die kosmobiologische Forschung ergab sich 1956 durch die Gründung der »Kosmobiologischen Akademie Aalen, Arbeitsgemeinschaft e.V.«. Über dieses Vorhaben hatte Dr. med. Heinrich Reich, München, mit Prof. Urban, Innsbruck, und Prof. Dr. A. Köberle, Tübingen, Besprechungen geführt. Zu den Gründungsmitgliedern gehörten Dr. Walter Gollner vom Psychologischen Institut in

Stuttgart, der frühere Gesandte Dr. Hermann von Raumer, Reinhold Ebertin und der kosmobiologische Arbeitskreis in Stuttgart. Bereits nach einem Jahr erlebte die Kosmobiologische Akademie ihre Ausrichtung und Anerkennung auf der 10. Arbeitstagung für kosmobiologische Forschung[8]. So schrieb die *Schwäbische Post*, Aalen, am 12. August 1958 unter dem Titel »Durchbruch zur Wissenschaft« unter anderem: »Die 10. Arbeitstagung für kosmobiologische Forschung erhielt eine grundlegende Bedeutung. Auf ihr gelang erstmals der exaktwissenschaftliche Nachweis einer Übereinstimmung geophysikalischer Vorgänge mit planetarischen Konstellationen und damit, wenn auch zunächst auf einem Teilgebiet der Erdbebenforschung, der Durchbruch zu einwandfrei fundierter wissenschaftlicher Erkenntnis. Um die Gewinnung einer solchen wissenschaftlichen Grundlegung geht es ja der Kosmobiologie bei der Ermittlung von kosmischen Einwirkungen auf das Leben schlechthin, insbesondere auf den Menschen, und es bedeutet schon einen entscheidenden Fortschritt, wenn solche kosmischen Beziehungen zu bestimmten Erdvorgängen mit den Mitteln der modernen Naturwissenschaft unbezweifelbar festgestellt werden konnten.«

Professor Dr. Rudolf Tomaschek, zuletzt ordentlicher Professor am Physikalischen Institut der Technischen Hochschule München, der als Physiker und Geophysiker internationales Ansehen genießt, erbrachte den unanfechtbaren Beweis dafür in seinem Referat »Kosmische Kraftfelder und astrale Wirkung«. Die Beobachtung der relativen Positionen der Gestirne sind nach Auffassung des Referenten nicht zufällig, vielmehr bilde unser gesamtes Sonnensystem eine Einheit, die eine gesetzmäßige Harmonie in sich birgt. Professor Tomaschek bejahte es, daß die verschiedenen sich bietenden Möglichkeiten der Gestirneinflüsse einer exakten naturwissenschaftlichen Forschung zugänglich sind, wobei er zunächst auf die astronomische Seite des Problems einging, die als gelöst betrachtet werden kann.

Zusammenfassend erklärte Dr. Gollner, daß die Kosmobiologie nicht unvereinbar mit unserem wissenschaftlichen Weltbild sei. Sie sei noch keine Wissenschaft, aber es bestehe die Hoffnung, daß sie es einmal werde. Sie sei auch keine Weltanschauung, die sich anheischig mache, die bestehenden Weltanschauungen zu verdrängen, sei aber eine »Schau in die Welt«.

Die verschiedenen grundlegenden Vorträge auch der weiteren Tagungen sind in den *Kosmobiologischen Jahrbüchern* enthalten und jedem Interessenten zugänglich. Es muß noch auf eine grundlegende Veröffentlichung von Professor Dr. Wilhelm Hartmann, dem früheren Leiter der Sternwarte Nürnberg, hingewiesen werden. In seinem Buch *Die Lösung des uralten Rätsels um Mensch und Stern*[10] arbeitete er den Unterschied zwischen Kosmobiologie und Astrologie heraus, wobei er sich auf die Unterscheidung im Brockhaus (Ergänzungsband 1935, Seite 490) stützt, wo es kurz heißt:

»*Kosmobiologie* berücksichtigt Vererbung, Boden, Milieu; betont das Moralische; behauptet, keine Zukunft deuten zu können.«

»*Astrologie* leitet alles nur aus den Sternen ab; ist fatalistisch eingestellt; behauptet, die Zukunft hundertprozentig deuten zu können.«

Hartmann sagt hierzu treffend: »Mit dieser Abgrenzung und Umwandlung der Astrologie in eine Kosmobiologie bleibt aber von der bisherigen Astrologie nur noch wenig übrig. Vor allem nimmt man der Astrologie den schädlichen asozialen Einfluß, der ja so viel Unfug und Unglück gestiftet hat.« (Insbesondere durch die seelische Belastung durch Schicksalsvoraussagen.)

Hartmann sagt hierzu aber auch: »Die große Masse will Astrologie, Schicksalsdeutung, keine Kosmobiologie. Man will wissen, ob man nächstens das große Los gewinnt oder gute Geschäfte macht. Das andere interessiert gar nicht.«

Trotzdem wird gerade dieses Buch zeigen, in welchem Maße man eine Lebensentwicklung – nicht das vorausbestimmte Schicksal – erkennen und welch große Lebenshilfe die heutige Kosmobiologie sein kann. In bezug auf die fatalistische Schicksalsdeutung der Astrologie sei erwähnt, daß noch im Jahre 1957 der »Altmeister der Astrologie«, A. M. Grimm, ein Buch herausbrachte mit dem Titel *Sternenwirken und Willensfreiheit*,[11] worin die unabänderliche Vorausbestimmung des Schicksals behauptet wird.

In meinem Buch *Das Jahresdiagramm*[12] bin ich bereits dazu übergegangen, eine völlige Umgestaltung der Aussagen aus den Transiten vorzunehmen und habe geschrieben: »Wir müssen uns umstellen und von dem Bestreben freimachen, Ereignisse vorauszusagen, die unter Umständen eine schwere seelische Belastung für den Menschen darstellen. Wir sollten vielmehr Hinweise geben, wie man sich unter den einzelnen Konstellationen am besten verhält, wie man mit den ›kosmischen Informationen‹ sein Leben bewußt steuert, kritische Situationen zu meistern und günstige Gelegenheiten zu nutzen sucht. Kurz gesagt kommt es darauf hinaus: *Wie lebe ich bewußt in Harmonie mit dem Kosmos!* Wenn wir dieses Ziel erreichen, dann haben wir viel erreicht.«

Nach einem Studium der Beziehungen zwischen Kosmos und Mensch kann ich sagen, daß ich mit dieser Erkenntnis im Alter von 85 Jahren glücklich und zufrieden bin, wenn ich auch dabei die Beschwerden des Alters mit in Kauf nehmen muß.

Kosmobiologische Praxis

Horoskop und Kosmogramm

Die kosmische Verbundenheit des Menschen drückte sich zunächst in den Felsbildern aus, die vor mehr als zwanzigtausend Jahren entstanden sind und einen Kreis mit einem Kreuz darin zeigen. Dieses Kreuz entsprach sowohl dem Tages- als auch dem Jahreslauf der Sonne. Solche Darstellungen findet man in allen Gegenden der Erde. In verschiedenen Gegenden schuf man auch Steinkreise, mit deren Hilfe man die Wendepunkte der Sonne im Frühjahr und Herbst bestimmen konnte. Es sei kurz hingewiesen auf die Steinsetzungen in Stonehenge in England und die Externsteine im Teutoburger Wald. Als man dazu überging, kosmische Beobachtungen bei der Geburt eines Königs und später auch für alle Menschen vorzunehmen, stellte man zunächst den Stern oder auch das Sternzeichen fest, das gerade am Horizont aufging und nannte diesen Punkt *Horoskopus.* Später bezeichnete man die Aufzeichnung aller Gestirne für den Augenblick der Geburt als Horoskop.

Zunächst wurde die uralte Vierteilung beibehalten, wie sie in dem chinesischen Weisheitsbuch *I Ging* überliefert ist. Mit dieser Vierteilung wurde auch auf die vier Elemente hingewiesen, die aber nicht nur die Elemente, sondern ganz bestimmte Eigenschaften bedeuteten. Die Elemente Feuer, Erde, Wasser und Luft entsprechen heute noch in der Psychologie den vier Temperamenten. Mit dem »Radkreuz« suchte man nicht nur eine Entsprechung zu den Tages- und Jahreszeiten, sondern auch zum Lebensablauf von der Geburt bis zur Lebensmitte, der größten Schaffenskraft, zum Alter und schließlich zum Tod.

Die Abbildungen 1 bis 3 zeigen die charakteristische Vierteilung des Kreises, wie sie der natürlichen kosmischen Einteilung entspricht.

Abb. 1: Jahres- und Elementenkreis nach *I Ging.*

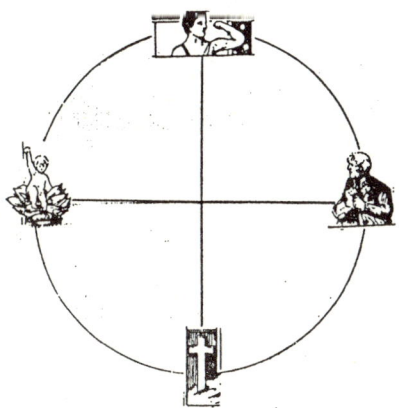

Abb. 2: Lebenskreis nach der Art der Ägypter.

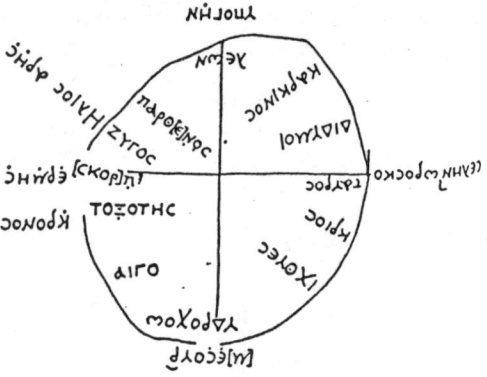

Abb. 3: Eines der ältesten griechischen Horoskope.

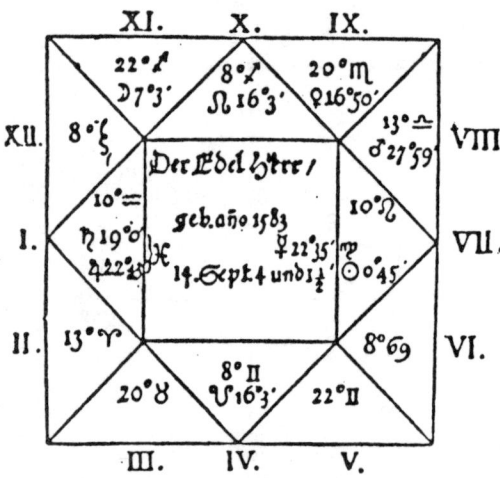

Abb. 4: Das von Johannes Kepler erstellte Horoskop von Wallenstein in der Darstellung des Mittelalters.

In der vorchristlichen Zeit hatte man den Himmel zunächst in acht und später in zwölf Tierkreiszeichen oder Himmelshäuser eingeteilt. Aber man legte immer noch den größten Wert auf die Kardinalen (cardo = Wendepunkt) oder Wendepunktzeichen Widder, Krebs, Waage, Steinbock, denn wenn die Sonne in eines dieser Zeichen eintrat, ergaben sich die verschiedenen Jahreszeiten: Dies cardines entsprach auch den Tageszeiten und den Lebensaltern.

Nun begann aber eine Entwicklung, die später in die Irre führte. Den zwölf Tierkreiszeichen entsprechend teilte man das Horoskop in Zwischenfelder ein, das heißt, jeder Viertelkreis wurde in drei Abschnitte zerlegt. Solange es sich dabei um ein Ordnungschema handelte, konnte man dieser Einteilung durchaus zustimmen. Aber man gab nun diesen Feldern eine besondere Bedeutung. Doch nicht nur das – man berechnete diese »Felder« nach verschiedenen Methoden, so daß sich schließlich vierzehn verschiedene Feldermethoden entwickelten, die mathematisch richtig berechnet waren, deren Bedeutung aber schwankte, weil sich, den verschiedenen Methoden entsprechend, die Grenzen und demnach auch ihr Deutungsgehalt verschoben. Dabei spielte eine große Rolle, ob der Geburtsort mehr in der Nähe des Äquators oder der Pole lag.

Die Abbildungen 5 und 6 auf den Seiten 22 und 23 sollen das veranschaulichen. Wenn der Geburtsort in der Nähe des Äquators liegt, sind die einzelnen Felder gleich groß. Je weiter der Geburtsort im Norden oder auch Süden liegt, um so mehr verschieben sich die Felderspitzen. Bei einer nördlichen Breite von 60 Grad kann man die Felder noch deutlich unterscheiden, bei einer nördlichen Breite von 67 Grad fallen die Felder 1 bis 3 und 7 bis 9 fast aufeinander, während die Felder 4 bis 6 und 10 bis 12 unverhältnismäßig groß sind.

Als ich seinerzeit zu Dr. Koch sagte, daß man die Horoskope aus nördlichen Gegenden gar nicht deuten könne, antwortete er: »So weit im Norden wohnen sowieso keine Menschen mehr.« Diese Aussage charakterisiert am besten, was von einem solchen Feldersystem zu halten ist. Aus diesem Grunde verwenden wir in der Kosmobiologie keine Felder.

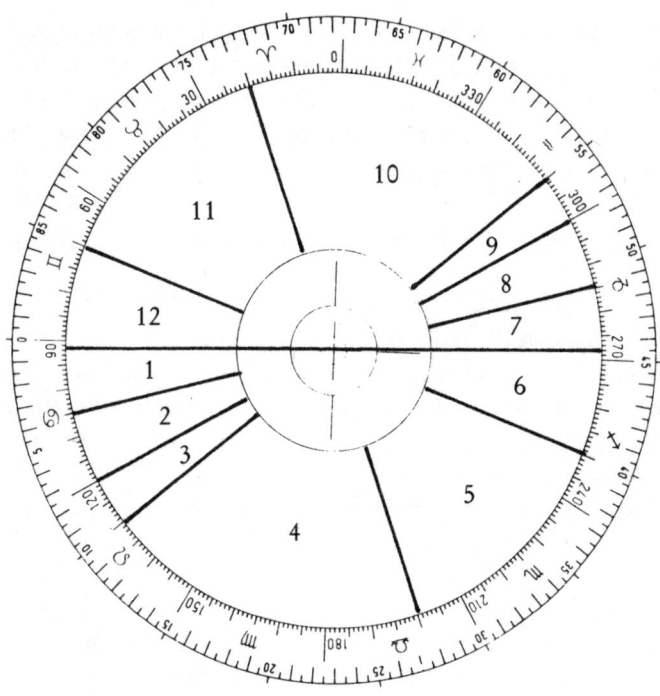

Abb. 5: GOH-System Dr. W. Koch
Sternzeit 20 h 49 m 47 s
MC = 10° Wassermann
nördliche Breite 60°

Dazu ist noch zu bemerken, daß es ursprünglich nur den Ok-
tatopus mit acht Feldern gegeben hat und daß man ursprünglich
die Felder richtig vom Aszendenten über den Kulminationspunkt (Medium Coeli) gezählt hat. Aber Hermes Trismegistos[13]
vertrat folgende Ansicht: »Da der zur Welt kommende Mensch
seine ganzen Schicksale in der Nacht der Zukunft liegen hat,
müssen alle Sterne, die noch in der unteren Hemisphäre stehen,
die Zukunft anzeigen.« Aufgrund dieser Meinung wurden dann
die Felder im Horoskop unten herum über das Imum Coeli gezählt.

Felder und Häuser werden oft verwechselt. Unter den Häu-
sern sind die Tierkreiszeichen zu verstehen, die jeweils auch einen »Hausherrn« haben. Zum Beispiel ist Mars Herr im Zei-

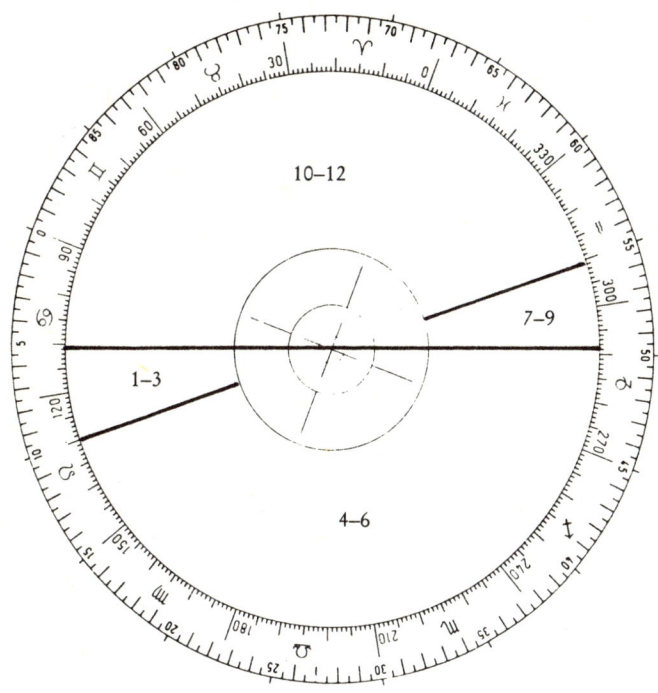

Abb. 6: GOH-System Dr. W. Koch
Sternzeit 20 h 49 m 47 s
MC = 9 h 33 m 33 s Wassermann
nördliche Breite 67°

chen Widder; Venus Herrin im Zeichen Stier; Merkur ist Herr
im Zeichen Zwillinge; Mond Herr im Zeichen Krebs. Diese
Entsprechungen gehen wahrscheinlich darauf zurück, daß die
Gestirngötter ihren Festtag hatten, wenn die Sonne durch das
betreffende Zeichen lief. Die Bedeutung der einzelnen Felder
führt sehr leicht zu wahrsagerischen Aussagen; deshalb werden
sie vom kosmobiologischen Standpunkt aus abgelehnt. Das
Wort Horoskop hat einen Bedeutungswandel durchgemacht.
Weil die Illustrierten und Wochenzeitungen unter dem Begriff
Horoskop fälschlich eine Deutung allein aus den Sonnenzei-
chen verstehen, lehnen wir die Benutzung des Wortes Horoskop ab und bezeichnen die Aufzeichnung der Gestirnkonstellationen als *Kosmogramm* oder auch als *kosmisches Geburtsbild*.

23

Das Kosmogramm

Die Anleitung zur Berechnung des kosmischen Geburtsbildes ist in meinem Lehrbuch *Einführung in die Kosmobiologie* enthalten und kann daher an dieser Stelle nicht wiederholt werden. Viele Interessenten an der Kosmobiologie werden aber ihr Geburtsbild von einem Computer berechnen lassen und können es dann den Anleitungen dieses Buches zugrunde legen. Voraussetzung ist nur, daß die Ausführung nach der Methode Ebertin gewünscht wird.

Als erstes Beispiel habe ich das Kosmogramm von Johann Wolfgang von Goethe gewählt, weil es sich dabei um eine neutrale Persönlichkeit handelt und es genug Biographien gibt, um alle Ausführungen in diesem Buch kontrollieren zu können. Das vorliegende Kosmogramm wurde vom »Astrodienst Zürich« mit dem Computer berechnet und mir zur Verfügung gestellt.

Diese genaue Berechnung weicht in einigen Punkten etwas von früher veröffentlichten Zeichnungen von Goethes Geburtsbild ab. Abbildung 7 auf Seite 25 zeigt das allgemein bekannte Horoskop von Goethe mit der Einteilung in die zwölf Felder. Der Aszendent befindet sich jeweils im Osten auf der linken Seite; der Horizont ist waagerecht, der Kulminationspunkt (10. Felderspitze) liegt oben. Wenn man nun wissenschaftlich arbeiten will, so müssen Vergleichsmöglichkeiten gegeben sein, das heißt, ich muß beispielsweise untersuchen können, ob gleiche Konstellationen in verschiedenen Geburtsbildern auch zu gleichen Aussagen führen. Ein Vergleich von Geburtsbildern, wo immer wieder ein anderes Zeichen am Aszendenten steht, ist nicht möglich. Als eine beständige Grundlage ist allein der Tierkreis mit seiner Einteilung in zwölf Zeichen mit je 30 Grad anzusehen. Aus diesem Grunde legen wir den Krebspunkt (0 Grad Krebs) immer oben hin, da für uns die Sonne im Zeichen Krebs immer im Sommer am höchsten steht.

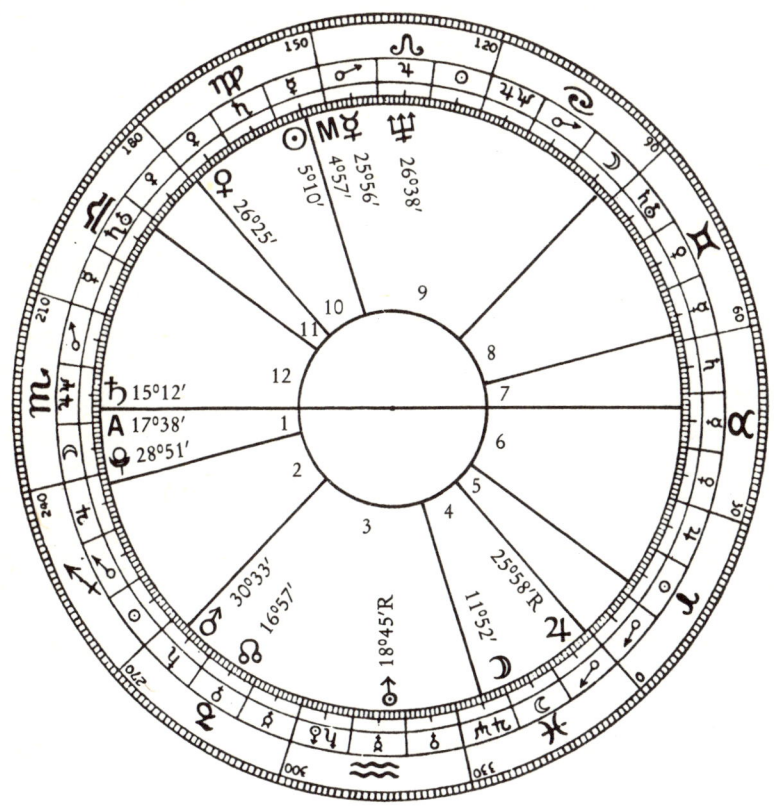

Abb. 7: Das Geburtsbild von Johann Wolfgang von Goethe, geboren am 28. August 1749, 12 Uhr, in Frankfurt am Main, in der üblichen astrologischen Form mit dem waagrecht liegenden Aszendenten. Als Grundlage gilt dabei das Zwölf-Felder-System. Die einzelnen Tierkreiszeichen sind noch in Dekanate, das heißt Zehn-Grad-Abschnitte, eingeteilt. Die Zeichen wurden als »Felder« bezeichnet. Der »Herr des Feldes« ist jeweils der Planet, der das erste Dekanat des Zeichens beherrscht; so ist zum Beispiel Mars der Herr des Zeichens Widder, Venus Herrin des Zeichens Stier, Merkur Herr des Zeichens Zwillinge und so weiter.

25

Tierkreis und 90-Grad-Kreis

Wie man aus Abbildung 8 auf Seite 27 ersehen kann, liegt um den Tierkreis des Formulars noch ein 90-Grad-Kreis herum. Diese Kombination von 360 Grad und 90 Grad hat sich in der kosmobiologischen Arbeit seit Jahrzehnten bestens bewährt.

Der Ebertin Verlag bietet zwei vom Verfasser auf dieser Basis entwickelte Formulare an: das Formular K 2 (siehe Abbildung 9 auf Seite 28) und das Formular K 3 d (siehe Abbildung 10 auf Seite 29). Tierkreis und 90-Grad-Kreise dieser Formulare wurden von dem Ingenieur Stefano Szanislo für den Ebertin Verlag gezeichnet. Das Formular K 3 d hat gegenüber dem Formular K 2 eine differenziertere Gradeinteilung des 90-Grad-Kreises. Beide Formulare können für die von Reinhold Ebertin entwickelten 90-Grad-Arbeitsgeräte verwendet werden.

Der 90-Grad-Kreis ergibt sich aus der Vierteilung des Tierkreises. Jedes Tierkreisviertel besteht aus 90 Grad mit je drei Tierkreiszeichen (siehe Abbildung 11 auf Seite 30). Zieht man das erste Tierkreisviertel, das die Zeichen Widder, Stier und Zwillinge umfaßt, wie eine Ziehharmonika auseinander, entsteht ein Kreis aus 90 Grad, wobei jeder Grad viermal so groß ist wie ein Grad im Tierkreis. Zieht man auch das zweite Tierkreisviertel mit den Zeichen Krebs, Löwe und Jungfrau in gleicher Weise ziehharmonikaartig auseinander, entsteht ein zweiter 90–Grad-Kreis. In gleicher Weise geht man auch mit dem dritten Tierkreisviertel mit den Zeichen Waage, Skorpion und Schütze und mit dem vierten Tierkreisviertel mit den Zeichen Steinbock, Wassermann und Fische vor.

Legt man nun die vier aus Tierkreisvierteln entstandenen 90-Grad-Kreise übereinander, decken sich die Kardinalzeichen Widder, Krebs, Waage und Steinbock, die fixen Zeichen Stier, Löwe, Skorpion und Wassermann und die beweglichen Zeichen Zwillinge, Jungfrau, Schütze und Fische. In Abbildung 12 (siehe Seite 31), die dem Design des universalen 90-Grad-Arbeitsgeräts entnommen ist, sind die vier 90-Grad-Kreise und die Kombination aus ihnen zu sehen.

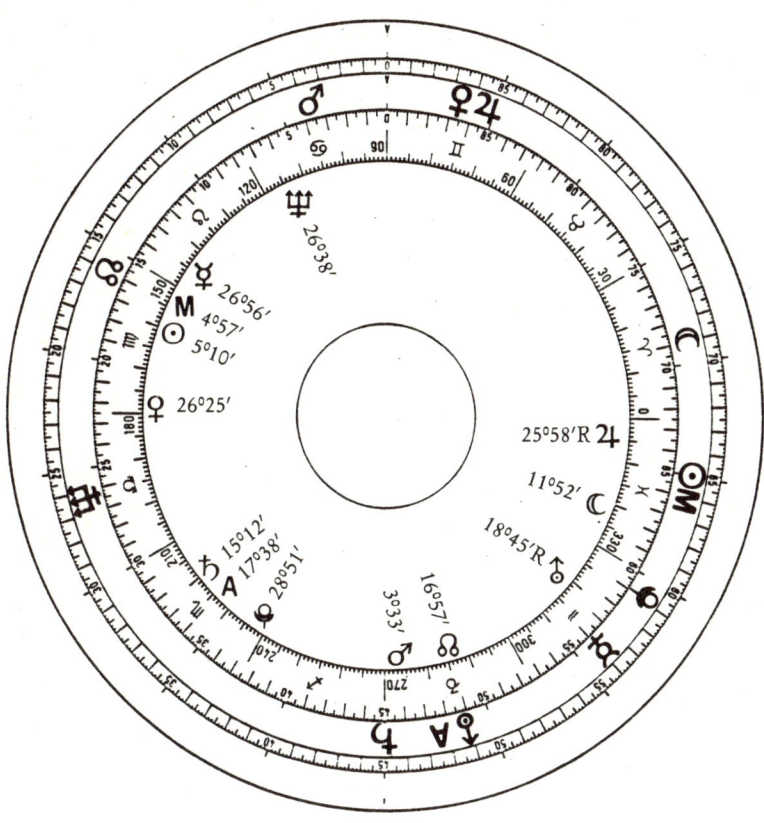

DEKLINATIONEN

☉ =	9°38'N	☾ =	3°19'S	☿ =	14°27'N	♀ =	2°29'N
♂ =	27°47'S	♃ =	3°03'S	♄ =	14°23'S	☊ =	15°56'S
♅ =	20°27'N	♇ =	7°47'S	M =	9°43'N	A =	17°07'S

Abb. 8: Das Kosmogramm von Johann Wolfgang von Goethe, geb. am 28. August 1749, 12 Uhr, in Frankfurt, dargestellt im Tierkreis und 90-Grad-Kreis.

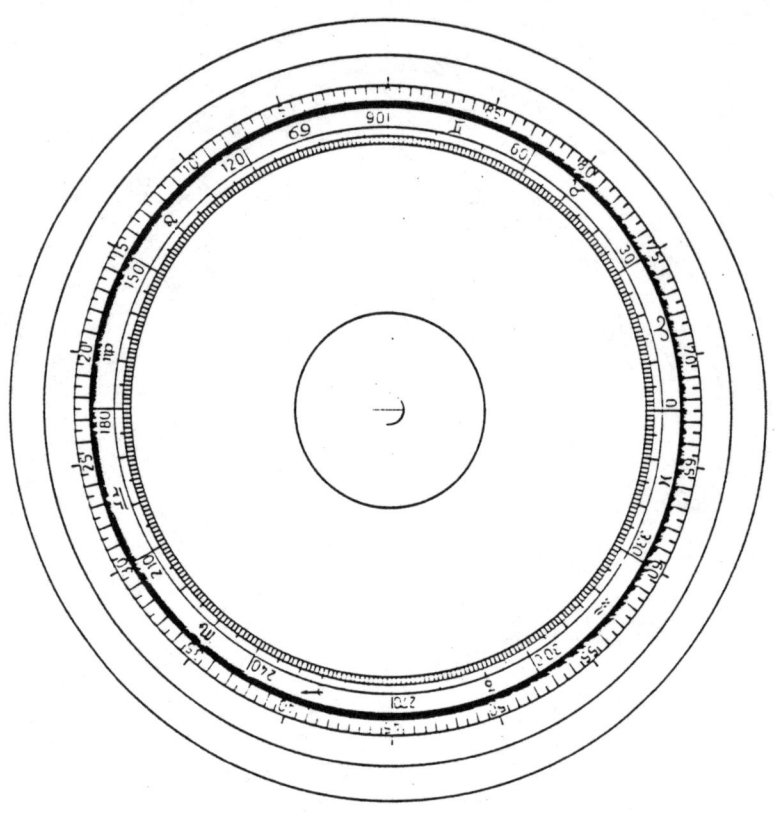

Abb. 9: Das bewährte Formular K 2 mit dem Tierkreis und zwei 90-Grad-Krei-
sen. Der innere 90-Grad-Kreis kann zum Beispiel für das Radix, der
äußere 90-Grad-Kreis für die Sonnenbogen-Direktionen oder ein Part-
nerkosmogramm verwendet werden. (Entnommen aus: Baldur R. Ebertin: *Kosmobiologische Diagnostik*).

Ein großer Vorteil des 90-Grad-Kreises ist es, daß in ihm alle
Konjunktionen, Oppositionen und Quadrate in einem Kosmogramm zusammenfallen und damit die dominanten Faktoren
eines Geburtsbilds als komplexe Position deutlich werden. Die
Halb- und Anderthalbquadrate, die heute ebenfalls eine besondere Bedeutung gewonnen haben, stehen sich im 90-Grad-Kreis

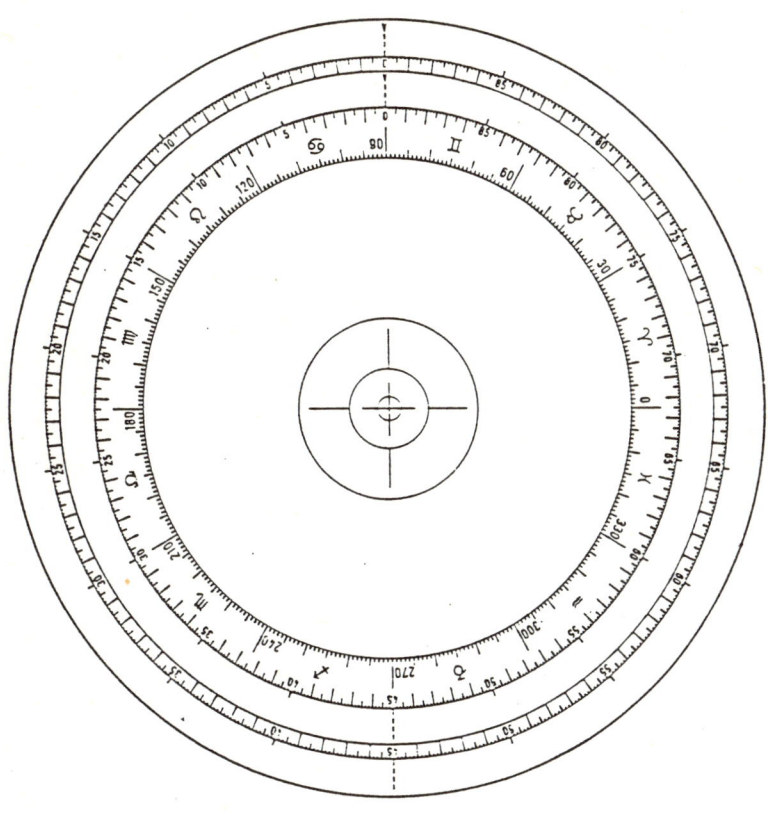

DEKLINATIONEN

⊙ -	•	'	☾ -	•	'	☿ -	•	'	♀ -	•	'
♂ -	•	'	♃ -	•	'	♄ -	•	'	⚷ -	•	'
⊕ -	•	'	☋ -	•	'	M -	•	'	A -	•	'

Abb. 10: Das Formular K 3 d mit dem Tierkreis innen und differenzierter 90-Grad-Einteilung im Außenkreis. In das untere Schema können die Deklinationen eingesetzt werden, die in der Kosmobiologie zunehmend Beachtung finden. (Entnommen aus: Baldur R. Ebertin: *Kosmobiologische Diagnostik*).

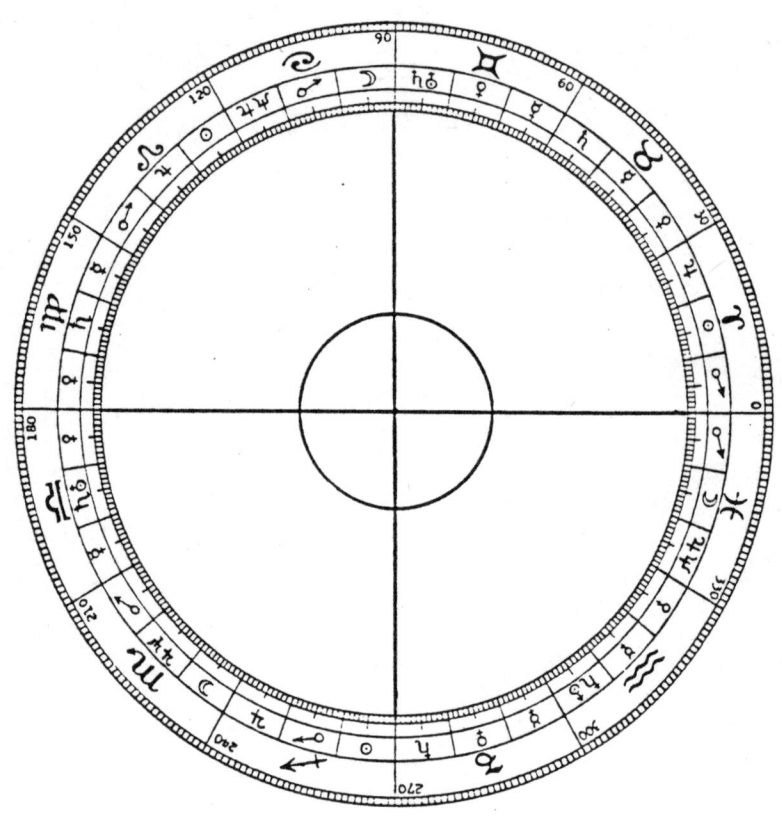

Abb. 11: Der Tierkreis, aufgeteilt in vier Viertel, ist der Ausgangspunkt für den 90-Grad-Kreis. (Entnommen aus: Baldur R. Ebertin: *Kosmobiologische Diagnostik*).

Abb. 12: Jedes Tierkreisviertel besteht aus drei Tierkreiszeichen. Zieht man diese Viertel zu einem ganzen Kreis auseinander, entsteht der 90-Grad-Kreis. Legt man die vier 90-Grad-Kreise übereinander, ergibt sich, daß alle kardinalen, alle fixen und alle beweglichen Zeichen aufeinanderfallen. (Entnommen dem Design des universellen 90-Grad-Arbeitsgerätes beziehungsweise aus: Baldur R. Ebertin: *Kosmobiologische Diagnostik*).

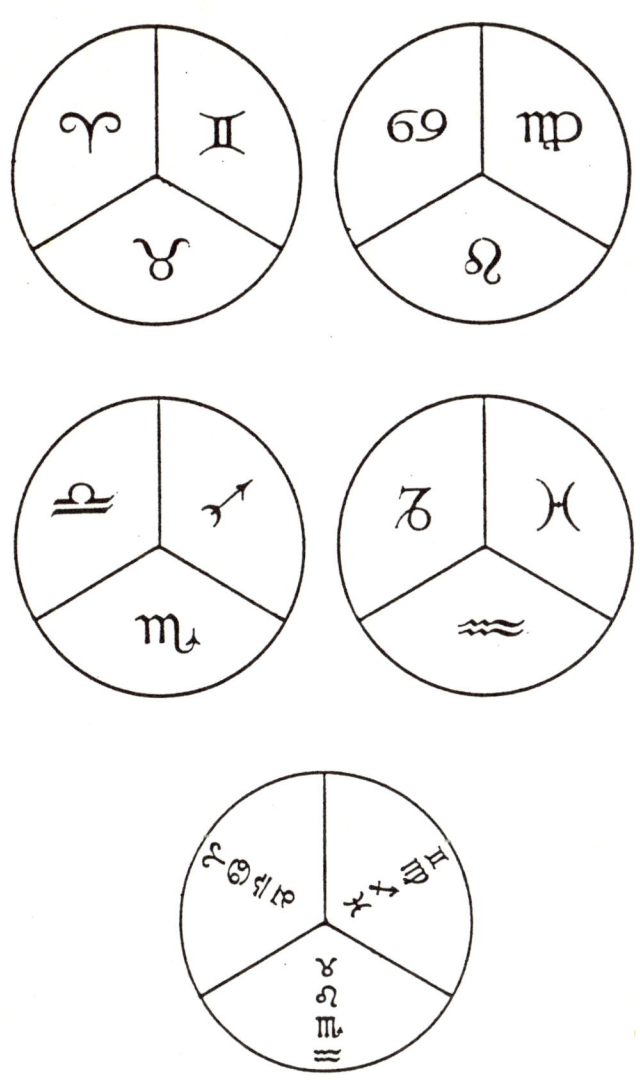

wie auf einer Achse gegenüber und vervollständigen das komplexe Bild eines Kosmogramms.

Ein weiterer Vorteil des 90-Grad-Kreises ergibt sich aus der Halbsummentechnik. Direkte und indirekte Halbsummen können mit Hilfe des 90-Grad-Kreises schnell erkannt und erfaßt werden. Das wird dem Leser noch deutlicher werden, wenn die einzelnen Fallbeispiele besprochen werden. Unten steht eine Übertragungstabelle, mit deren Hilfe es leichter fällt, Positionen aus dem Tierkeis in den 90-Grad-Kreis zu übertragen.

00° Widder	00° Krebs	00° Waage	00° Steinbock	=	000°
05°	05°	05°	05°	=	005°
10°	10°	10°	10°	=	010°
15°	15°	15°	15°	=	015°
20°	20°	20°	20°	=	020°
25°	25°	25°	25°	=	025°
00° Stier	00° Löwe	00° Skorpion	00° Wassermann	=	030°
05°	05°	05°	05°	=	035°
10°	10°	10°	10°	=	040°
15°	15°	15°	15°	=	045°
20°	20°	20°	20°	=	050°
25°	25°	25°	25°	=	055°
00° Zwillinge	00° Jungfrau	00° Schütze	00° Fische	=	060°
05°	05°	05°	05°	=	065°
10°	10°	10°	10°	=	070°
15°	15°	15°	15°	=	075°
20°	20°	20°	20°	=	080°
25°	25°	25°	25°	=	085°
30°	30°	30°	30°	=	090°

In Goethes Kosmogramm (siehe Abbildung 8 auf Seite 27) stehen Venus und Jupiter in Opposition. Im 90-Grad-Kreis außen stehen beide Planeten bei etwa 86 Grad eng beisammen. Es ist leicht zu erkennen, daß der Saturn in Konjunktion mit dem Aszendenten steht. Dieser bildet aber ein Quadrat zum Uranus, so daß Saturn, Aszendent und Uranus im 90-Grad-Kreis beisammenstehen.

Wenn sich einzelne Faktoren gegenüberstehen, gewissermaßen eine Achse bilden, stehen sie im Halb- oder Anderthalbquadrat, das heißt in Abständen von 45 oder 135 Grad. Diese

Winkel, die sich auch aus der fortlaufenden Teilung des Kreises ergeben, sind über Jahrzehnte völlig vernachlässigt worden, weil sie im Tierkreis nicht so leicht erkennbar sind. Sie spielen aber doch eine bedeutsame Rolle, wie wir später bei den Lebensdiagrammen sehen werden. In unserem Beispiel stehen sich im 90-Grad-Kreis Mond und Neptun gegenüber. Innerhalb des Tierkreises bilden sie ein Anderthalbquadrat von 135 Grad.

Noch einige Übertragungsbeispiele: Die Sonne steht mit MC zusammen in 5 Grad Jungfrau. Nach Abbildung 13 (unten) müssen sie daher im dritten Abschnitt eingetragen werden und kommen auf 65 Grad zu stehen. Man kann auch vom nächstliegenden Kardinalzeichen Krebs ausgehen; danach sind sie von 0 Grad Krebs 65 Grad entfernt.

Das gleiche Ergebnis erzielt man auch mit der Übertragungstabelle. Der Neptun in ca. 26 Grad Krebs muß, von 0 Grad Krebs aus gerechnet, im ersten Abschnitt in 26 Grad stehen. Der Pluto in knapp 29 Grad Skorpion gehört in den unteren Abschnitt und befindet sich im Abstand von 0 Grad Waage in knapp 59 Grad. Die 90-Grad-Rechenscheibe bewährt sich auch bei der Berechnung der Aspekte, der Halbsummen und der Ereignisberechnung, wie sich später zeigen wird.

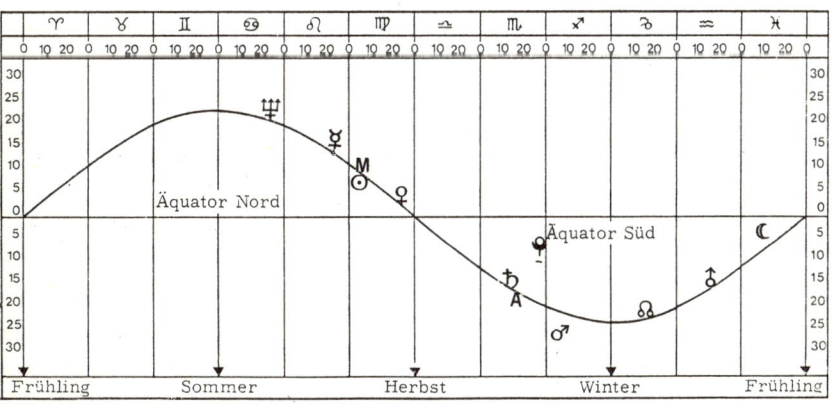

Abb. 13: Kombinierte Darstellung von Längenpositionen und Deklinationen entlang der Sonnenbahn.

Die Deklinationen

Wer in einem Atlas einen Ort auffinden will, muß die Position des Ortes nach Länge und Breite kennen. Danach berechnet man auch den Geburtsort. Wenn man hierzu das Buch *Die geographischen Positionen Europas*[14] aufschlägt und auf Seite 10 Abbildung 2 betrachtet, erkennt man, daß zum Beispiel Görlitz und Stargard auf dem gleichen 15. Längengrad, aber doch viele Kilometer voneinander entfernt liegen. Ebenso liegen Ulm, Würzburg und Hamburg ungefähr auf dem 10. Längengrad, aber doch weit auseinander, weil ihre geographische Breite oder ihr Abstand vom Äquator verschieden ist. Aus der Mathematik wissen wir, daß ein Punkt immer als Kreuzungspunkt von zwei Geraden zu betrachten ist. Genauso verhält es sich aber auch bei der Bestimmung der Gestirnpositionen. Wenn man daher die Gestirne nur innerhalb des Tierkreises einsetzt, geschieht das nur nach ihrer Länge. Der Abstand vom Äquator ist dabei nicht berücksichtigt.

In Abbildung 8 auf Seite 27 sind die Deklinationen der Gestirne aufgeführt. Einen besseren Überblick bietet Abbildung 13 (siehe Seite 33). Daran erkennt man, daß die Deklination der Sonne maßgebend ist für die Jahreszeiten. Diese Zeichnung entspricht dem Jahreskreis in Abbildung 1. Man sieht, wie die Sonnenbahn im März den Äquator nach oben überschreitet und im Sommer, im Zeichen Krebs, ihren Höhepunkt erreicht. Sie wendet sich dann wieder dem Äquator zu und überschreitet diesen in 0 Grad Waage, dem Herbstpunkt. Sie bewegt sich dann nach unten und erreicht im Zeichen Steinbock, im Winter, ihren tiefsten Punkt und kehrt dann wieder zum Äquator zurück. Die einzelnen Gestirne bewegen sich im Bereich der Sonnenbahn, wobei nur der Pluto eine größere Ausnahme macht.

Dieses Schema der gleichzeitigen Eintragung von Längen und Deklinationen habe ich bereits in den dreißiger Jahren angewandt, wußte aber damit nicht viel anzufangen, bis ich die Bedeutung der Deklinationen gründlich untersucht und das Ergebnis der Forschungen in dem Lehrbuch *Deklinationsparallelen*

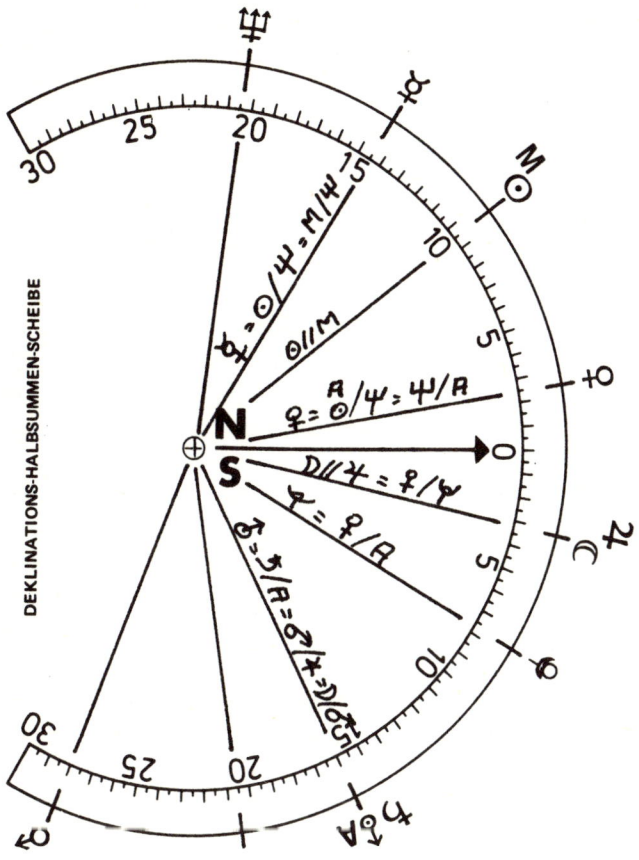

Abb. 14: Deklinationshalbsummenscheibe zum Kosmogramm für Johann Wolfgang von Goethe (Formular DHS 2).

im Geburtsbild[15] veröffentlicht habe. Ich entwarf dann auch ein Formular zur Untersuchung der Deklinationshalbsummen (siehe Abbildung 14). Auf die Halbsummen kommen wir in einem besonderen Abschnitt noch zu sprechen.

Das 90-Grad-Arbeitsgerät

Will man ein Kosmogramm genau untersuchen, benötigt man dazu mindestens eine durchsichtige 90-Grad-Rechenscheibe (siehe Abbildung 15 auf Seite 37). Noch besser ist aber ein vollständiges 90-Grad-Arbeitsgerät. Der Ebertin Verlag bietet zwei verschiedene Arbeitsgeräte an:

1. Das bewährte 90-Grad-Arbeitsgerät mit 3 Millimeter starker Grundplatte aus weißem Hartplastik mit Messingverschraubung und überarbeiteter durchsichtiger 90-Grad-Rechenscheibe (siehe Abbildung 16 auf Seite 38).

2. Das ursprünglich vom Verfasser konzipierte und von Dr. Baldur R. Ebertin weiterentwickelte Universal-Arbeitsgerät für kosmobiologische Forschungen, bestehend aus einer Arbeitsplatte mit Klemmleisten für graphische Arbeiten (maximales Formularformat DIN A 3), 90-Grad-Rechenscheibe und Speziallinealen für die rationelle Arbeit mit Graphischen Ephemeriden und Lebensdiagrammen. Das Universal-Arbeitsgerät hat ein wesentlich größeres Spektrum für die praktische Arbeit (siehe Abbildung 17 auf Seite 39).

Das 90-Grad-Arbeitsgerät wurde während des Zweiten Weltkriegs vom Verfasser entwickelt und im Laufe der Jahre immer wieder in Details verbessert. Die Rechenscheibe ist durchsichtig, damit sowohl innen im Tierkreis als auch außen im 90-Grad-Kreis gearbeitet werden kann. Beide Kreise ergänzen sich nach kosmobiologischer Auffassung.

Abbildung 15 auf Seite 37 zeigt die 90-Grad-Rechenscheibe in der letzten Ausführung. Die radialen Linien vom Zentrum nach außen dienen dem Erarbeiten der Aspekte im Tierkreis; die Gradskala von 0 Grad bis 45 Grad, jeweils nach der rechten und linken Seite, dient der Feststellung der Halbsummen. Mit dem Pfeil und den nach beiden Seiten laufenden Gradzahlen ist es möglich, im 90-Grad-Kreis die Abstände zweier Gestirne

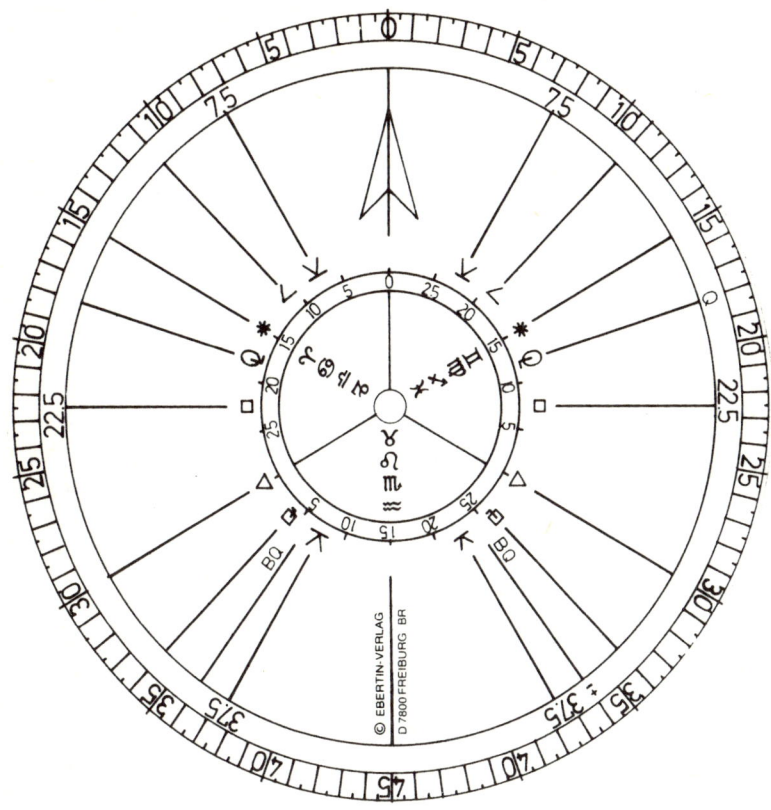

Abb. 15: Die überarbeitete durchsichtige 90-Grad-Rechenscheibe zu den beiden Arbeitsgeräten (siehe Abbildungen 16 und 17 auf den Seiten 38
und 39) bietet die Möglichkeit, die Winkel der 45-Grad-, 30-Grad-,
72-Grad- und 7,5-Grad-Reihe schnell und sicher zu erkennen. (Entnommen aus: Baldur R. Ebertin: *Kosmobiologische Diagnostik.*)

festzustellen, wobei man gleichzeitig auf bestimmte Lebens-
ereignisse schließen kann. Man kann auf diese Weise auch die
Halbsummen (Schnittpunkte, Halbdistanzpunkte) ermitteln.
Da es aber schwerfällt, mit der Hand allein den Mittelpunkt ge-
nau festzuhalten, hat die Grundplatte des Arbeitsgerätes ein
Mittelpunktloch mit einer Verschraubung. Auf diese Weise

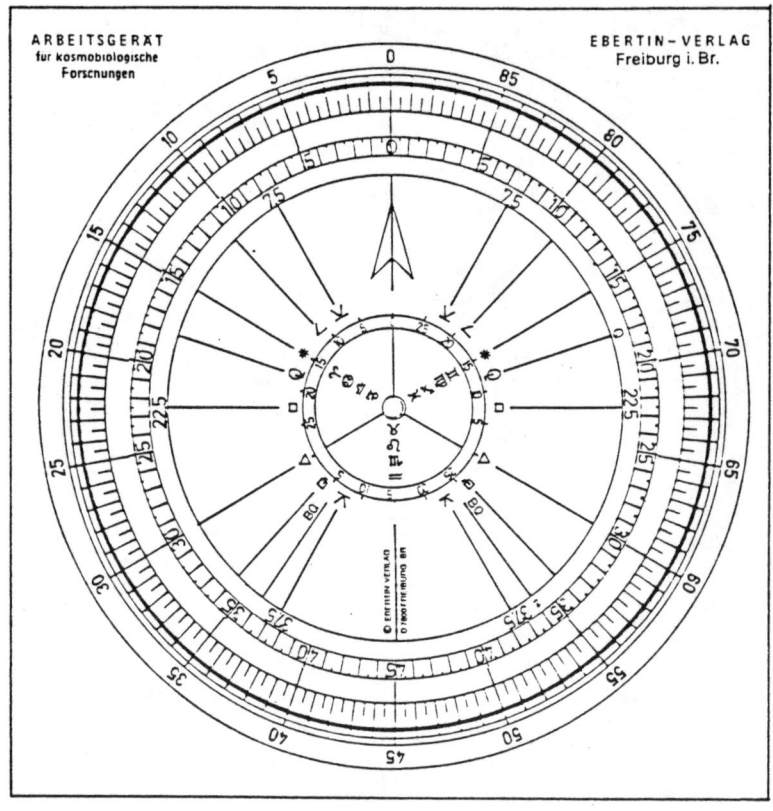

Abb. 16: Das bewährte 90-Grad-Arbeitsgerät mit 3 mm starker Grundplatte aus weißem Hartplastik mit Metallverschraubung und überarbeiteter 90-Grad-Rechenscheibe. (Entnommen aus: Baldur R. Ebertin: *Kosmobiologische Diagnostik*).

kann man das Formular mit dem ausgestanzten Mittelpunktloch auf das Arbeitsgerät legen und gleichzeitig auch die Rechenscheibe einpassen. Die Scheibe ist drehbar und kann leicht auf jeden einzelnen Faktor innen wie außen eingestellt werden. Mit diesem Hilfsmittel kann mit der Auswertung des Kosmogramms begonnen werden.

38

Abb. 17: Das Universal-Arbeitsgerät für kosmobiologische Forschungen, bestehend aus einer Arbeitsplatte mit Klemmleisten für graphische Arbeiten
(maximales Formularformat DIN A 3), 90-Grad-Rechenscheibe und
Spezial-Linealen für die rationelle Arbeit mit Graphischen Ephemeriden und Lebensdiagrammen (nach R. Ebertin). (Entnommen aus:
Baldur R. Ebertin: *Kosmobiologische Diagnostik*).

39

Das kosmische Strukturbild

Die Position eines Gestirns ist aufgrund dreier verschiedener Stellungen zu beurteilen: erstens nach der in den Tierkreiszeichen, zweitens nach der in den Winkelbeziehungen (Aspekte der Gestirne) und drittens nach der in den Halbsummen. Zur Aufzeichnung der einzelnen Feststellungen verwendet man am besten das Formular KS 2, wie es Abbildung 18 auf Seite 41 zeigt.

Die *Stellung der Gestirne im Tierkreis* ist unbedingt wichtig. Man benutze hierzu mein Buch *Kosmopsychologie*[17]. Es ist das einzige Buch auf diesem Gebiet, das auf einer statistischen Grundlage aufgebaut ist. Dabei sind besonders die Positionen der Sonne und der schnellen Gestirne herauszuarbeiten, da die langsamen Gestirne mehrere Jahre in den einzelnen Zeichen, teilweise sogar in den einzelnen Graden verweilen und demnach einer ganzen Generation eigen sind, aber durch Aspekte und Halbsummen einen individuellen Charakter annehmen.

Die *Aspekte der Gestirne* haben in ihrer Bedeutung eine Wandlung durchgemacht. In früheren Zeiten betrachtete man die Sextile (60 Grad) und die Trigone (120 Grad) als günstig, die Quadrate und Oppositionen als ungünstig. Diese Beurteilung beruht vornehmlich auf weltanschaulichen Grundlagen, auf die hier nicht näher eingegangen werden kann. Gegen diese Auffassung habe ich mich bereits vor fünfzig Jahren gewandt und bin mit mehreren Forschern auf unserem Wissensgebiet einig, daß nicht die Winkel, sondern die Natur der Gestirne maßgebend ist. Ein Quadrat zwischen Sonne und Jupiter ist durchaus positiv zu bewerten; dagegen kann ein Trigon zwischen Mars und Saturn nicht gut sein. Ich habe in meiner mehr als sechzigjährigen Praxis die Beobachtung gemacht, daß vorwiegend die Winkel von Bedeutung sind, die sich aus der fortlaufenden Teilung des Kreises ergeben, also Konjunktion, Halbquadrat, Quadrat, Anderthalbquadrat, Opposition.

Ein besonderes Problem ist der Orbis, der in früheren Zeiten sehr weit gefaßt wurde. In den letzten Jahrzehnten haben wir

⊙

☽

M

A

☿

♀

♂

┌─────────────────────────────┐
│ KOSMISCHES STRUKTURBILD   │
│   │
│ Name oder   │
│ Stichwort . . . . │
│   │
│ Geburtstag . . . . │
└─────────────────────────────┘

♃

♄

⊕

♆

♇

☊

KS 2

41

uns auf einen Orbis von 2 bis 5 Grad festgelegt. Ich arbeite am liebsten gradgenau. Aus der Gesamtbetrachtung des Kosmogramms ergibt sich, daß man den Orbis nicht immer festlegen kann. Dabei muß berücksichtigt werden, ob die Gestirne aufeinander zulaufen, also aufgrund der Direktionen nach einer bestimmten Zeit exakt werden, oder ob sie direktional überhaupt keinen Aspekt bilden können.

Bei den *Halbsummen* arbeitet man am besten gradgenau. Es ist aber möglich, daß man einen größeren Orbis nehmen muß, wenn sich aus Charakteristik, Lebenslauf, Krankheiten, Handschrift und ähnlichem entsprechende Anhaltspunkte ergeben. Ich betone besonders, daß es vom kosmobiologischen Standpunkt aus unbedingt notwendig ist, dem Bearbeiter eines Kosmogramms nicht nur die Geburtsdaten, sondern auch einen Teil seiner Lebensgeschichte zur Verfügung zu stellen, weil sogar Zwillinge, die zur selben Minute am selben Ort geboren sind, ein verschiedenes Schicksal haben können.

Beginnen wir mit der Bearbeitung des Strukturbildes. Dabei möchte ich gleichzeitig dazu übergehen, die international gebräuchlichen Abkürzungen kosmischer Faktoren zu verwenden (siehe Seite 231).

Goethe wurde nach seinen eigenen Angaben beim Glockenschlag um 12 Uhr geboren. Demnach müssen SO und MC im Zeichen Jungfrau übereinstimmen. Stellt man den Zeiger der Rechenscheibe auf SO = MC, so befinden sich diese beiden Faktoren in der Mitte von MO und PL: SO = MC = MO/PL. Eine weitere Halbsumme erkennt man im Abstand von ca. 20 Grad: es ist SO = MC = VE, JU/SA (siehe Abbildung 19 auf Seite 43). Um aus diesem Strukturbild Aussagen zu gewinnen, ziehe man am besten das Buch *Kombination der Gestirneinflüsse*[18] zu Rate. Es ist dann:

SO = MC: Zielbewußtsein, Zielstreben, Persönlichkeitsgestaltung, sich einer Mission bewußt sein, Selbsterkenntnis, positive Einstellung.

SO = MO/PL: Empfindliches Wesen, leicht erregbarer Körper. Besondere Erlebnisse zwischen Mann und Frau.

42

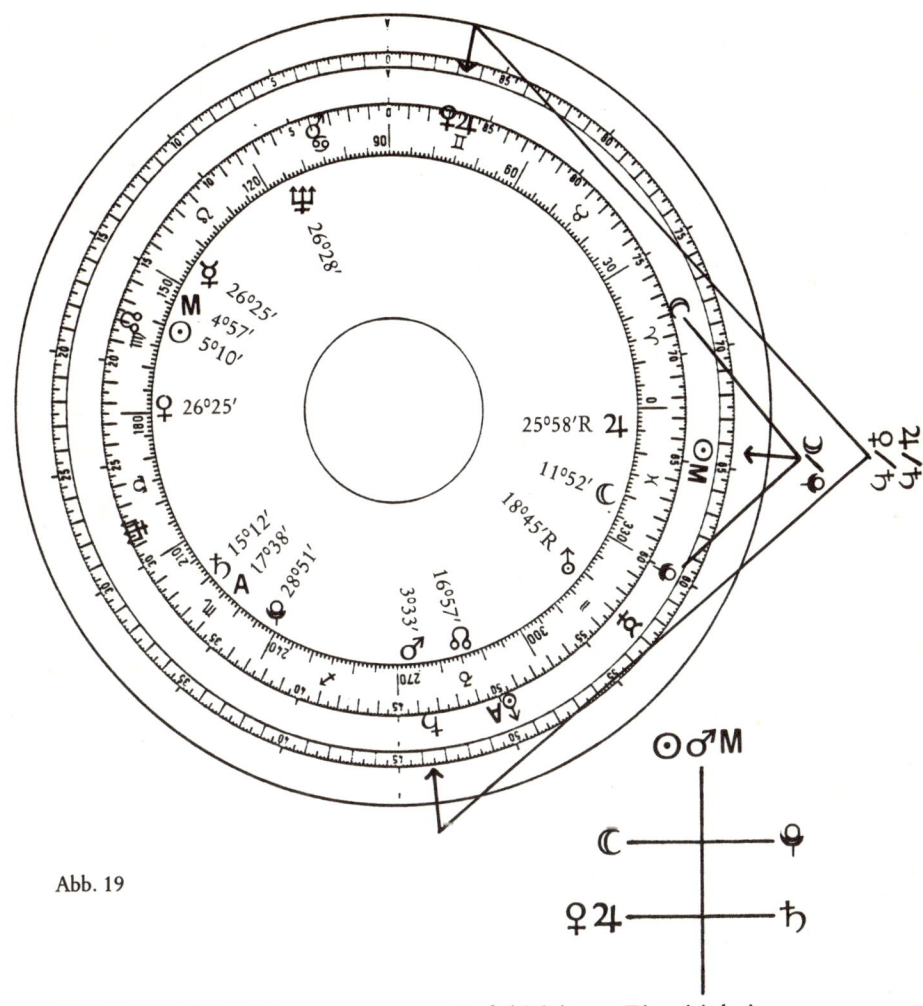

Abb. 19

MC = MO/PL: Sehr gespanntes Gefühlsleben, Einseitigkeit, Eigenbrötelei.

SO = VE/SA: Unbefriedigtsein, Triebhemmungen, ungesundes Triebleben, schwache Zeugungskraft. Alleinstehend sein, Liebes- oder Ehetrennung, organische Störungen.

MC = VE/SA: Triebhemmungen, Unbefriedigtsein, Reizbarkeit, Eifersucht, Zurückhaltung, die Einsamkeit suchen. Getrennte Liebe.

SO = JU/SA: Unbeständigkeit, Launenhaftigkeit (aufgrund von Krankheiten, zum Beispiel Leberstörungen). Glückliches Alleinsein (Junggeselle), glücklich getrennter Mann (Entlobung), Wohnungswechsel, Erfahrungen sammeln.

MC = JU/SA: Sich gern zurückziehen, Hemmungen haben, die Einsamkeit lieben. Unbeständige Erfolge, Veränderungen, Verluste. Der Philosoph.

Man wird feststellen, daß sich auch bei geringer Kenntnis von Goethes Charakter und Leben zahlreiche Übereinstimmungen ergeben. Nun kann man sich nicht allein auf Biographien verlassen, die einen Dichter wie Goethe heroisieren und die negativen Seiten unterdrücken. Ich muß daher auf ein Buch hinweisen, das aufgrund von Zeugenaussagen viele Dinge berichtet, die man sonst nicht erfährt. Es ist das Buch von Lange/ Eichbaum *Genie, Irrsinn und Ruhm* [19]. Aus diesem Buch entnehme ich folgendes: »Es liegen starke erbliche Belastungen vor. Die vom Vater ererbte psychopathische Veranlagung hat wesentlich zur Auslösung der von der Mutter ererbten Geistesgaben beigetragen. Goethe hatte Tuberkulose und erlebte 1786 einen Blutsturz (JU/SA). Mit 56 und 57 Jahren hatte er Nierenkoliken (SO = VE/SA). Infolge seiner unbeständigen Veranlagung konnte er in heftigen Zorn ausbrechen und auch in tiefe Melancholie versinken (JU/SA). Goethe konnte bereits in der Jugend vom Alkohol nicht loskommen; er trank täglich ein bis zwei Flaschen Wein. (MO/PL betrifft Flüssigkeitsstoffwechsel; viel [PL] Flüssigkeit [MO] zu sich nehmen.) Goethe aß sehr reichlich (SO = MC = Jungfrau). Als Kind war er sehr eifersüchtig. In der Liebe hatte er eine peinigende Angst vor sexueller Ansteckung und hatte trotzdem mit übermäßiger Sinnlichkeit zu kämpfen (VE/SA).«

Damit sollten nur einige Erläuterungen zu obigem Strukturbild gegeben werden.

Will man die verschiedenen Halbsummen im Tierkreis aufsuchen, so wird man zunächst einige Schwierigkeiten haben. Man unterscheidet direkte und indirekte Halbsummen, wobei die indirekten meistens überwiegen. Die Halbsummen werden zunächst immer mit der Rechenscheibe im 90-Grad-Kreis festgestellt. In Abbildung 19 habe ich versucht, die Beziehungen herzustellen. Demnach stehen Sonne und MC im Winkel von 135 Grad zu den Halbsummen MO/PL und JU/SA. Dagegen stehen Sonne und MC zu VE/SA im Halbquadrat.

Man könnte nun annehmen, daß den direkten Halbsummen gegenüber den indirekten ein stärkerer Einfluß zuzuschreiben sei. Die Erfahrung hat aber gelehrt, daß ein Unterschied kaum festzustellen ist. Das hat sich auch hier bei den Aussagen nach *Kombination der Gestirneinflüsse* ergeben.

Untersuchen wir noch ausführlich den kosmischen Zustand von Venus und Jupiter (siehe Abbildung 20 auf Seite 46).

VE und JU stehen in Opposition, also müssen sie im 90-Grad-Kreis zusammenstehen. Der Orbis beträgt nur reichlich ½ Grad. Sie stehen in den Halbsummen SO, MC/DR und ME/NE. Innerhalb des Tierkreises bilden VE zu ME/NE ein Halbquadrat und JU ein Anderthalbquadrat. Ein ähnliches Verhältnis ergibt sich auch bei SO, MC/DR. Bei VE in Jungfrau trifft vorwiegend das Negative zu: Liebesenttäuschungen. Man denke daran, daß Goethe bereits 1788 Christine kennengelernt und einen Sohn gezeugt hat, sie aber erst 1806, also nach achtzehn Jahren, geheiratet hat. JU in Fische ist charakteristisch für den Altruismus, der besonders im *Faust* zutage tritt, wenn Faust, nur danach strebend, der Menschheit Diener zu sein, im »Gemeindrang den Fortschritt der Welt zu fördern«, sagt:

»Solch ein Gewimmel möcht' ich sehn,
Auf freiem Grund mit freiem Volke stehn.
Zum Augenblicke dürft' ich sagen:
Verweile doch, du bist so schön!
Es kann die Spur von meinen Erdetagen
Nicht in Äonen untergehn! –«

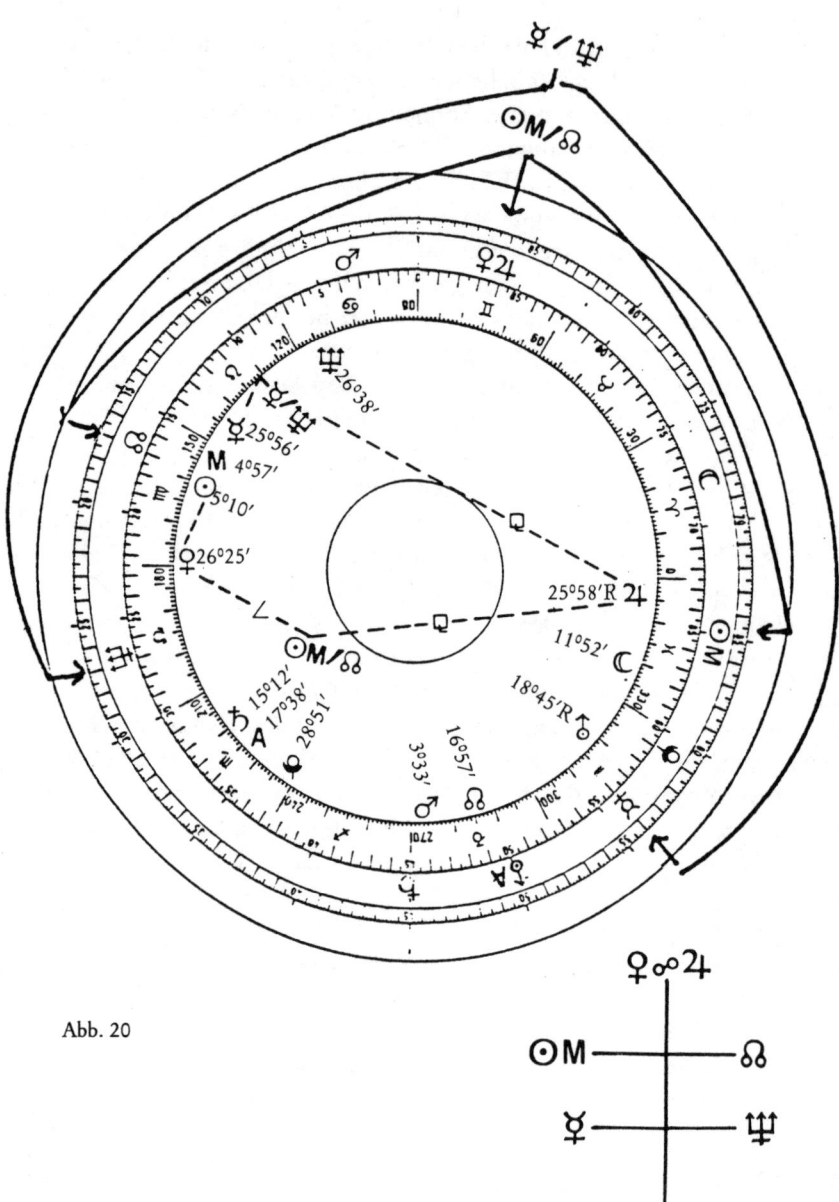

Abb. 20

46

Der Weg zu dieser Einstellung aber war weit. Zunächst wirkte sich aus:

VE = ME/NE: Schwärmerische Vorstellungen, sich in der Liebe zu große Hoffnungen machen, starke Anziehungskraft von kurzer Dauer, starke fluidale Ausstrahlung. *Kombination der Gestirneinflüsse* 521). – In dieser Aussage werden sowohl die jugendlichen schwärmerischen Vorstellungen als auch die starke Anziehungskraft bestätigt, die er sein ganzes Leben und auch auf die Nachwelt ausgeübt hat.

JU = ME/NE sagt nach *Kombination der Gestirneinflüsse* 523: Reiches Vorstellungsleben, viel Phantasie, gesteigerte Einbildungskraft. Dichter, Schauspieler, sich großen Hoffnungen hingeben. – Auch diese Aussage hat sich voll bestätigt.

VE = SO/DR: Interesse an künstlerischen Darbietungen. Verbindung mit Künstlern und Kunstfreunden suchen. Geselligkeit. Liebesverbindung anknüpfen.

VE = MC/DR: In persönlichen Verbindungen seine Empfindungen und Neigungen offenbaren wollen (wie es in diesem Falle durch die Dichtung geschah). Aus vollem Herzen lieben.

JU = SO/DR: Sich Anerkennung im öffentlichen Leben verschaffen wollen, Großzügigkeit, Takt, Geselligkeit, harmonische Eingliederung in die Gemeinschaft, in die Öffentlichkeit. Gute geistige Verbindungen.

JU = MC/DR: Frohe Geselligkeit lieben, mit anderen gemütlich beisammen sein. Glückliche Seelengemeinschaft (Frau von Stein!).

Ich führe extra die Aussagen aus *Kombination der Gestirneinflüsse* zu den verschiedenen Konstellationen an, um zu zeigen, in welchem Maße diese Aussagen jeweils mit den Tatsachen übereinstimmen.

Es würde zu weit führen, wenn ich in der gleichen Form alle Konstellationen besprechen wollte. Die Aussagen aus den übrigen Strukturelementen muß ich daher dem Leser überlassen.

Das Merkmalprotokoll

Während man in der Astrologie die verschiedenen Konstellationen einzeln nach ihrem Symbolgehalt auszudeuten sucht, gehen wir in der Kosmobiologie einen anderen Weg. Wir versuchen, uns zunächst alle Einzelmerkmale zusammenzustellen, um dann aus einer Übersicht heraus die Einzelergebnisse zu kombinieren und erst jetzt die Intuition walten zu lassen. In Abbildung 21 auf Seite 49 wurden die Einzelergebnisse in einer Kurzform neben die einzelnen Strukturelemente geschrieben.

Das Merkmalprotokoll hat den Vorteil, daß man sich bei weiteren Untersuchungen immer schnell über den kosmischen Zustand eines Faktors orientieren kann. Das gilt insbesondere hinsichtlich der noch zu besprechenden Transite und Direktionen.

Die Aussagen in den einzelnen Strukturelementen beziehen sich jeweils auf die verschiedenen Lebensgebiete. Will man ein Charakter- und Lebensbild entwerfen, ist es notwendig, die Aussagen auf die verschiedenen Lebensgebiete zu verteilen. Eine sehr gute Hilfe bietet hierbei die *Kosmobiologische Diagnostik*[20], ein als Lose-Blatt-Sammlung angelegtes Werk (über 800 Seiten) meines Sohnes, Dr. Baldur R. Ebertin. Er hat die Aussagen von Aspekten und Halbsummen auf folgende Eigenschaften und Lebensgebiete verteilt: Konstituion, Ausdruck und Verhalten, Psychosomatik, Tiefenpsychologie, Intelligenz, Wille und Leistung, Emotionalität, Kommunikation, Erotik und Sexualität, Interessen und Beruf. Bei den verschiedenen Aspekten und Halbsummen sind allerdings nicht immer alle Gebiete betroffen. So ergibt sich zum Beispiel bei dem Aspekt Venus-Jupiter folgende Aufstellung:

Konstitution: Das reichlich sekretierende Drüsensystem.
Ausdruck und Verhalten: Seinen Körper gern zeigen.
Emotionalität: Freude an schöner Umgebung und am Luxus.
Kommunikation: Weitherziges Geben und Helfen. Streben nach gehobenen Gesellschaftsklassen.

Ordnung, methodisches Denken, kritische Einstellung; Erfolge auf wissenschaftlichem Gebiet; empfindliches Wesen, leicht erregbar; Unbefriedigtsein, ungesundes Triebleben; allein- stehend sein, Liebestrennungen; organische Störungen

KOSMISCHES STRUKTURBILD

Name oder Stichwort — J. W. von Goethe ....

Geburtstag 28. Aug. 1749 ....

Gefühlsbetont, gesellig; Neigung zu Genußgiften; leb- hafter Gedankenaustausch; Sinn für Gestaltung, Mal- und Zeichentalent; Schön- heitsempfinden; Außerge- wöhnliches leisten wollen; Einfühlungsfähigkeit

Altruismus, sich Anerkennung im öffentlichen Leben verschaffen, Großzügigkeit, Erfolge; Gesellig- keit lieben, Seelengemeinschaft, reiches Vorstellungsleben; Dichter, Schauspieler

Streben nach sicherer Lebens- stellung, klares Lebensziel; für Lob empfänglich; Indivi- dualität, Persönlichkeitsge- staltung, positive Lebens- einstellung; starke Entwick- lung des Unterbewußtseins, gespanntes Gefühlsleben

Unterleibskrankheiten, Hemmungen durch Krankheit oder Schwäche, schlechtes Blut; Schwierigkeiten im Liebesleben, uneheliche Ver- bindungen, Trennungen; schwie- rige Entscheidungen

Handlungsbereitschaft, Ehr- geiz, Entschlußkraft, Jäh- zorn; sich gehemmt fühlen; rasche Reaktion auf Umwelt- einflüsse; in schwierige Ver- hältnisse gestellt sein, allein dastehen, seelisches Leid mit anderen erleben

Rasch reagierende Persönlich- keit, impulsives Handeln, plötz- lichen Einfällen nachgehen, Ahnungen haben; Reizbarkeit

Schöpferisches Denken, Ein- fluß ausüben; Überredungs- kunst, großzügige Lebensauf- fassung, rasches Erfassen der Lage, andere geistig beherr- schen, ernste Probleme lösen; Kunstempfinden, Lyriker, rei- ches Vorstellungleben; Ein- stellung zur Gemeinschaft

Schwächeanfälle, andere schä- digen wollen (?); reiches Vor- stellungsleben, Inspiration, Einfühlung, Sinn für Dichtung, lebhafter Gedankenaustausch

Moralische und sittliche Pro- bleme, Herzlichkeit, Anmut, sich beliebt machen; Formen- sinn, künstlerische Tätigkeit aus vollem Herzen lieben, Emp- findungen offenbaren, starke Anziehungskraft

Erfolge als Redner oder Schrift- steller, sich Anerkennung ver- schaffen; auf sich allein ge- stellt sein, sich durchsetzen; organische Krankheiten

Arbeitseifer, Ausdauer, Ehr- geiz, Durchsetzungskraft, Diplomatie; Überempfindlich- keit, gestörtes Triebleben, Reizbarkeit, anderen den eigenen Willen aufzwingen

Mangel an Anpassung; schick- salshafte Verbindungen, in einer Gemeinschaft die Führung übernehmen, auf andere Einfluß ausüben

KS 2

Erotik und Sexualität: Mit vollen Zügen genießen wollen. Auf eine gepflegte Umgebung großen Wert legen.
Interessen und Beruf: Den Wohlstand fördernde Berufe; die Welt der Eleganz.

Greifen wir die Halbsumme MO = ME/JU heraus, die in der *Kosmobiologischen Diagnostik* unter den Dreierstrukturen zu suchen ist, so erhalten wir folgende Übersicht unter Mond-Merkur-Jupiter:

Ausdruck und Verhalten: Sich weltoffen, einladend, gönnerisch geben.
Intelligenz: Praktisch und vielseitig, aufbauend, Gedankenreichtum.
Wille und Leistung: Streben nach Erweiterung des Gesichtskreises, Unternehmungsfreude.
Emotionalität: Optimistisch, heiter. Sich in Religion geborgen fühlen.
Kommunikation: Unterhaltsame und gesellige Atmosphäre schaffen können.
Interessen und Beruf: Journalismus, Schriftstellerei, Kundendiensttätigkeiten.

Man sollte weder aus der *Kombination der Gestirneinflüsse* noch aus der *Kosmobiologischen Diagnostik* die Aussagen einfach abschreiben, sondern muß persönliche Unterlagen verwenden und auch die Zeitumstände mit berücksichtigen. Man hüte sich vor Blinddiagnosen, die leicht in die Irre führen können.

Die Halbsummenberechnung

In den meisten Fällen wird man sich mit der Feststellung von Halbsummen begnügen, wie sie sich mit Hilfe des Arbeitsgeräts und der Rechenscheibe ergeben. Die Arbeit wird erleichtert, wenn man einen kleinen Computer zur Hand hat. Berechnen wir einmal die Halbsummen, die in Abbildung 21 auf Seite 49 dargestellt sind. Es handelt sich dabei um SO = MC = MO/ PL = VE/SA = JU/SA. Wenn man ganz sicher gehen will, geht man in der Berechnung immer von Null Grad Widder aus. Das Abzählen der Grade wird erleichtert durch die Gradzahlen, die am Anfang eines jeden Zeichens stehen. Innerhalb des Textes werden die international gebräuchlichen Abkürzungen verwandt (Abkürzungstabelle siehe Seite 231).

$$
\begin{array}{lll}
MO = 11°52' \text{ ps} = 330° + 11°52' = 341°52' \\
\underline{PL \ = 28°51' \text{ sc} = 210° + 28°51' = 238°51'} \\
MO + PL = & 580°43' \\
MO/PL = & 290°21' = 20°21' \text{ cp}
\end{array}
$$

Will man wissen, um welchen Aspekt es sich handelt, so zieht man in diesem Falle von der Halbsummen-Position den Sonnenstand ab:

$$
\begin{array}{ll}
MO/PL = & 290°21' \\
\underline{SO = 5°10' \text{ vi} =} & \underline{155°10'} \\
SO \text{ zu } MO/PL = & 135°11'
\end{array}
$$

Demnach handelt es sich um ein Anderthalbquadrat.

Berechnung der Halbsumme VE/SA:

$$
\begin{array}{ll}
SA = 15°12' \text{ sc} = 210° + 15°12' = 225°12' \\
\underline{VE = 26°25' \text{ vi} = 150° + 26°25' = 176°25'} \\
VE + SA & = 401°37' \\
VE/SA & = 200°48' = 20°48' \text{ li} \\
SO = & \underline{- 155°10'} \\
& = 45°38'
\end{array}
$$

Es handelt sich wieder um eine indirekte Halbsumme mit einem Abstand von ca. 45 Grad oder um ein Halbquadrat.

Es ergibt sich immer wieder die Frage, welcher Orbis (Umkreis) bei den Halbsummen genommen werden kann. Ich empfehle, über einen Grad nach beiden Seiten nicht hinauszugehen. Demnach wäre ein Halbquadrat noch gültig bei einem Winkel von 44 oder auch 46 Grad, oder ein Anderthalbquadrat bei einem Abstand von 134 oder 136 Grad. (Siehe hierzu auch Kapitel »Aspekte und Lebensdiagramm« ab Seite 182.)

Die individuellen Punkte

Alle Positionen im kosmischen Geburtsbild sind nicht feststehend, sondern nur für den Augenblick der Geburt festgehalten. Die Sonne bewegt sich pro Tag um etwa ein Grad, der Mond pro Tag 12 bis 15 Grad, der Neptun nur ein oder zwei Gradminuten. Nach der Schnelligkeit ihrer Bewegung werden die Gestirne bewertet. Die Positionen der langsamen Gestirne können bei vielen Menschen, die im selben Monat geboren sind, gleich sein. Denselben Sonnenstand können nur die Menschen gemeinsam haben, die am selben Tage geboren sind. Denselben Mondstand haben nur die Menschen, die am selben Tage und zur selben Stunde geboren sind. Aber denselben Aszendenten und denselben Kulminationspunkt (Medium Coeli = MC = Himmelsmitte) haben nur die Menschen gemeinsam, die in derselben Minute und am selben Ort geboren sind. Demnach bezeichnet man besonders MC und AS als die *individuellen Punkte*, weil sie theoretisch mit keinem anderen Geburtsbild übereinstimmen können. Auch Sonne und Mond bezeichnet man als individuelle Punkte, die zuweilen auch als »persönliche Punkte« bezeichnet werden. Die Bezeichnung »individuell« erscheint mir aber treffender.

In der traditionellen Astrologie hat man den Horizont (Aszendent – Deszendent) in das Geburtsbild immer waagerecht eingezeichnet, was durchaus seine Berechtigung hat. Der Meridian, die Verbindung MC – IC (Medium Coeli – Imum Coeli) wird dagegen senkrecht gezeichnet. Je nach Ortslage und Jahreszeit kann er allerdings auch nicht ganz senkrecht, sondern schräg liegen.

Ursprünglich hat man nur das Tierkreiszeichen und später den Grad des Zeichens, den »Horoskopus«, markiert. Die Einbeziehung des MC erfolgte viel später. In den meisten Lehrbüchern wird man nur eine Deutung des AS in den Tierkreiszeichen finden, nicht aber des MC, dessen Bedeutung erst im Mittelalter richtig erkannt wurde.

Entgegen der traditionellen Astrologie setzen wir den AS der Umwelt gleich, in der der Mensch aufwächst. Der gegenüberliegende Punkt, der Deszendent, entspricht dem Du, dem Verhältnis zu anderen Menschen. Das MC entspricht der Persönlichkeit des Menschen mit seinen Lebenszielen.

Demnach entspricht das MC ungefähr dem traditionellen 10. Feld, das für den Beruf bezeichnend sein soll. Nur erstreckt sich unsere Aussage für das MC *nur* auf diesen Punkt und nicht auf einen größeren Raum. AS und MC sind in der Kosmobiologie Positionen im Tierkreis, die etwas aussagen, ebenso wie die Positionen der Gestirne.

Der AS entspricht nicht dem Charakter in der Art der traditionellen Astrologie, sondern der »persona« im Sinne der Psychologie, also wie die Person anderen Menschen erscheint.

Da sich MC und AS in vier Zeitminuten durchschnittlich um einen Grad bewegen, benutzt man diese Punkte, um die genaue Geburtszeit festzustellen.

Ich habe die Überzeugung gewonnen, daß man die Bedeutung der individuellen Punkte zuweilen überschätzt und glaubt, ohne sie keine Aussage machen zu können. Ich habe aber, besonders im Bereich der Politik und des Weltgeschehens, für Personen des öffentlichen Lebens viele Prognosen nur aufgrund des Geburtsdatums gestellt und auch das Eintreffen vorhergesagter Ereignisse bestätigen können. Das setzt aber voraus, daß man eine Lebensbeschreibung vorliegen hat oder auch eine Beziehung zu anderen Personen herstellen kann. Man muß also zum Beispiel Ehepartner zueinander in Beziehung setzen können oder bei Politikern gleichzeitig maßgebende Parteigenossen und deren Geburtsbild mit berücksichtigen.

Lebensereignisse im Kosmogramm

Die Bestätigung, daß ein Kosmogramm stimmt, daß die Geburtzeit auf die Minute genau ist, ob die Entsprechungen zu bestimmten Eigenarten erkennbar sind, kann man nur erhalten, wenn man verschiedene Lebensereignisse untersucht. Dabei ist Gelegenheit geboten, das Arbeitsgerät auszuprobieren. Eine Möglichkeit dazu bieten die *Sonnenbogendirektionen.*

In der Bibel steht bei Hesekiel der Satz, daß ein Tag gleich einem Jahr sein soll. Das Jahr wird immer durch die Sonne bestimmt. Der Tageslauf der Sonne beträgt durchschnittlich ein Grad. Früher hat man auch mit dem Schlüssel ein Grad = ein Lebensjahr gerechnet. Aber der Tageslauf ist innerhalb eines Jahres nicht gleich. Um Weihnachten läuft die Sonne innerhalb eines Tages etwa 1° 1′7″, am 23. Juni aber nur ca. 57′10″. Demnach könnte der Unterschied in der Berechnung für zwanzig Jahre fast ein Grad betragen; in sechzig Jahren wären das dann drei Grad, die drei Jahren im Zeitablauf entsprechen.

Für die Berechnung der Sonnenbögen kann man jede Jahresephemeride verwenden. Bleiben wir bei unserem Beispiel: Goethe wurde am 28. August 1749 geboren. Will man den Sonnenbogen (Sbg) für zweiundzwanzig Jahre berechnen, so zählt man zum Geburtsrag nach einer Jahresephemeride zweiundzwanzig Tage hinzu: 28. August + 22 = 19. September, und zieht von dem Sonnenstand dieses Tages den Sonnenstand des Geburtstags ab. Nach der Ephemeride, die vorliegt, muß man natürlich in beiden Fällen entweder den Stand um 0 Uhr oder um 12 Uhr wählen.

SO am 19. 9.	= 26° 04′16″ vi
am 28. 8.	= 4° 41′41″ vi
Sbg für 22 Jahre	= 21° 22′35″

Man hat es einfacher, wenn man für die Berechnung der Sonnenbögen die *Ereignistabellen*[21] benutzt. Diese kann man sowohl für die Berechnung der Sonnenbögen als auch für Korrekturzwecke benutzen. In unserem Beispiel sucht man sich in der Tabelle »Tagesbögen der Sonne« auf der Seite 32 den Geburtstag = 28. August auf und findet daneben den mittleren Sonnenbogen (mSbg) = 44° 08′ 19″.

Im mittleren Teil des Heftes findet man alle Sonnenbögen im Abstand von 5″ für neunzig Lebensjahre verzeichnet. Als Annäherungswert für fünfundvierzig Lebensjahre findet man auf der Seite 32 44° 07′ 30″ und am Kopf der Spalte 0° 58′ 30″. Diese Spalte benutzt man, um den Sonnenbogen für alle Lebensjahre abzulesen. Er beträgt nach dieser Tabelle für zweiundzwanzig Jahre = 21° 34′ 20″. Da es sich um einen Mittelwert handelt, muß man bei einem Tabellenwert immer mit einer kleinen Differenz rechnen. Diese macht nicht viel aus, wenn man nur die Jahresdirektionen feststellen will, bei denen sowieso mit einem Orbis von einem halben Grad gerechnet werden muß. Will man aber genau arbeiten, rechnet man für alle Positionen den berechneten Wert hinzu.

Es ergibt sich folgende Berechnung:

SO r + 21° 23′ = 26° 33′ vi
MO r + 21° 23′ = 3° 15′ ar
ME r + 21° 23′ = 17° 29′ vi
VE r + 21° 23′ = 17° 48′ li
MA r + 21° 23′ = 24° 56′ cp
JU r + 21° 23′ = 17° 21′ ar
SA r + 21° 23′ = 6° 35′ sg
UR r + 21° 23′ = 10° 08′ ps
NE r + 21° 23′ = 17° 01′ le
PL r + 21° 23′ = 20° 14′ sg
AS r + 21° 23′ = 9° 01′ sg
MC r + 21° 23′ = 26° 20′ vi
DR r + 21° 23′ = 8° 20′ aq

Man kann diese Positionen in den äußeren 90-Grad-Kreis eintragen. Einfacher hat man es mit dem 90-Grad-Arbeitsgerät und der sogenannten Zweischeibentechnik. Wenn man mit Sonnenbogendirektionen arbeiten will, verwendet man am besten zwei 90-Grad-Kreise. Dazu bedarf es einiger Vorbereitungen: Man nimmt zum Beispiel ein Formular K 2 und schneidet es am Begrenzungskreis des ersten 90-Grad-Kreises aus. Dann nimmt man ein zweites Formular K 2 und schneidet es am äußersten Kreis aus. Man hat dann zwei runde Scheiben und steckt beide, unten die größere und oben die kleinere, auf die Verschraubung und legt die durchsichtige 90-Grad-Scheibe darüber. Dann fixiert man die Schraubenmutter. Man stellt am besten das Formular so ein, daß sich bei beiden Formularen oben der Nullpunkt mit dem Nullpunkt des Arbeitsgerätes deckt.

Wenn man auf dem oberen Formular die Tierkreispositionen eingetragen hat, dann überträgt man diese Tierkreispositionen in doppelter Ausfertigung nach außen in die beiden 90-Grad-Kreise. Das würde heißen, Nullpunkt oder Widderpunkt der oberen und unteren Scheibe decken sich, ebenso die Sonnenposition, die Mondposition usw. auf der oberen und unteren Scheibe.

Wenn es darum geht, mit Sonnenbogendirektionen zu arbeiten, verschiebt man das äußere größere Formular um den Sonnenbogen nach links, während das obere Formular mit dem Radixbild und dem inneren 90-Grad-Kreis auf dem Nullpunkt stehenbleibt. Mit einem Griff kann man für beliebige Sonnenbögen relativ schnell die äußere Scheibe verschieben und die dann vorgeschobenen Positionen zu den Radixpositionen auf dem inneren Formular mit dem 90-Grad-Kreis in Beziehung setzen.

Um einige Sonnenbogendirektionen für unser Beispiel »Goethe« zu erkennen, dreht man die größere Scheibe unter dem Radixbild mit dem Widderpunkt 21° 23′ nach links, wie es die Abbildung 22 auf Seite 57 zeigt. Ohne rechnen zu müssen, hat man dann die Sonnenbogendirektionen für das zweiundzwanzigste Lebensjahr Goethes, das ist das Jahr 1771, eingestellt.

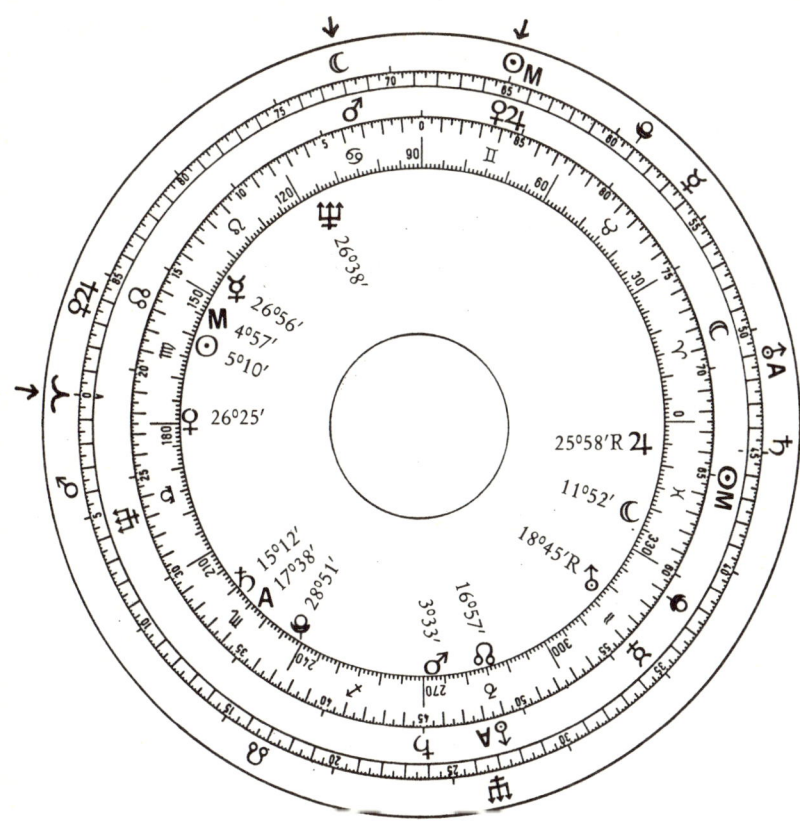

Abb. 22: Kosmogramm für das 22. Lebensjahr von Johann Wolfgang von Goethe (1771).

Goethe in Sesenheim

Während Goethe in Straßburg studierte, machte er mit einem Bekannten einen Ausflug zu dem Pfarrer Brion in Sesenheim. Goethes Neigung, gern in einer Verkleidung aufzutreten, veranlaßte ihn, als Theologe und in ärmlicher Kleidung zu erscheinen.[22] Im Pfarrhaus suchten Vater, Mutter und Töchter es den beiden Studenten bequem zu machen. Die Unschuld und Wahrhaftigkeit der Familie bilden einen empfindlichen Gegensatz zu

57

Goethes Versteckspiel. Goethe gerät in einen Widerstreit mit sich selbst. Er galt nach kurzer Zeit bei seinen mehrfach wiederholten Besuchen im Pfarrhaus als Friederikens Verlobter. Aber das Leben erschien Goethe wie ein Traum, und als er von Straßburg wegging, nahm er auch von Friederike Abschied für immer. In seinem Buch *Dichtung und Wahrheit* kann man mehr über dieses Liebeserlebnis nachlesen.

Betrachten wir das Direktionsbild, so erkennt man sofort, daß sich SO und MC s mit VE und JU decken. Demnach dürfte es sich um ein sehr tiefes Liebesverhältnis gehandelt haben.

Man erkennt auch eine weitere Direktion: Es decken sich MO s und MA (Quadrat). Nimmt man das kosmische Strukturbild zu Hilfe, so ist es notwendig, sowohl die bewegten als auch die Radixpositionen zu untersuchen. Aus der Stellung der VE geht hervor: »Sich beliebt machen, aus vollem Herzen lieben, Empfindungen offenbaren, starke Anziehungskraft.« Aber in der Sonnenposition liegt auch die Möglichkeit einer Trennung. Mit dem MC verbindet sich das klare Lebensziel, das wohl dazu beiträgt, sich nicht auf Dauer an eine Pfarrerstochter zu binden.

Bei der Betrachtung sollte man sich nicht zu eng an die Gradpositionen halten, sondern den Blick etwas weiter fassen. Dann erkennt man folgende Gestirnkombination, die für sich selbst spricht:

VE, JU s ⟷	SO, MC s ⟷	SA s
DR r ⟶	VE, JU r ⟷	SO, MC r
Glückliche Liebes-verbindung	glückliche und tiefe Zuneigung	sich zurückziehen, Trennung

Als wesentlich geht aus diesem Direktionsbeispiel hervor, daß es sich um ein Liebeserlebnis handelt, das zur Trennung führt.

Begegnung mit Carl August,
Übersiedlung nach Weimar

Das Jahr 1775 war für Goethe von besonderer Bedeutung. Nach der Verlobung mit Lili Schönemann reiste er mit dem Grafen Stolberg in die Schweiz. Nach der Rückkehr löste er die Verlobung. Dann wurde er von Herzog Karl August nach Weimar berufen, wo er am 7. November ankam. Im selben Jahr machte er die Bekanntschaft mit Wieland und Frau von Stein.

Suchen wir uns für das Alter von sechsundzwanzig Jahren in den *Ereignistabellen* in der Spalte 0° 58′50″ das Alter von sechsundzwanzig Jahren auf, beträgt danach der Sonnenbogen 25° 29′40″, abgerundet 25° 30′. Im Arbeitsgerät verschieben wir den Widderpunkt um diesen Sonnenbogen und erhalten damit alle mit dem Sonnenbogen vorgeschobenen Positionen für das Jahr 1775.

Um diesen bedeutenden Lebensabschnitt zu verstehen, ist es notwendig, sich kurz nach einer Biographie von Goethe zu orientieren. Mir liegt das Werk von Hermann Grimm[22] über Goethe vor: »Für Goethe, als er 1775 Frankfurt verließ, war der Unterschied ein stärkerer, als wenn heute jemand nach Amerika geht, um dort zu bleiben. Entfernungen sind heute fast illusorisch; damals aber war das kleinste Fortgehen von zu Hause eine Reise. Goethe war ein Südwestdeutscher, der Rhein sein Heimatstrom. Das rheinische Leben ist ein rasches, bewegtes Leben auf der Straße oder doch außer dem Hause. Das Land ist reich und üppig. Reicher, unabhängiger Adel, reiche Kaufleute gaben den Ton an. Mitteldeutschland dagegen und Thüringen waren dürftiger; man lebte im Hause und behalf sich. Man hatte da nicht seinen eigenen Wein im Keller; es wurde Bier getrunken. Sparsam, gleichmäßig und still lebende Beamte gaben den Ton an.«

Wenn man das liest, wird man besser verstehen, was diese Reise für Goethe bedeutete. Man darf sich daher nicht wundern, wenn sich SA s mit MO (Quadrat) verbindet. Das betraf nicht allein die Auflösung der Verlobung mit Lili Schönemann; die Reise nach Weimar war eine schwerwiegende (SA) Entscheidung; es war auch die Trennung von der Mutter (MO) und von der Heimat. Die positive Seite der Lebenswende ergab sich durch PL in Verbindung mit JU und VE beziehungsweise in der Halbsumme JU/VE. Lesen wir im kosmischen Struktur- bild nach, so finden wir unter PL die Hinweise auf Erfolge als Schriftsteller, Durchsetzungskraft und Anerkennung. Unter JU finden wir Entsprechungen zu Anerkennung im öffentlichen Leben, Liebe zur Geselligkeit, Großzügigkeit, Seelengemein- schaft (Frau von Stein!). Unter Venus ergeben sich Hinweise auf Beliebtheit und Anziehungskraft.

Will man die genauen Positionen der mit dem Sonnenbogen vorgeschobenen Positionen haben, muß man zu allen Geburts- positionen den Sonnenbogen von 25°30' hinzuzählen und be- kommt folgende Übersicht:

$$
\begin{aligned}
\text{SO r} + 25°30' &= 0°40' \text{ li} \\
\text{MO r} + 25°30' &= 7°22' \text{ ar} \\
\text{ME r} + 25°30' &= 21°26' \text{ vi} \\
\text{VE r} + 25°30' &= 21°55' \text{ li} \\
\text{MA r} + 25°30' &= 29°03' \text{ cp} \\
\text{JU r} + 25°30' &= 21°28' \text{ ar} \\
\text{SA r} + 25°30' &= 10°42' \text{ sg} \\
\text{UR r} + 25°30' &= 14°15' \text{ ps} \\
\text{NE r} + 25°30' &= 22°08' \text{ li} \\
\text{PL r} + 25°30' &= 24°21' \text{ sg} \\
\text{DR r} + 25°30' &= 12°27' \text{ aq} \\
\text{AS r} + 25°30' &= 13°08' \text{ sg} \\
\text{MC r} + 25°30' &= 0°27' \text{ li}
\end{aligned}
$$

Untersucht man die Position von PL s genauer, so bekommt man folgendes Bild:

MO s ◄———	———► PL s ◄———	———► UR s
7°27' ar	24°21' sg	14°15 ps

DR r ◄———	———► JU r ◄———	———► SO r/MC r
16°57' cp	25°58' ps	5°03' vi

Die Verbindung Jupiter-Pluto kann man sehr oft feststellen bei besonderen Erfolgen, Erreichen einer bevorzugten Stellung im Leben, einer Führungsposition oder auch Standeserhöhung. Das Quadrat PL s – JU ist noch nicht fällig. Die Ernennung zum Geheimen Legationsrat geschah auch erst im folgenden Jahr. Trotz seiner Jugend erschienen bereits in dieser Zeit *Des Herrn Göthe sämtliche Werke*.

Die Berechnung der Sonnenbogen für jedes Lebensjahr darf aber nicht zu der Ansicht verführen, daß sie für den Lebensablauf allein maßgebend seien. Als Auslösung der Direktionen sind oft die Transite ausschlaggebend, das heißt die Übergänge der laufenden Gestirne über die einzelnen Radixpositionen oder deren Aspekte. Im November 1775 bewegte sich der laufende Uranus auf 5 Grad Zwillinge zu, also auf das Quadrat zu Sonne und MC. Dadurch wird auf eine plötzliche Lebenswende hingewiesen. Nach *Kombination der Gestirneinflüsse* bedeutet UR = MC: »Berufswechsel, plötzliche Umgestaltung der Lebensverhältnisse.«

Im Sonnenbogen-Jahresdiagramm haben wir bis jetzt nur die Konstellationen herausgegriffen, die sofort auffallen und die sich aus der Deckung der vorgeschobenen mit den Radixgestirnen ergeben. Man kann aber auch jeden einzelnen vorgeschobenen Faktor im Verhältnis zu den Radixpositionen und Halbsummen untersuchen und umgekehrt.

Man stellt zunächst den Zeiger der Rechenscheibe oben auf den Widderpunkt der oberen Scheibe, bewegt dann die Scheibe nach links und stößt nun zuerst auf die vorgeschobenen Positionen von Sonne und MC. Man erkennt dann, daß Sonne s und MC s gerade die Achse Mars/Jupiter und Mars/Venus überschritten haben:

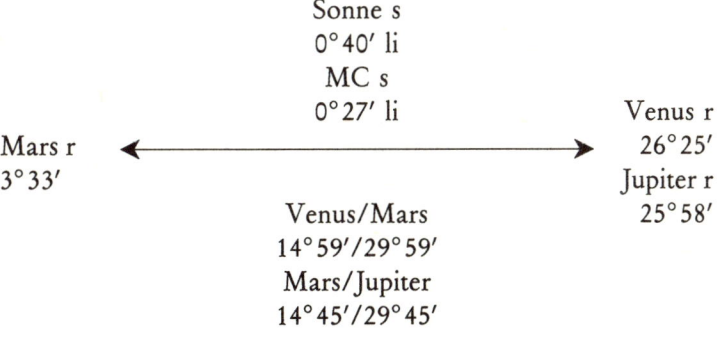

Sonne s
0° 40′ li
MC s
0° 27′ li
Venus r
26° 25′
Mars r
3° 33′
Jupiter r
25° 58′
Venus/Mars
14° 59′/29° 59′
Mars/Jupiter
14° 45′/29° 45′

Bei den Halbsummen wurden zwei Positionen angegeben. Im zweiten Fall handelt es sich um den 45-Grad-Winkel dazu, weil dieser zahlenmäßig mit den anderen Positionsangaben übereinstimmt. SO s befindet sich in 0° 40′ li oder auch in 30° 40′ ca. Der Vergleich zu Venus/Mars fällt dann leichter. Es ist übrigens statistisch nachgewiesen worden, daß die Halb- und Anderthalbquadrate den anderen Winkelverbindungen völlig gleichwertig sind. Es ist daher gar nicht notwendig, jeweils die einzelnen Winkelverbindungen anzuführen; es genügt, wenn man weiß, daß ein Faktor überhaupt zu einem anderen in Beziehung steht. Es ist richtig, wenn man schreibt: Sonne s = Venus/Mars.

Das Gleichheitszeichen (=) hat sich eingebürgert und hat auch seine Berechtigung, wenn man die einzelnen Faktoren innerhalb des 90-Grad-Kreises in Beziehung setzt: Sonne s 0° 40′ li = Venus 26° 25′ vi (176° 25′) + Mars 3° 33′ = cp (273° 33′) = 449° 58′, davon die Hälfte = 224° 59′ = 14° 59′ sc − 45 − 0° 40′ = li.

Diese Berechnungen sind an sich gar nicht notwendig, weil das Verhältnis der vorgeschobenen zu den Radixpositionen durch das Arbeitsgerät anschaulich wiedergegeben wird. Was bedeutet Sonne s = Venus/Mars? Nach *Kombination der Gestirneinflüsse*: Körperliche Liebe. Drang zur Vereinigung zwischen Mann und Frau. MC s = Venus/Mars läßt die eigene Sinnlichkeit stärker hervortreten, gibt den Drang zu seelisch-körperlicher Einswerdung, zu geschlechtlicher Verbindung. Sonne s = Mars/Jupiter kann ebenso auf eine Verlobung hinweisen wie MC = Mars/Jupiter. Es handelt sich dabei um die Verlobung mit Lili Schönemann. Grimm[22] schreibt dazu:

»Wir sehen, was das für eine gefährliche Blondine war. Keine Blume im Walde wie Friederike, keine vor dem Fenster eines stillen Hauses blühende wie Lotte, sondern mitten im prächtigen Garten zwischen Springbrunnen und unter der Bewunderung der Menschen sich aufschließend. Es war eine wachsende Leidenschaft, sein Glück, und dann das Erwachen aus einem Traum.«

Wenn man die Rechenscheibe genau auf Sonne, MC s ein-

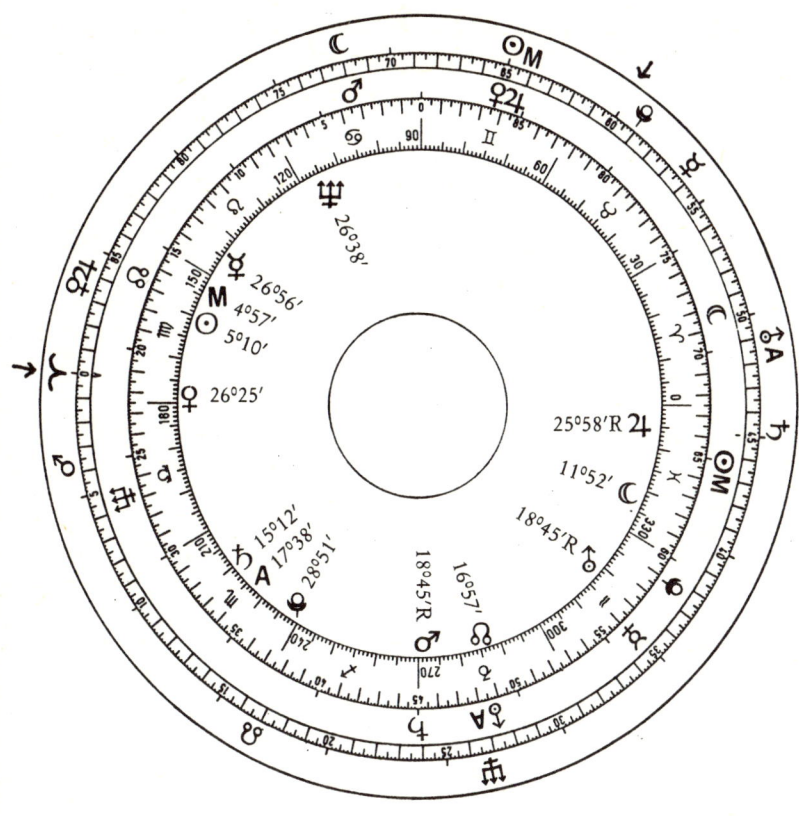

Abb. 23: Kosmogramm für das 26. Lebensjahr von Johann Wolfgang von
Goethe (1775).

stellt, sieht man in der gleichen Achse auf der Gegenseite unten
Saturn, auf eine Trennung deutend. Nur eine kleine Verschiebung der Rechenscheibe nach links zeigt eine neue Halbsum-
menkombination SO s = Neptun/Sonne und MC = Neptun/
Sonne. Für die Konstellation Sonne = Neptun/Sonne findet
man keine Aussage in *Kombination der Gestirneinflüsse.* Man
kann eine solche Gestirnverbindung auffassen als eine Verstär-
kung der Aussage aus den Halbsummenpartnern Sonne und
Neptun nach der Seite hin, die dem Faktor in der Halbsumme

entspricht, also nach der Seite der Sonne. Nach Kenntnis der Lebensgeschichte könnte man sowohl die positive als auch die negative Seite der Auslösungsmöglichkeiten annehmen: »Reiche Erfahrungen auf geistigem Gebiet, Beeinflußbarkeit, Verführbarkeit, große Enttäuschung.«

Weiterhin ergeben sich folgende Konstellationen:

MC = Sonne/Neptun: Empfindlich, beeinflußbar sein, negative Einstellung. (Entlobung)

Sonne s = Saturn/Uranus: Trennung (von Frankfurt, von allen bisherigen Verhältnissen)

MC = Saturn/Uranus: Sich trennen.

Sonne s = Saturn/AS: Mangel an Bewegungsfreiheit empfinden, gern eigene Wege gehen, unter Umwelt leiden, krankwerden, sich trennen.

MC = Saturn/AS: Trennung.

Goethes Tod

Ebenso wie seine Geburt, die mit dem Glockenschlag zwölf einsetzte, ist auch die Todesstunde bekannt. In der Traueranzeige der Ottilie von Goethe wird »vormittag halb zwölf Uhr« am 24. März 1832 angegeben. Schlägt man wieder die *Ereignistabellen* auf und sucht den Sonnenbogen unter 0°58'50" für 83 Jahre, so findet man 81°23'10" für den Geburtstag am 28. 8. 1832. Der Tod erfolgte aber fünf Monate früher, so daß wir pro Monat 5' = 25' abziehen und erhalten dann als Sonnenbogen 80°58'. Um diesen Sonnenbogen muß man nun alle Positionen vorschieben. Mit dem Arbeitsgerät ist es einfacher; man stellt den Widderpunkt einfach auf 81°.

In Abbildung 24 auf Seite 65 sehen wir nur zwei Direktionen, die als maßgebend und exakt angesehen werden können; der Merkur s verbindet sich mit dem Aszendenten = Saturn/Uranus, und Sonne s befindet sich mit MC s im Kontakt mit Merkur. Dann ergeben sich folgende Konstellationen, die alle auf eine Trennung (Tod) hinweisen: Sonne = Merkur = Sa-

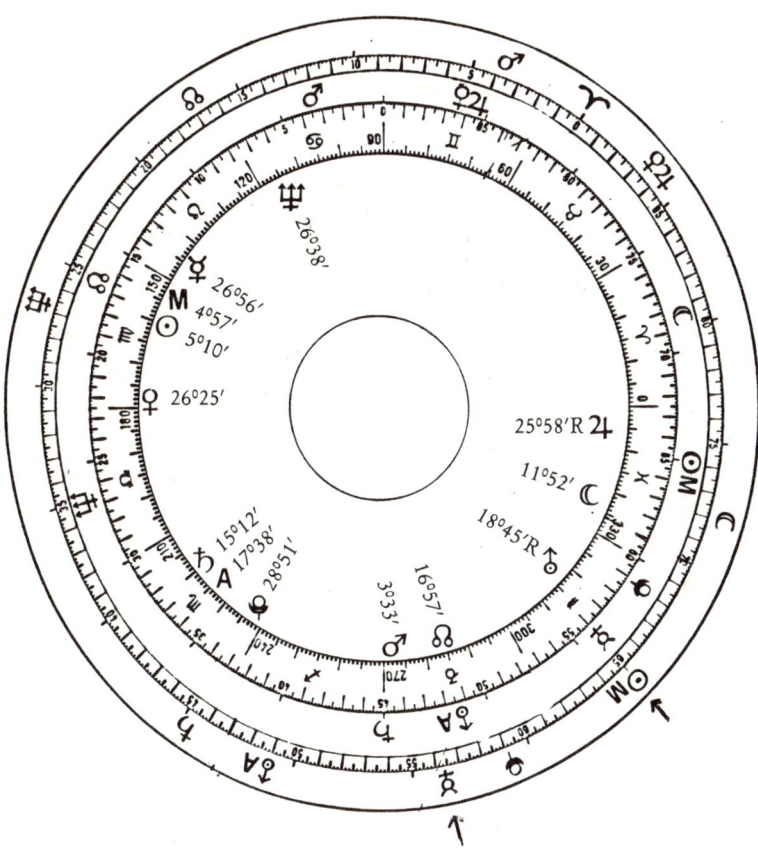

Abb. 24: Kosmogramm für Johann Wolfgang von Goethe mit den Todes-
direktionen.

turn/MC = Sonne/Saturn und Merkur s = AS = Saturn/
Uranus.

Grundsätzlich muß gesagt werden, daß sich der Tod eines
Menschen nicht berechnen läßt, denn der Tod ist nicht allein
von den Gestirnen abhängig, sondern es spielen der Gesund-
heitszustand, die Vitalität und noch andere Umstände mit. Es
gibt aber Fälle, in denen es möglich ist, wenn beispielsweise ein
Mensch schwer krank ist, so daß mit seinem Ableben gerechnet
werden muß und die Todesgefahr beziehungsweise Todesbe-

rechnung die Möglichkeit geben soll, um Angehörige rechtzeitig zu benachrichtigen und auch sonst entsprechende Vorsorge zu treffen. Es muß auch darauf hingewiesen werden, daß nicht die Sonnenbogen-Direktionen allein maßgebend sind, sondern in den meisten Fällen die Transite die Direktionen auslösen.

Ich habe vom Astrodienst in Zürich die Tageskonstellationen berechnen lassen; sie werden in Abbildung 25 auf Seite 67 wiedergegeben. In diesem Falle sind die Tageskonstellationen im äußeren 90-Grad-Kreis eingetragen. Dabei stellen wir fest, daß sich der Uranus t (= Transit) mit dem Aszendenten deckt. Demnach wird die Direktion Merkur s = Aszendent ausgelöst mit der Aussage: Trennung beziehungsweise Tod. Der Neptun hat seinen Gang durch den Tierkreis gerade beendet und befindet sich mit nur 1' Differenz am gleichen Ort wie bei der Geburt. Neptun = Mars/Uranus deutet auf einen Schwächeanfall (Tod) mit einer Differenz von nur 11'.

Positionen bei Goethes Tod			Deklinationen
☉ Sonne	♈ Widder	1° 50′13″	0° 44′ N
☽ Mond	♐ Schütze	10° 52′19″	17° 41′ S
☿ Merkur	♈ Widder	4° 21′ 0″	0° 48′ N
♀ Venus	♒ Wassermann	29° 7′13″	12° 34′ S
♂ Mars	♒ Wassermann	5° 59′42″	19° 48′ S
♃ Jupiter	♓ Fische	11° 26′37″	8° 09′ S
♄ Saturn	♍ Jungfrau	10° 7′26″ R	9° 45′ N
♅ Uranus	♒ Wassermann	17° 2′ 7″	16° 22′ S
♆ Neptun	♑ Steinbock	26° 48′58″	20° 22′ S
♇ Pluto	♈ Widder	9° 53′58″	11° 22′ S
☊ Mondknoten	☊ Mondknoten	10° 3′27″ R	17° 44′ N

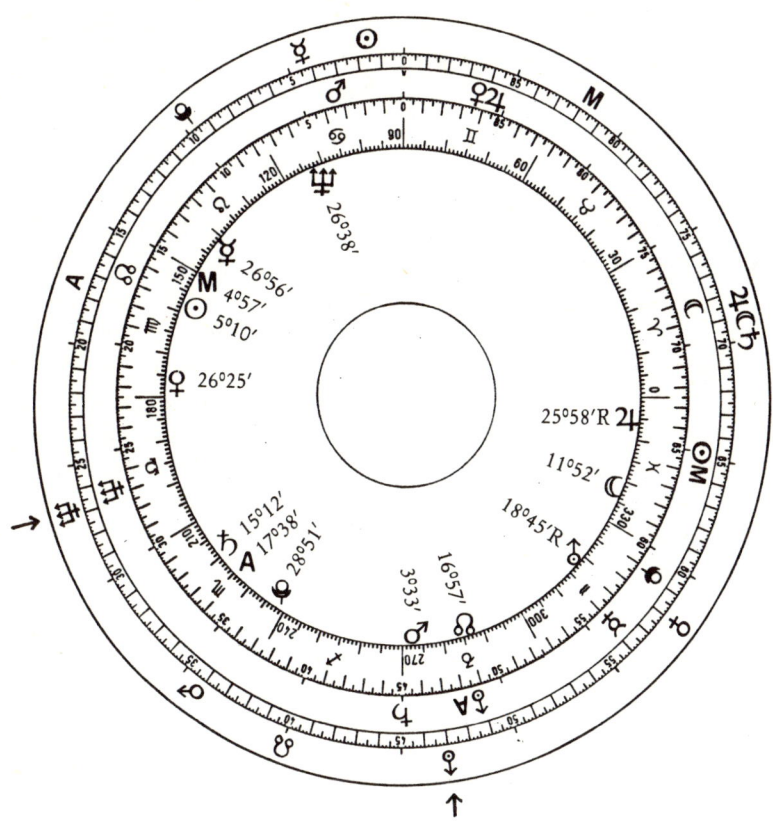

Abb. 25: Kosmogramm für Johann Wolfgang von Goethe mit den Todestransiten.

Auf der anderen Seite begünstigt Jupiter mit Mond das Le-
bensende. Außerdem folgt hier der Saturn, der auch auf das Ende hinweist, denn nach dem Bericht von K. W. Müller[23] war es
ein schöner Tod. Er berichtete: »Als nun das Sprechen ihm immer schwerer wurde, und er doch noch Darstellungs- und Mit-
teilungsdrang fühlte, zeichnete er mit gehobener Hand in die
Luft, wie er es in gesunden Tagen zu tun pflegte; dann schrieb
er mit dem Zeigefinger der Rechten in der Luft einige Zeilen... Da die Kraft abnahm und der Arm tiefer sank, so

schrieb er etwas tiefer und zuletzt – wie es schien dasselbe – auf dem seine Beine bedeckenden Oberbette zu wiederholten Malen. Man bemerkte, daß er genau Interpunktionszeichen setzte, und den Anfangsbuchstaben erkannte man deutlich als ein großes W. Die übrigen Züge vermochte man nicht mehr zu deuten. Da die Finger anfingen, blau zu werden, nahm man ihm den grünen Arbeitsschirm von den Augen und fand, daß sie schon gebrochen waren. Der Atem wurde von Augenblick zu Augenblick schwerer, ohne jedoch zum Röcheln zu werden. Der Sterbende drückte sich ohne das geringste Anzeichen des Schmerzes bequem in die linke Seite des Lehnstuhls, und die Brust, die eine Welt in sich erschuf, trug und hegte, hatte ausgeatmet.« Fürwahr ein schöner Tod unter Jupiter t Konjunktion Mond.

Die einsetzende Bewußtlosigkeit erkennt man in MC t gegenüber Mars t = Saturn/Neptun = Uranus/Neptun. Saturn t befand sich außerdem in der Todesachse Mars/Saturn.

Aus diesem Beispiel ist gleichzeitig zu ersehen, wie Direktionen und Transite zusammenwirken.

Das Lebensdiagramm Goethes
auf progressiver Grundlage

Bereits in meinem Lehrbuch *Einführung in die Kosmobiologie* habe ich die verschiedenen Lebensdiagramme ausführlich erläutert, so daß ich mich an dieser Stelle kurz fassen kann. Die von mir entwickelten Lebensdiagramme verfolgen das Ziel, einen Überblick über die ganze Lebensentwicklung zu geben, ohne dabei im fatalistischen Sinne ein vorbestimmtes Schicksal voraussagen zu wollen. Sie beruhen auf dem 45-Grad-System, in dem sich alle Winkel (Aspekte) decken, die durch 45 teilbar sind. Sie zeigen auf der linken Seite eine Gradskala über je 45 Grad. Am Kopf des Formulars befindet sich eine Einteilung in sechsmal zehn Lebensjahre.

Von den an der Gradskala angetragenen Positionen werden

waagrechte Linien durch das Blatt gezogen. Von der linken Seite aus werden nun die Bahnen der Gestirne aufgezeichnet, indem man aufgrund der Ephemeride des Geburtsjahres vom Geburtstag aus die Bewegungen immer nach zehn Tagen notiert und dann die Markierungspunkte miteinander verbindet. Dabei ergeben sich nun Schnittpunkte der aufgezeichneten Gestirnbahnen mit den aufgezeichneten Positionslinien. Den Schnittpunkten entsprechen jeweils Ereignisse oder bestimmte Lebensverhältnisse. Wer sich nicht die Mühe machen will, die Lebensdiagramme selbst zu erarbeiten, kann sich diese vom Computer berechnen lassen. Da für die Zeit Goethes keine Ephemeriden vorliegen, wurden die Lebensdiagramme beim Astrodienst, Zürich, mit dem Computer gezeichnet. Man betrachte hierzu die Abbildungen 26 und 27 auf den Seiten 70 und 71.

Das Lebensdiagramm beginnt in diesem Fall mit dem fünfundzwanzigsten Lebensjahr 1775. Das war das entscheidende Jahr, in dem sich in Goethes Leben die große Wende vollzog durch die Übersiedlung nach Weimar, um sich in den Dienst des Herzogs Carl August zu begeben. Man sieht zu dieser Zeit, wie die Sonne p (= progressiv) die Saturnlinie ganz oben überschreitet. Dem Saturn entsprechend handelte es sich zunächst um Trennungen (Saturn): um die Auflösung der Verlobung mit Lili Schönemann und den Abschied von der Heimatstadt Frankfurt.

Das MC p kreuzt die Linien von AS, Mars und Uranus. Schließlich handelte es sich um einen Berufswechsel und eine völlige Lebensänderung (MC = Mars, MC = AS, MC = UR). In Weimar wurde Goethe zum Geheimen Legationsrat mit einem Gehalt von 1200 Talern ernannt. Trotz seiner Jugend wurden zu dieser Zeit bereits *Des Herrn Göthe sämtliche Werke* verlegt. Es entwickelte sich die Freundschaft mit Wieland und der Frau von Stein. Goethe war zu dieser Zeit auch literarisch sehr produktiv.

Anschließend bewegte sich Merkur über Pluto. Eine sehr produktive Periode ergab sich auch um 1786/87, nachdem er eine gesundheitliche Krise, einen Blutsturz, überlebt hatte. Von seinen schweren Krankheiten kann man in den Biographien

LEBENSDIAGRAMM: **Sekundär** – Direktionen
im 45-Grad-System
Name: ♂ **Johann Wolfgang von Goethe**
geboren am: **Do. 28.8.1749** Uhrzeit: **12:00**

ASTRODIENST ZUERICH
Goldauerstrasse 34
CH-8006 ZUERICH
Typ: **5.4** Nr: **59.381 2.12.83**

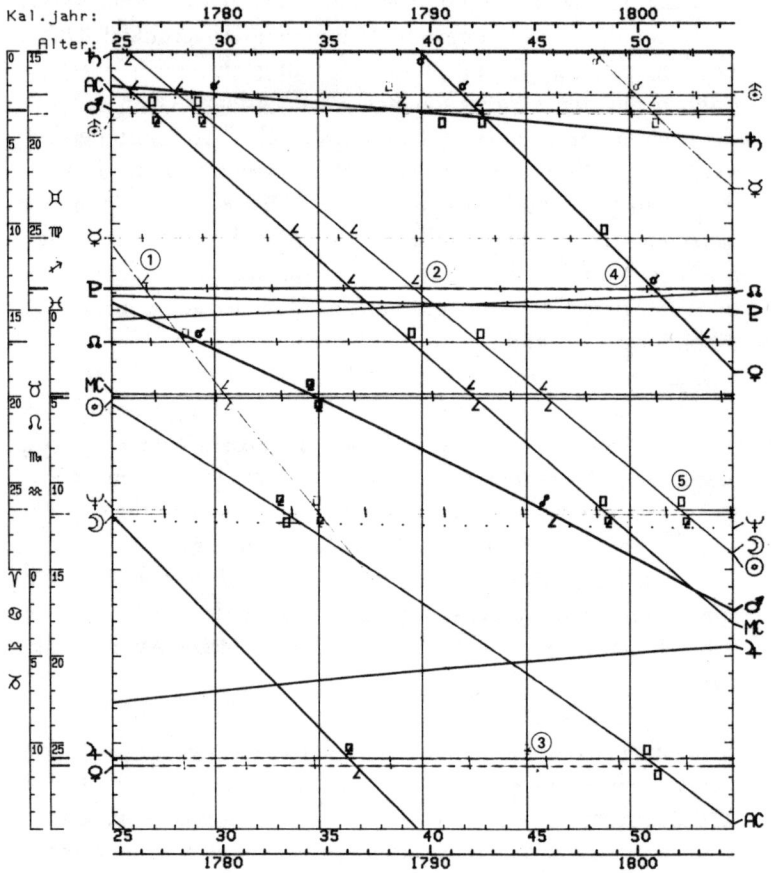

Abb. 26a: Lebensdiagramm aufgrund der Progressionen für Johann Wolfgang
von Goethe.

1: 1776: Weimar, Geheimer Legationsrat
2: 1791: Leitung des Hoftheaters
3: 1794: Verbindung mit Schiller
4: 1799: Schiller nach Weimar
5: 1801: Schwere Erkrankung

70

LEBENSDIAGRAMM: **Sekundär** – Direktionen
im 45-Grad-System
Name: ♂ **Johann Wolfgang von Goethe**
geboren am: **Do. 28.8.1749**   Uhrzeit: **12:00**

ASTRODIENST ZUERICH
Goldauerstrasse 34
CH-8006 ZUERICH
Typ: **5.4**   Nr: **59.301**   **2.12.83**

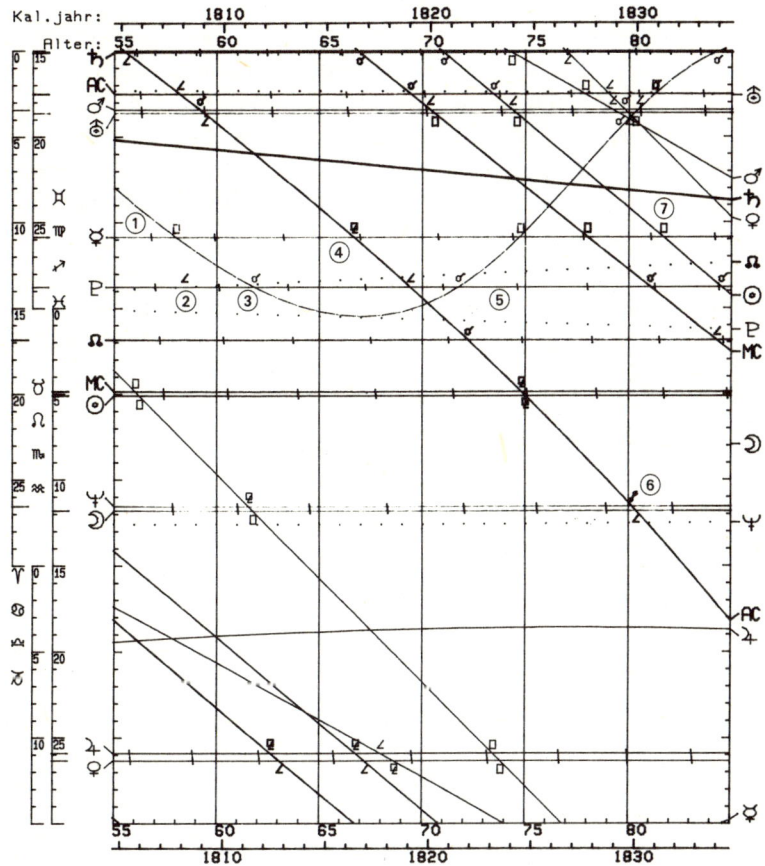

Abb. 26 b: Lebensdiagramm aufgrund der Progressionen für Johann Wolfgang von Goethe.

1: 1805: Schillers Tod
2: 1808: »Faust«
3: 1811: »Dichtung und Wahrheit«
4: 1816: Christianes Tod
5: 1823: Eckermann nach Weimar

6: 1829: »Faust« beendet
7: 1832: Goethes Tod.

71

wenig lesen. Goethe litt an einem Magenleiden, wurde nierenkrank, und nach und nach entwickelte sich eine Gicht. Das lag zum großen Teil daran, daß er ein guter Esser und fröhlicher Trinker war (täglich zwei Flaschen Wein!).

Wie ich in verschiedenen Aufsätzen und Büchern nachgewiesen habe, entwickeln sich Krankheiten besonders dann, wenn sich langsam laufende Planeten kreuzen. Man beachte, wie sich Saturn über die Marslinie bewegt. Außerdem kann man erkennen, daß der Neptun p sich kaum von der Mondlinie entfernt, was mit einer Störung des Flüssigkeitsstoffwechsels (durch Alkohol) zusammenhängt.

Die produktive Periode um 1787 entspricht Sonne = Merkur, MC = Pluto, Venus = Jupiter und Venus. Aufgrund der letztgenannten Konstellation ist es bezeichnend, daß er sich in seinen Dichtungen vornehmlich mit Frauengestalten (Iphigenie, Claudine, Die Geschwister) beschäftigte.

Weiterhin sei auf folgende Entsprechungen hingewiesen:

1791 Venus = AS: Übernahme der Leitung des Hoftheaters.
1794 Merkur = Jupiter: Verbindung mit Schiller.
1799 Merkur = Uranus: Schiller kommt nach Weimar.
1801 Sonne = Neptun: Schwere Erkrankung.
1805 AS = Saturn: Schillers Tod.
1812 Merkur = Pluto: Dichtung und Wahrheit.
1816 MC = Saturn: Christianes Tod.
1823 Sonne = AS: Eckermann kommt nach Weimar.
1829 MC = Pluto: *Faust* beendet.
1832 Merkur = Uranus: Tod.

Da es im Rahmen eines Lehrbuches nicht möglich ist, alle Einzelheiten eines Lebens ausführlich zu besprechen, wird meinen Lesern geraten, sich selbst eine Biographie von Goethe zur Hand zu nehmen und den Lebensablauf mit dem Lebensdiagramm zu vergleichen.

Das Deklinations-Lebensdiagramm Goethes

Zum Verständnis der folgenden Ausführungen lese man nochmals den Abschnitt über »Die Deklinationen« (siehe Seite 34). Bei der Abfassung meines Buches[15] über die Deklinationen ging ich von der Annahme aus, daß man ebenso wie mit den Lebensdiagrammen aufgrund der Längenpositionen auch ein Lebensdiagramm mit Hilfe der Deklinationen aufstellen könne. Wie die Beispiele in dem Buch beweisen, ergaben sich oft überraschende kosmische Entsprechungen, die aus den anderen Lebensdiagrammen nicht zu ersehen waren.

In Abbildung 26 (siehe Seiten 70 und 71) sind neben den »Todestransiten« auch die laufenden Deklinationen aufgeführt (rechts). Überträgt man diese auf das Deklinationsdiagramm (siehe Abbildung 28, Seite 75), kann man erkennen, daß sich im Augenblick des Todes Saturn 9° 45′ N fast minutengenau deckt mit Sonne 9° 38′ und MC 9° 43′N (siehe Abbildung 13 auf Seite 33). Außerdem ist Neptun 20° 22′ // Mars 19° 48′ S beim Tode parallel Neptun 20° 27′ N. Für den »schönen Tod« sind MC// Jupiter und Jupiter//Pluto charakteristisch.

Um die Parallelen zu deuten, habe ich bisher die *Kombination der Gestirneinflüsse* benutzt. Ob sich aber unterschiedliche Aussagen aus den Längen- und Deklinationskonstellationen ergeben, muß der künftigen Forschung vorbehalten bleiben.

Das Deklinationslebensdiagramm ist genauso aufgebaut wie die anderen Lebensdiagramme, nur daß auf der linken Seite eine Einteilung in 25 Grade vorgenommen wird, wobei sich nördliche und südliche Deklinationen decken. Bei dem Computer-Lebensdiagramm sollte man sich nicht irritieren lassen, daß die gleiche Zeichnungsgrundlage benutzt wird wie bei den anderen Lebensdiagrammen. Man muß sich also die Einteilung in die Tierkreisgrade links außen wegdenken.

Die waagrechten Linien bezeichnen wieder die Positionslinien der Gestirne, die nun von den Gestirnbahnen durchkreuzt werden. Das Deklinationslebensdiagramm wird jeweils für sechzig Jahre wiedergegeben. Um den Lebensabend mit zu

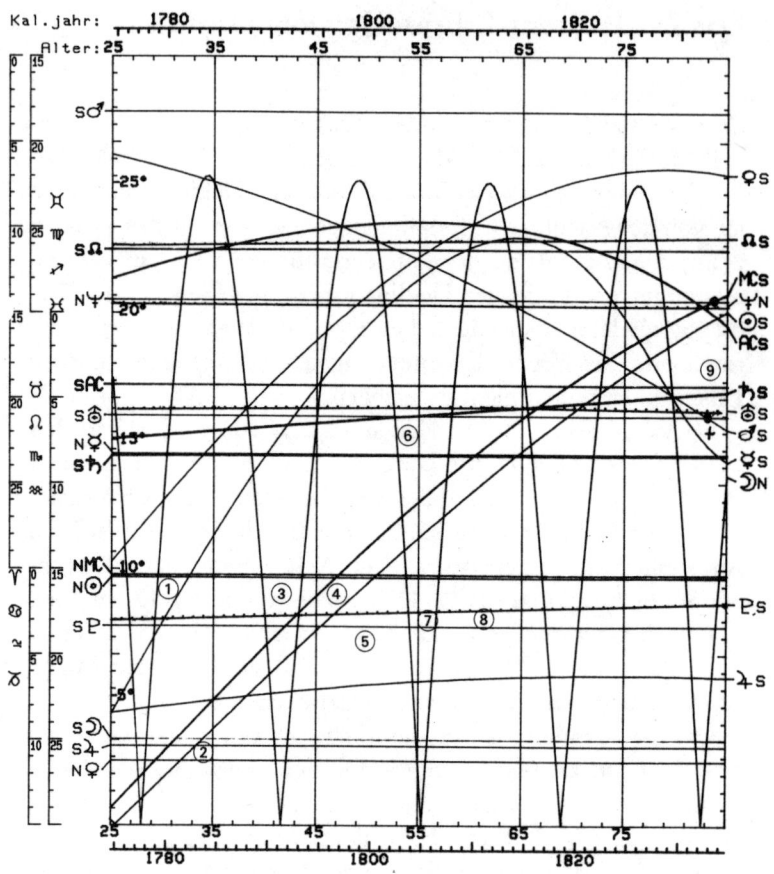

Abb. 27: Lebensdiagramm aufgrund der Deklinationen für Johann Wolfgang von Goethe.

1: 1779: Geheimrat
2: 1782: Erhebung in den Adelsstand
3: 1791: Leitung des Hoftheaters
4: 1794: Verbindung mit Schiller
5: 1800: »Faust«
6: 1803: Krankheit
7: 1806: Nierenkolik
8: 1808: Gicht
9: 1832: Goethes Tod.

74

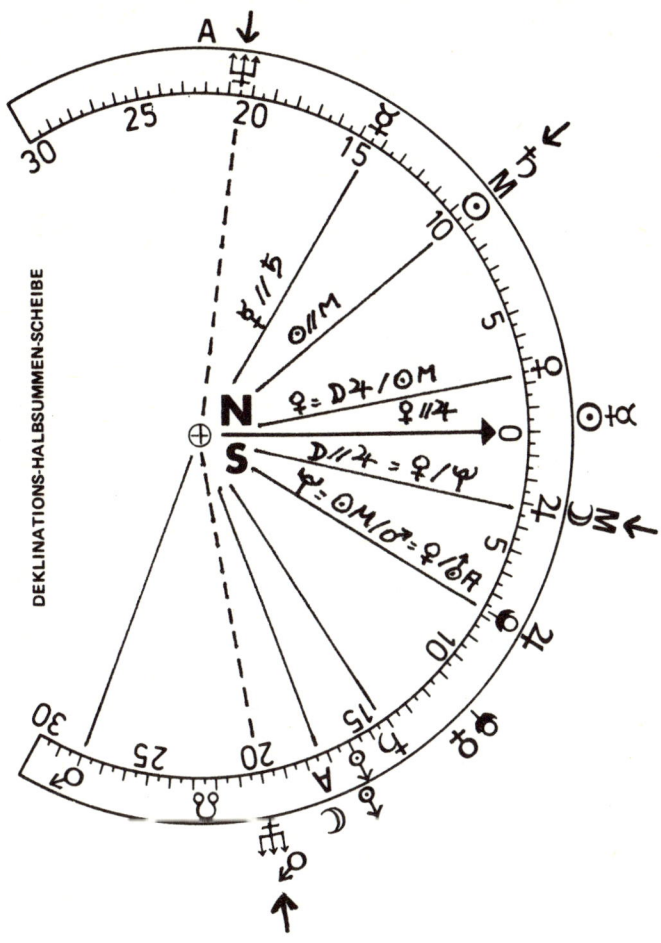

Abb. 28: Die Todesdeklinationen von Johann Wolfgang von Goethe in der Deklinations-Halbsummenscheibe.

erfassen, beginnt es erst mit dem Jahre 1775, das auch für die weitere Entwicklung Goethes von größter Bedeutung war.

Bei 10 Grad liegen die Positionslinien von Sonne und MC. Da erkennt man, daß die Venusbahn kurz zuvor diesen Punkt verlassen hat (bezeichnend für das Liebeserlebnis in Sesenheim).

Die Lebenswende mit der Übersiedlung von Frankfurt nach Weimar ist nur angedeutet durch Mond//AS//Uranus//Merkur//Saturn (in der Mitte über 15 Grad). Die Ernennung zum Geheimrat, den neuen Beruf bezeichnend, entspricht Merkur//Pluto (1779). Die Erhebung in den Adelsstand 1782 entspricht Sonne//Jupiter. Die nächste Beförderung zum Leiter des Hoftheaters 1779 ergab sich unter MC//Pluto. Die bedeutsame Verbindung mit Schiller 1795 erkennt man in Sonne//Pluto.

Was im Lebensdiagramm aufgrund der Deklinationen (siehe Abbildung 28 auf Seite 75) nicht so genau zu erkennen ist, ist die gesundheitliche Entwicklung, vorwiegend bedingt durch das gute Essen und die Sucht nach Alkohol (täglich zwei Flaschen Wein!). Bei der Geburt waren Saturn und Uranus 1° 33' voneinander entfernt, laufen aber dann aufeinander zu. Das entspricht der Entwicklung von Krankheiten, die ab 1806 zu einer Nierenkolik und ab 1808 zur Gicht führten. Es ist bezeichnend, daß Mars//Uranus den Tod auslöst. Der Auflösung des Körpers entspricht MC//Neptun.

Die Erprobung von Deklinations-Lebensdiagrammen steht erst am Anfang und bedarf eines weiteren Studiums. Bisher konnte aber festgestellt werden, daß manche Lebensentwicklungen aus den Deklinationen offenbar werden, die aus den anderen Unterlagen nicht hervorgehen.

Eine Prognose stimmt nicht

Die besten Beispiele sind nicht immer die, bei denen »alles aufgeht«, bei denen alles zu stimmen scheint und bei denen sich eine Bestätigung an die andere reiht. An sich können gar nicht alle Prognosen stimmen, worauf immer wieder hingewiesen wurde, da eben der kosmische Faktor nur einer von mehreren ist. Wir verquicken sogar mit unseren Voraussagen der Entwicklungsmöglichkeiten den Wunsch, daß es uns doch möglich sein sollte, irgendwelche kosmischen Einflüsse aufzuheben und mit unserem Willen dagegenzuarbeiten, um eine angezeigte Gefahr oder Krise abzuwenden.

Andererseits möchte man unbedingt günstige Konstellationen ausnützen. Das bedeutet aber nicht, daß man durch Kenntnis kommender günstiger Gestirnstellungen das große Los ziehen und von einem Tag zum anderen zum Millionär werden könnte. Wer solche Hoffnungen hegt, wird bald stark enttäuscht werden. Die bisher als günstig bezeichneten kosmischen Entsprechungen scheinen mitunter gar nicht zu stimmen.

Um den nachstehenden Fall, es handelt sich um W. G., eine weibliche Person, haben sich verschiedene ernst zu nehmende Fachleute bemüht, ohne zu einem entsprechenden Ergebnis zu kommen. Es wurden immer wieder günstige Konstellationen errechnet, die die Möglichkeit der Überwindung einer Krise gaben. Doch immer antwortete die Frau, daß ihre qualvolle Zeit noch nicht beendet und keinerlei Wendung eingetreten sei. Der Fehlerquelle werden wir nach der Durcharbeitung des Kosmogramms nachgehen.

Die Frau wurde am 28. September 1901 um 3.30 Uhr MEZ in 47° 33′ n. Br. und 7° 40′ ö. L. geboren. Die Abbildung 29 auf Seite 78 entspricht der traditionellen Arbeitsweise mit dem waagrecht liegenden Horizont. Man wird dabei feststellen, daß sich die meisten Gestirne im unteren Teil des Kosmogramms befinden, so daß man der Tradition nach auf einen mehr introvertierten Menschen schließen muß, der alle Eindrücke der Außenwelt in sich aufnimmt und verarbeitet, ohne aber selbst in stärkerem Maße in die Außenwelt einzugreifen. Das Leben wird an sich etwas schwerer genommen.

Das Geburtsbild zeigt außerdem ein »Kreuz«, das von Sonne, Mond, Jupiter, Neptun gebildet wird. Man kann schon daraus schließen, daß es an Konfliktstoff in diesem Leben nicht fehlen wird. Venus und Mars befinden sich im Zeichen Skorpion in Konjunktion und sind durch Halb- beziehungsweise Anderthalbquadrate mit dem genannten Kreuz verbunden.

Abbildung 30 auf Seite 79 zeigt das Kosmogramm mit dem 90-Grad-Kreis. In diesem tritt die bereits genannte Konstellation noch stärker hervor, denn Neptun, Mond, Sonne/Jupiter

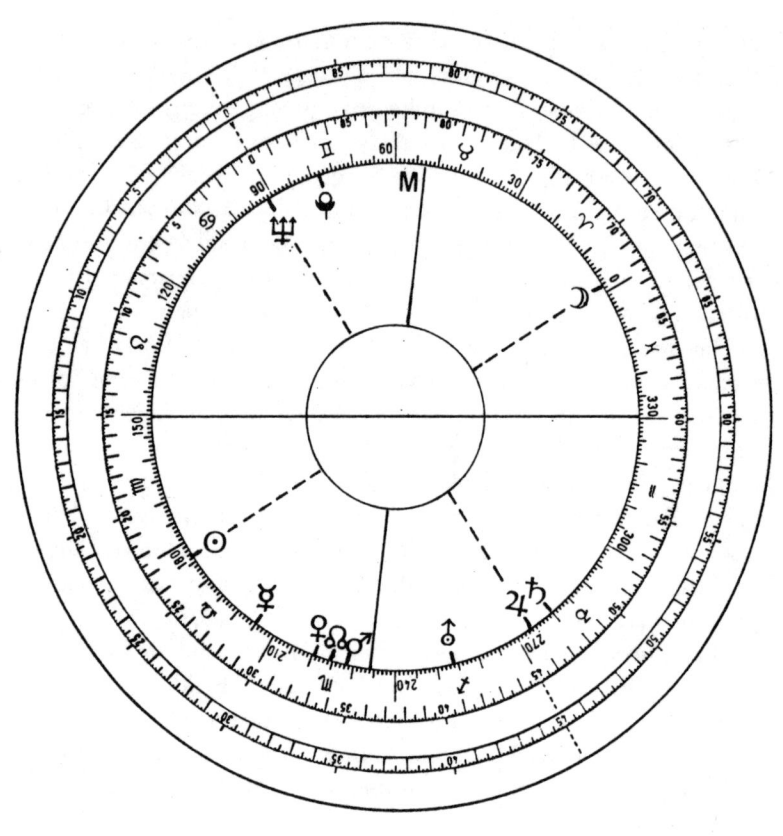

Abb. 29: W. G., geb. am 28. September 1901 um 3.30 Uhr MEZ. Die Abbildung zeigt den Tierkeis mit waagrechtem Horizont. Beim kombinierten Formular ist es empfehlenswert, immer 0° Krebs und 0° des 90-Grad-Kreises oben hinzustellen, auch wenn AS und MC dadurch andere Stellungen einnehmen.

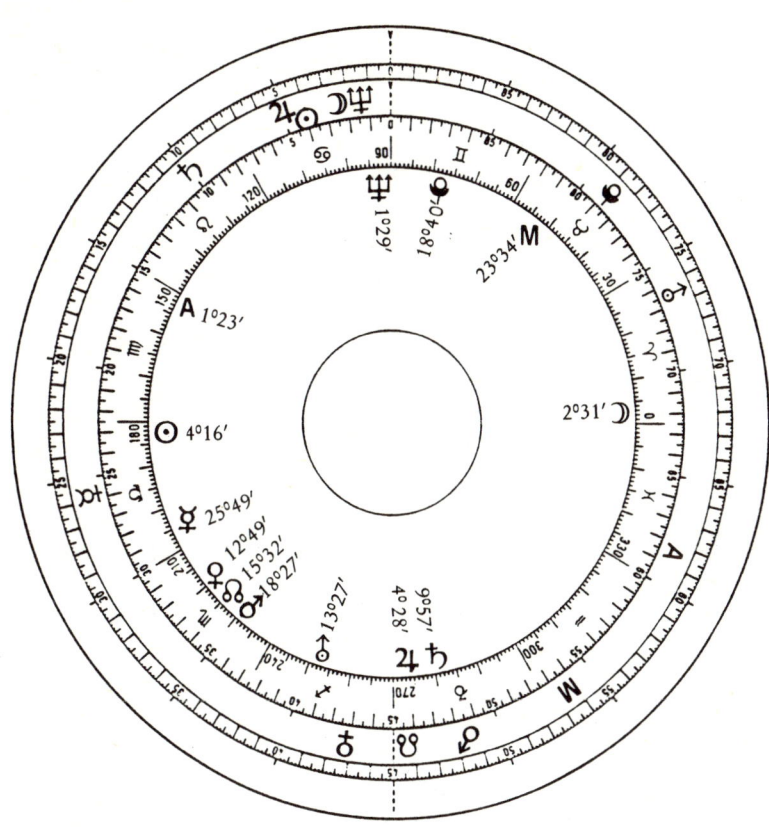

DEKLINATIONEN

☉ = 2°06' S	☾ = 4°20' N	☿ = 11°04' S	♀ = 16°33' S
♂ = 17°55' S	♃ = 23°31' S	♄ = 22°46' S	⚷ = 22°28' S
♅ = 22°16' N	♇ = 13°47' N	M = 18°40' N	A = 10°57' N

Abb. 30: Das Kosmogramm von W. G., geb. am 28. September 1901, 3.30 Uhr, dargestellt im Tierkreis und 90-Grad-Kreis.

finden wir oben innerhalb von ca. 3° zusammengedrängt stehen, genau gegenüber den Mars. Die Neptun-Achse deckt sich unten genau mit dem Mondknoten und Venus/Mars. Wir könnten daraus entnehmen, daß hier in Liebe und Ehe – vorsichtig ausgedrückt – keine rechte Befriedigung erlangt werden kann. Gehen wir aber wieder schrittweise vor und stellen die Rechenscheibe auf die einzelnen Faktoren. Wir erhalten folgende Aussagen nach *Kombination der Gestirneinflüsse:*

Sonne Quadrat Jupiter: Gesundheit, Erfolg, Anerkennung.
  Diese Verbindung zwischen Jupiter und Sonne würde man auf jeden Fall als positiv bezeichnen, wenn der kosmische Zustand von Sonne und Jupiter auch sonst positiv bewertet werden kann. Wie die folgenden Halbsummen zeigen, ist das aber nicht der Fall.
Sonne = Saturn/Neptun: Körperliche Reaktion auf seelisches Leid, Anfälligkeit, Krankheit.
Jupiter = Saturn/Neptun: Leicht verärgert und mißgestimmt sein, Empfindlichkeit, Engherzigkeit, Egoismus.
Mars = Saturn/Neptun: Energiemangel, Unlust, Mangel an Schaffenskraft, schwache Zeugungskraft.
Sonne = Merkur/Uranus: Handlungsbereitschaft, Übereifer, Voreiligkeit, eine Lage rasch erfassen.
Mars = Merkur/Uranus: Mut, Entschlossenheit, sich durchsetzen.
Jupiter = Merkur/Uranus: Schlagfertigkeit, Zuversichtlichkeit.
Sonne = Mondknoten/MC: Körperlich-seelische Verbindungen.
Jupiter = Mondknoten/MC: Frohe Geselligkeit lieben.
Mars = Mondknoten/MC: Kameradschaftlichkeit.

Die Stellung von Sonne, Jupiter und Mars in Saturn/Neptun ist sehr nachteilig und wird sich im vorgeschrittenen Alter stärker bemerkbar machen als in der Jugend, während sich die anderen Konstellationen wohl mehr in jungen Jahren zeigen.
  Den Gesamtüberblick über alle wichtigen Gestirnverbindungen bietet das »Kosmische Strukturbild« (siehe Abbildung 31

auf Seite 83), aus dem wir die Konstellationen herausgreifen wollen, die besonders für Liebe und Ehe maßgebend sind.

Mond Quadrat Neptun: Sensitivität, Einfühlung, Empfindlichkeit, Unbefriedigtsein, Unverstandensein.
Diese Konstellation ist sehr häufig bei Frauen zu finden, die sich nicht verstanden fühlen. Wer Gelegenheit hat, die Kosmogramme von Ehepartnern zu untersuchen, die sich nicht verstehen und sich wieder trennen, wird gerade eine Mond-Neptun-Verbindung bei sehr vielen geschiedenen Frauen feststellen. Da der Mond sehr schnell läuft und alle drei bis vier Tage in einen 45-Grad-Winkel zum Neptun tritt, ist diese Gestirnverbindung auch ziemlich häufig.
Mond = Sonne/Neptun: Abhängigkeit der seelischen Verfassung von äußeren Einflüssen. (Schwächung der Funktionen des weiblichen Körpers.)
Neptun = Sonne/Jupiter: Beeinflußbarkeit, negatives Wesen, Schwäche, Selbsttäuschungen.
Mond = Venus/Mars: Starke Gefühlsimpulse, frühzeitiger Drang zur Heirat.
Neptun = Venus/Mars: Krankhaftes Begehren, Extravaganzen in der Liebe.
Mondknoten = Venus/Mars: Sinnliche Anziehung, Geschlechtsverbindung.
Mars = Saturn/Uranus: Spannungen im Liebesleben.

Für das Gesamtbild ist von großer Bedeutung, daß das MC im Anderthalbquadrat zu Saturn steht. Wenn man dabei auch einen Blick auf den 360-Grad-Kreis wirft, so erkennt man MC = Sonne/Saturn mit der Aussage: Hemmungen in der Entfaltung der eigenen Individualität, Zurückhaltung üben; sich kränklich fühlen; Einsamkeit, Trennung.
Faßt man die wichtigsten Aussagen zusammen, so erhalten wir die Hinweise darauf, daß eine stärkere Triebhaftigkeit vorliegt (Venus, Mars in Skorpion, Mondknoten = Venus/Mars), daß das Triebleben krankhafte Formen annehmen kann (Neptun = Venus/Mars), eine starke Stimmungsabhängigkeit

(Mond = Sonne/Neptun) gegeben ist und aus Enttäuschungen heraus der Kontakt mit einem Partner immer wieder gestört werden kann.

Die Abwägung der sich widersprechenden Aussagen ergibt sich allgemein aus den Konstellationen, die am stärksten hervortreten. Dabei spielen natürlich auch Einfühlungsvermögen und Erfahrung des Bearbeiters eine große Rolle. Auf jeden Fall sollte man nicht allein aufgrund der kosmischen Faktoren urteilen, sondern auch zum Beispiel den Lebenslauf, eine Handschriftenprobe oder ein Bild zur Beurteilung mit heranziehen, was natürlich voraussetzt, daß psychologische und graphologische Kenntnisse vorhanden sind.

Aus den Unterlagen war zu ersehen, daß die Frau am 6. Juli 1922 geheiratet hat und am 13. Januar 1923 einem Sohn das Leben schenkte, der schon vor der Ehe gezeugt worden sein dürfte. Man erinnere sich an Mond = Venus/Mars mit der Aussage: Frühzeitiger Drang zur Heirat.

Hat man solche Daten zur Verfügung, sollte man sie auch zur Nachprüfung benutzen. Nehmen wir den Hochzeitstag als Stichtag an. Zu dieser Zeit war die Native noch nicht einundzwanzig Jahre alt. Der Sonnenbogen ergibt sich aus folgender Rechnung:

28. Sept. 1901 + 21 Tage = 49. Sept. = 19. Okt. 1901.

Sonne am 19. 10. 1901 = 25° 24′ 22″ Waage
Sonne am 28. 9. 1901 = 4° 30′ 06″ Waage
Sonnenbogen für 21 Jahre = 20° 54′ 16″

Da am vollendeten 21. Lebensjahr noch zwei Monate und zweiundzwanzig Tage fehlen, ziehen wir für zwei Monate = 10′ und für zweiundzwanzig Tage noch 3′ ab und erhalten als den richtigen Sonnenbogen: 20° 41′ (siehe Abbildung 32 auf Seite 85).

Man schiebt die größere Scheibe um diesen Sonnenbogen vor, so daß man den Widderpunkt bei 20° 41′ des 90-Grad-Kreises der kleineren Scheibe einstellt. Für die ersten Untersu-

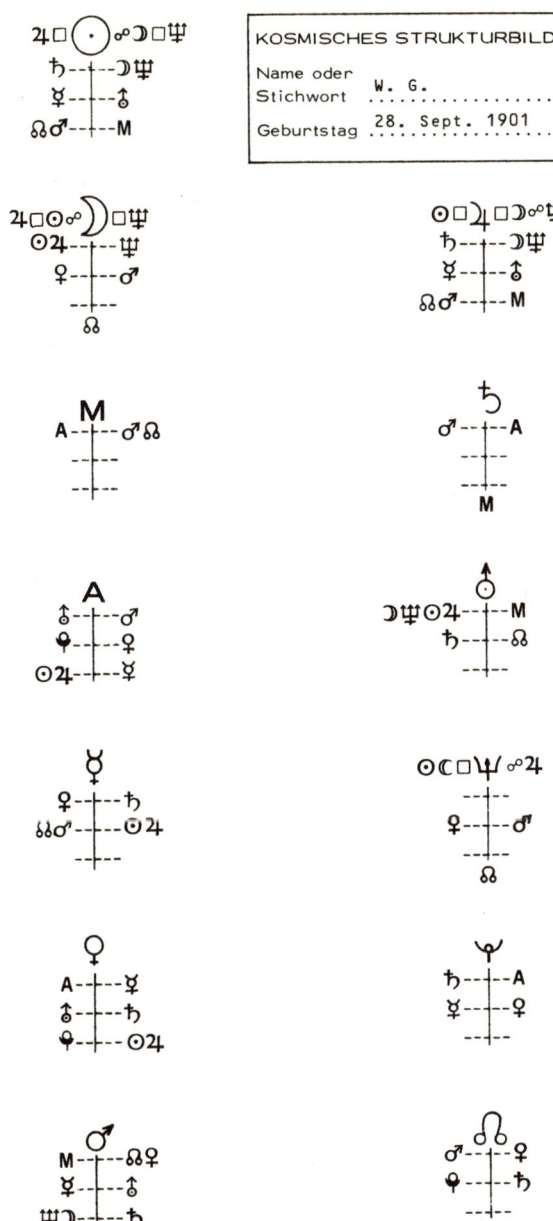

Abb. 31: Kosmisches Strukturbild für W. G.

chungen ist es praktischer und übersichtlicher, wenn man das Bild vom Arbeitsgerät gleichzeitig auf das Formular K 2 überträgt, um dieses Bild für später festzuhalten und auch einzelne Punkte besser markieren zu können. Wo man Übereinstimmungen findet, wird man die Symbole entsprechend verstärken oder auch kleine Pfeile einzeichnen.

Man wird bei diesem Kosmogramm, eingestellt auf das Hochzeitsdatum, einige Überraschungen erleben. Es fallen folgende Konstellationen auf:

Uranus s = Sonne = Jupiter = Mars = Venus/MC
4°08'   4°15'   4°28'   18°27'   18°07'
                                    3°27'   3°07'

Daraus ergeben sich folgende Aussagen:

Venus/MC = Uranus s: Plötzliche tiefe Neigung.
         = Sonne r: Geliebt werden.
Venus/MC = Jupiter: Sich Zuneigung erwerben.
         = Mars: Geschlechtsverbindung.

Man kann auch statt Uranus s = Mars = Jupiter die Kombination wählen:

Uranus s = Mars/Jupiter: Rasche Entschlossenheit, plötzlich eine Entscheidung treffen.

In diesem Fall befindet sich Uranus s nicht in der Halbsumme Mars/Jupiter, sondern löst die Achse Mars – Jupiter aus. Die Kombination ist aber dann dieselbe, denn es stehen drei Planeten in einem ganz bestimmten Zusammenhang. Die Halbsumme Mars/Jupiter ist, wie überhaupt eine Verbindung Mars-Jupiter, fast immer beteiligt, wenn es sich um Verlobung, Heirat oder Geburt handelt.

Wesentlich ist auch MC s = Uranus. Diese Verbindung bedeutet Durchsetzungskraft, die Umgestaltung der Lebensverhältnisse, wie sie durch eine Heirat gegeben ist. Uranus steht im

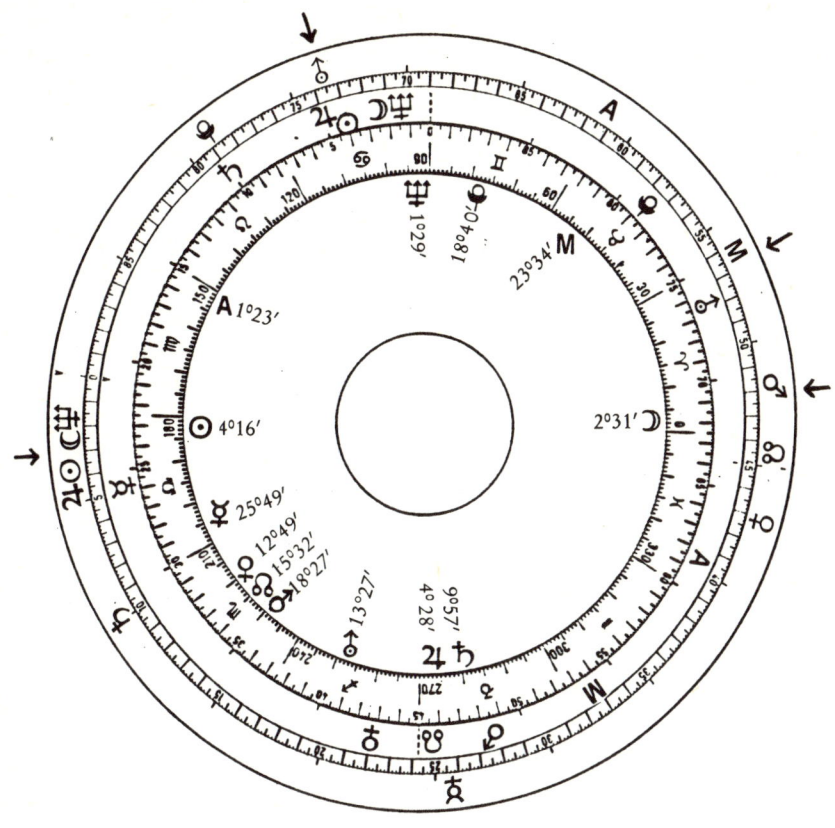

Abb. 32: Kosmogramm für W. G. (Hochzeitstag)

Geburtsbild mit Jupiter/MC und Sonne/MC; das entspricht
ebenfalls einer glücklichen Lebensumstellung. Da in diesen verschiedenen Konstellationen MC beteiligt ist, wird auf diese
Weise die Richtigkeit dieses Punktes und auch der Geburtszeit
bestätigt. Die Venus s hat in den letzten Jahren den AS überschritten. Das entspricht einer Liebesbekanntschaft, zumal der
AS in der Halbsumme Venus/Pluto liegt.

Stellt man den Zeiger der Rechenscheibe auf den Mars s, befindet sich dieser in Venus/Jupiter r = Sonne/Venus r. Darin
liegt die Aussage: Zeugung, Geburt, Hochzeit.

85

Im Jahre 1942 wurde die Ehe, angeblich auf Betreiben der Nativen, geschieden; das genaue Datum ist nicht bekannt. Wir können mit einem Sonnenbogen von ca. 41° rechnen. Man muß annehmen, daß sich gegenüber dem Hochzeitsjahr entgegengesetzte Aussagen aus den Konstellationen ergeben.

Mit Hilfe des Arbeitsgeräts verschieben wir den Nullpunkt der äußeren Scheibe auf 41 Grad der inneren Scheibe, wie es Abbildung 33 auf Seite 87 zeigt. Dann erkennt man ganz unten den Neptun s auf Venus r als Zeichen einer Liebes(Venus)-Enttäuschung (Neptun). Daneben stellt sich die Sonne mit Jupiter s auf den Mondknoten und zeigt damit eine neue Verbindung (Mondknoten) an. Der Saturn steht genau in der Mitte von Mars und MC als Zeichen einer Trennung.

Um einen Überblick über das ganze Leben zu bekommen, stellt man am besten *das Lebensdiagramm,* das immer zur Ganzheitsbetrachtung eines Geburtsbildes gehört. Erst dadurch kann man auch die Winkelverbindungen richtig beurteilen, ob ein Gestirn auf das andere zuläuft oder sich von ihm entfernt.

Wir berechnen in diesem Falle das Lebensdiagramm selbst. Hierzu liegt ein besonderes Formular vor (siehe Abbildung 34 auf Seite 88). Es enthält sechs Doppelspalten für sechzig Lebensjahre. Man schreibt daher in den Abständen von je 20 mm an den Kopf der Spalten die Zehnerjahre nach dem Geburtsjahr und darunter die Abstände von je zehn Lebensjahren = zehn Lebenstagen nach dem Geburtstag. Dann notiert man an der Gradskala die Positionen der Gestirne und der individuellen Punkte. Der Mondknoten in 15° 32′ Skorpion macht den Anfang, denn 15° Skorpion ist der Nullpunkt ganz oben. Es folgt dann der Neptun in 1° 29′ Krebs, dann der Mond in 2° 31′ Widder und so weiter.

Dabei fällt uns der große Komplex auf von Mondknoten, Neptun, Mond, Mars, Sonne und Jupiter. Man kann sich vorstellen, welch eine kritische Zeit sich ergibt, wenn ein negativer Planet mehrere Jahre braucht, um als Transit diesen Komplex zu durchwandern, während ein günstiger Planet beim Durchschreiten des Komplexes eine jahrelange angenehme Zeit mit sich bringen kann.

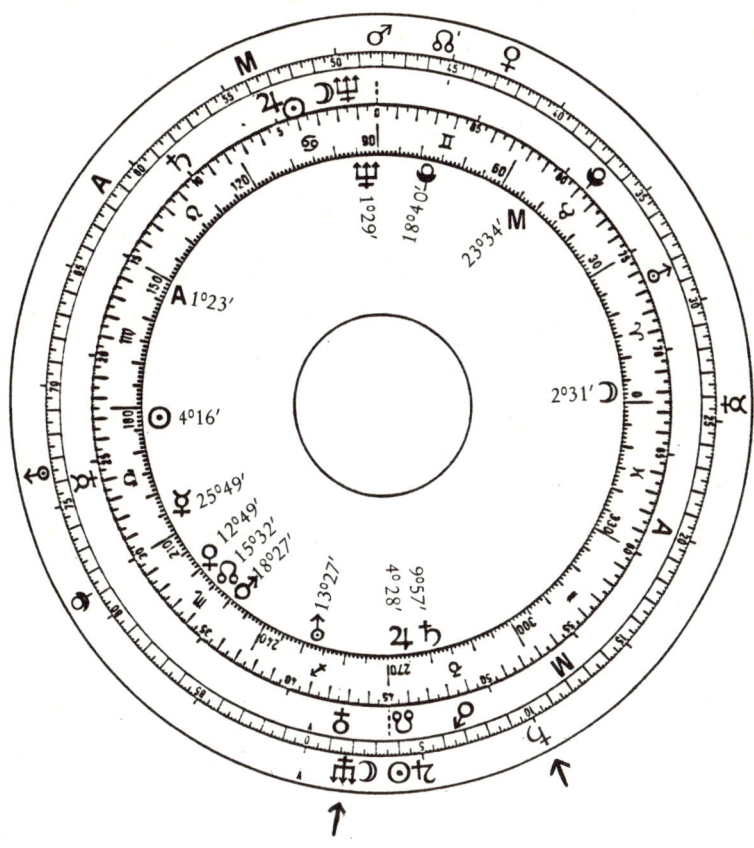

Abb. 33: Kosmogramm für W. G. (Scheidung)

Während sich die Sonnenbogendirektionen immer nur auf
ein Jahr beziehen, erkennt man im Lebensdiagramm langfristige
Konstellationen. Man untersucht immer zuerst die progressiven
Bewegungen, die sich einer Positionslinie nähern. Ganz oben
sieht man, wie sich der Neptun rückläufig dem Mondknoten
nähert. Da sich solche Direktionen meistens schon dann bemerkbar machen, wenn sie noch ein Grad entfernt sind, muß
damit gerechnet werden, daß sich enttäuschende (Neptun) Verbindungen (Mondknoten) bereits im mittleren Lebensalter einstellen.

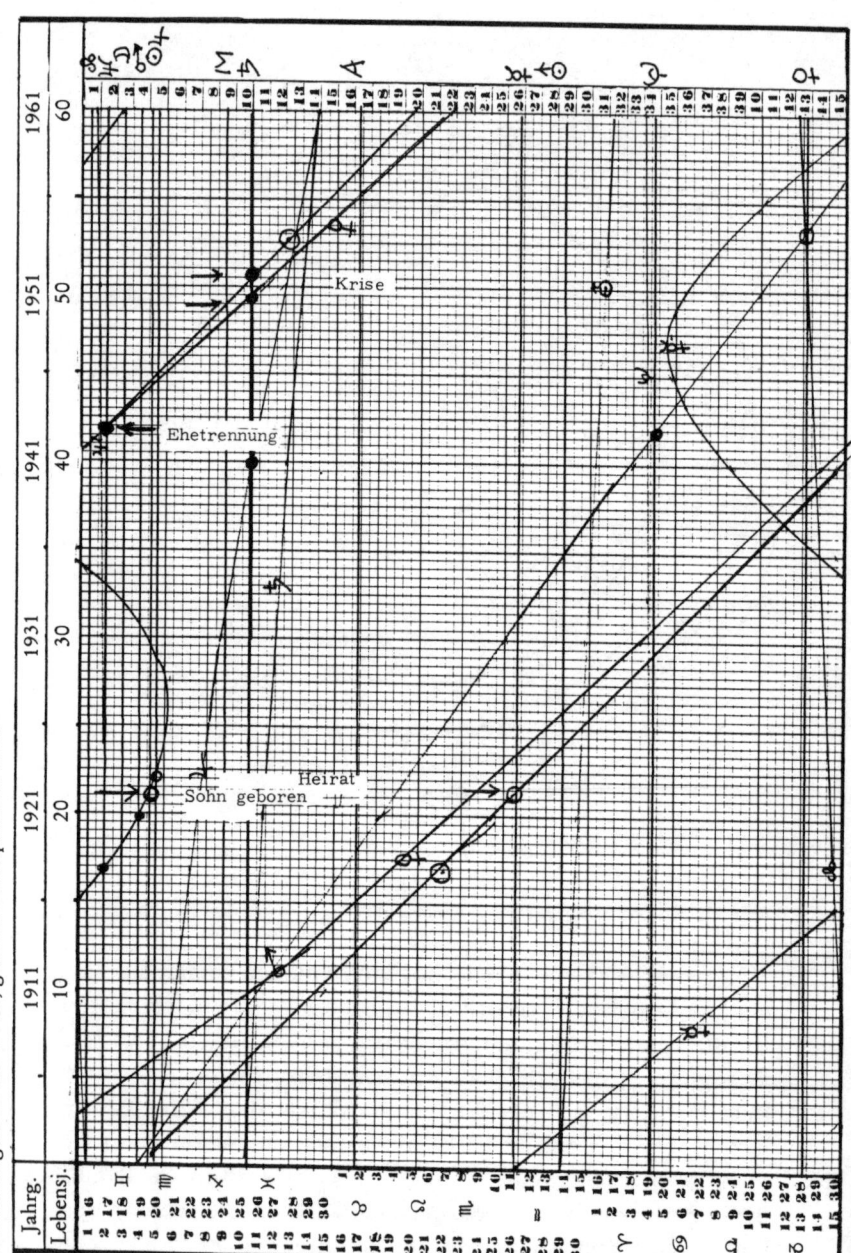

Abb. 34: Lebensdiagramm für W. G.

Eine weitere langfristige Konstellation erkennt man in der Bewegung des Jupiter zum Saturn. Daraus können sich entweder Krankheiten oder ein behindertes (Saturn) Glück (Jupiter), also eine schwierige Lebenslage ergeben. Diese Konstellation wird fällig um 1941, also vor der Ehescheidung.

Da die Aufstellung des Lebensdiagramms bereits im ersten Lehrbuch *Einführung in die Kosmobiologie* behandelt wurde, muß diese Arbeitsweise als bekannt vorausgesetzt werden.

Untersuchen wir nun die bekannten Ereignisdaten.

Zur Zeit der Hochzeit kommt der Merkur in Verbindung mit Sonne und Jupiter. Das ist eine Konstellation, die mehr auf eine Verstandesheirat (Merkur) und weniger auf eine echte Liebesverbindung hinweist. Da der Sohn vor der Ehe gezeugt wurde, ist das durchaus eine echte kosmische Entsprechung. Mars/Jupiter ist eine Heiratskonstellation; wenn diese durch Merkur (Verstand) ausgelöst wird, ist es eben eine Verstandesheirat. Darin liegt bereits der Grund für das Scheitern der Ehe.

Mit Hilfe der *Ereignis-Tabelle*[21] kann man den wahrscheinlichen Zeugungstag errechnen. Er liegt um den 25. April 1922; wahrscheinlich erfolgte die Zeugung einige Tage später, Anfang Mai, als Sonne t Opposition Venus und Venus t Quadrat Aszendent fällig waren. Als sich die Frau dann im Laufe des Mai ihrer Schwangerschaft bewußt wurde, waren Saturn t und Quadrat Neptun (Schwangerschaftserbrechen?) und Jupiter Quadrat Saturn fällig.

Als Jupiter p über die Saturnlinie ging (Konjunktion), kam es zur Ehescheidung. Gleichzeitig überschreiten Sonne und Venus die Neptunlinie und Mars die Plutolinie.

Als sich die Frau um 1952 in einer Krise befand, konnte man ihr nicht viel Gutes voraussagen, da Sonne und Venus die Saturnlinie überschritten. Man hatte ihr große Hoffnungen gemacht, weil sich der Jupiter nach traditioneller Manier durch das zehnte Feld bewegte. Die Direktionen sind in einem solchen Fall eben stärker. Mit Transiten allein kann man keine Prognose stellen. Wenn man mit Hilfe des Arbeitsgeräts das einundfünfzigste Lebensjahr (= 1952) einstellt, erkennt man Neptun s Quadrat MC und Mars s Konjunktion Saturn. Diese

Direktionen entsprechen durchaus folgenden Zeilen aus dem Briefe der Frau.

»Bei mir ist alles beim alten geblieben. Ich kann nicht glauben, daß meine schlechten Konstellationen überwunden sind. Vor sechs Jahren lernte ich einen Mann kennen und lieben (Lebensdiagramm: Sonne und Venus über die Linien von Mars, Sonne, Jupiter!), aber nur kurze Zeit durfte ich mit ihm glücklich sein, denn er gewann eine andere Frau lieb und heiratete diese. Ich aber komme in meinem Innern nicht von ihm los. Da ich ihm hier im Hause auch noch öfters begegne, blutet mein Herz von neuem. Können Sie verstehen, was ich da mitmache? Ich wollte schon wegziehen, aber meine finanziellen Verhältnisse zwangen mich, hierzubleiben. Ich bin ganz hoffnungslos und verzweifelt, so daß mir jeden Tag Selbstmordgedanken kommen...« Lebensdiagramm und Sonnenbogendirektionen ergeben klare kosmische Entsprechungen. Sonne p über Saturn im Lebensdiagramm und Mars s Konjunktion Saturn sind charakteristische Selbstmord-Konstellationen.

Es ist selbstverständlich, daß man als Lebensberater trotz der kritischen Konstellationen den Lebensmut nicht nehmen darf. Man muß vielmehr Konstellationen suchen, die wenigstens in den nächsten Jahren bessere Aussichten eröffnen. Das ist auch in diesem Falle durchaus möglich, denn in den folgenden Jahren geht der Mars im Lebensdiagramm über die Venus und die Venus über den Aszendenten, so daß die Liebessehnsucht der Frau doch noch Erfüllung finden kann.

Werfen wir zum Schluß noch einen Blick auf die Deklinationen, stellen wir fest, daß die langsamen Planeten nicht nur in den Längen, sondern auch in den Deklinationen übereinstimmen. Um 23° Süd konzentrieren sich Uranus, Saturn und Jupiter, und an der gleichen Stelle im Norden befindet sich der Neptun. Es ist also Uranus//Saturn//Jupiter//Neptun, also keine glückliche Konzentration. In den Direktionen ergibt sich dann bei der Zeugung Venus 23° 27′ S // Jupiter 23° 31′ S mit einer Genauigkeit von 4′. Bei der Scheidung ist dagegen fällig: Uranus 22° 40′ S // Saturn 22° 46′ S mit einer Differenz von nur 6′ (siehe Abbildung 35 auf Seite 91).

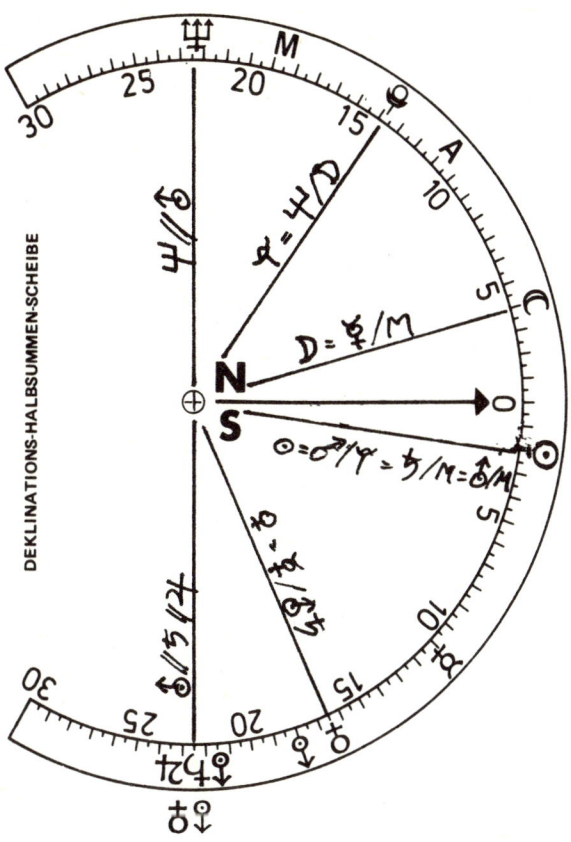

Abb. 35: Deklinationsdiagramm für W. G.

Im Deklinationsdiagramm beachte man weiterhin Pluto = Mond/Neptun, was auf schwere seelische Erschütterungen einer enttäuschten Frau hinweist. Die Sonne befindet sich in Mars/Pluto = Saturn/MC = Uranus/MC mit folgenden Aussagen: Außergewöhnlichen Kräften gegenüberstehen (um mit einem Mann glücklich zu sein), geringe Abwehrkraft gegen andere (gegen den eigenen Ehepartner), seelisch-körperliche Unruhe und Nervosität. Venus = Merkur/Uranus = Merkur/Saturn führt sowohl zu Liebesverbindungen als auch zu Liebestrennungen.

Bindung und Lösung einer Partnerschaft

Sachverhalt: Ein Verhältnis, das zweieinhalb Jahre bestanden hat, geht angeblich durch »dummes Gerede anderer Leute« auseinander. Die Frau leidet besondes darunter, da sie den Mann immer noch liebt. Es liegt ein Altersunterschied von 16 Jahren vor; die Frau hat sich aber sehr jung gehalten, wie nach einem Bilde zu urteilen ist. Der Altersunterschied hat sich auch bisher angeblich nicht bemerkbar gemacht. Es wurde nun die Frage aufgeworfen, ob der Bruch endgültig oder nochmals eine Annäherung möglich ist. Die Daten:

M.G. = 5. Juni 1927, 9.30 Uhr, in 9° 30′ö.L./49° n.B.

W.G. = 18. September 1911, 10.24 Uhr, 9° ö.L./50° n.B.

Für die Untersuchung überträgt man die Positionen im 90-Grad-Kreis auf das Formular. Dabei ist es zur Gewohnheit geworden, den äußersten Kreis für den männlichen Partner (M) und den inneren Kreis für den weiblichen Partner (W) zu verwenden. In der traditionellen Astrologie hat man die gegenseitigen Aspekte jeweils mit einem größeren Orbis versehen. Wenn man aber davon ausgeht, daß sich gemeinsame Erlebnisse besonders dann ergeben, wenn sich Direktionen oder Transite über gemeinsamen Punkten ergeben, muß man auf eine gradgenaue Übereinstimmung Wert legen.

Den ersten und stärksten gemeinsamen Punkt erkennt man in Mars (M) und Mond (W). Beide Gestirne befinden sich auch im Tierkreis in enger Konjunktion. In den »Regeln zur Vergleichsanalyse« in meinem Buch *Die kosmische Ehe*[24] lautet Regel 33: tiefe Leidenschaft, gefühlsbetontes gemeinsames Wollen, Wunsch nach Kindern, triebhafte Verbindung mit starken Spannungen. Untersucht man gleichzeitig die Halbsummen dieser Positionen, kann man feststellen, daß sich auch die Halbsummen Venus/Mars an dieser Stelle decken.

Bei der Untersuchung von Tausenden von Partnerschafts-Kosmogrammen habe ich festgestellt, daß diese Halbsummen in der Partnerschaft eine sehr große Rolle spielen und daß sich eine besonders starke Leidenschaftlichkeit entwickelt, wenn sich die Halbsummen Venus/Mars decken. Es ist daher notwendig, bei der Untersuchung von Partnerschaften diese Halbsummen immer mit zu untersuchen.

Im Kosmogramm für M.G. (siehe Abbildung 36 auf Seite 94) ist Mars-45-Sonne; die Halbsumme Venus/Mars fällt zusammen mit Uranus/Neptun und bekommt dadurch auch einen negativen Charakter. Im Kosmogramm für W.G. (siehe Abbildung 37 auf Seite 95) weicht der Mond etwa zwei Grad von der exakten Halbsumme Venus/Mars ab, hat aber trotzdem Gültigkeit. Außerdem ist Mond = Merkur/Venus und gleich Sonne/Mars. Wenn man für die Deutung die *Kombination der Gestirneinflüsse* zu Hilfe nimmt, so ergeben sich aus diesen Konstellationen folgende Aussagen: starke Gefühlsimpulse, Eheentschluß, Liebesbekanntschaft zu einem jungen Menschen, Wille zur Verehelichung.

Die nächste Kontaktstelle im Kontakt-Kosmogramm (siehe Abbildung 38 auf Seite 96) ist Aszendent = Saturn. Damit ist bereits eine Trennung angedeutet. Im Kosmogramm für M.G. ist Aszendent = Saturn/MC = Sonne/Venus, so daß damit die Liebe zu einem anderen Menschen wie auch eine Trennung angedeutet sind. Im Kosmogramm von W.G. ist Saturn = Mars/Mondknoten = Mond/Merkur mit dem Hinweis auf Schwierigkeiten in einer Verbindung, erschwerte Zusammenarbeit, schwierige Probleme, Trennung.

In der nächsten Kontaktstelle ist Neptun m = MC w. In die kosmische Sprache übersetzt kann man sagen: Die weibliche Persönlichkeit (M) erlebt eine schwere Enttäuschung (Neptun). Im Kosmogramm für M.G. ergibt Neptun = Uranus/Pluto: Unsicherheit, unerfüllte Wünsche. Im Kosmogramm von W. G. erkennt man MC = Mond/Venus = Sonne/Neptun mit den Aussagen: »Von großer Liebe erfüllt sein mit der Gefahr einer Enttäuschung und seelischer Zermürbung.«

Die Kontaktstelle mit Saturn m = Mars w weist eindeutig auf eine Trennung hin. Aus der letzten Kontaktstelle Mondknoten m = Pluto kann man auf eine »karmische Verbindung« schließen, die aus unbekannten Gründen schicksalsbedingt ist.

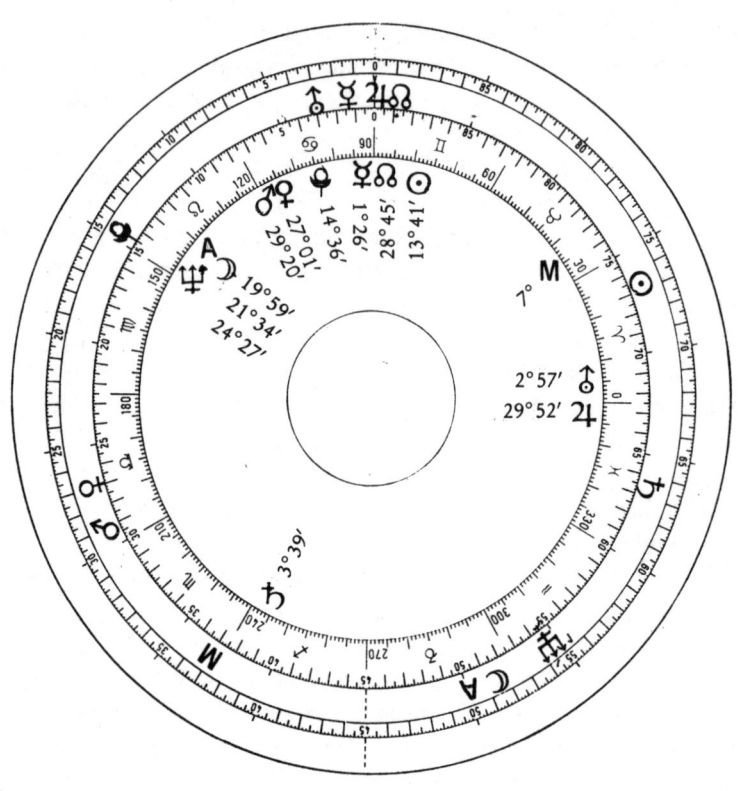

DEKLINATIONEN

☉ = 22°27'N	☽ = 18°18'N	☿ = 25°20'N	♀ = 22°52'N
♂ = 21°31'N	♃ = 1°05'S	♄ = 18°51'S	☋ = 0°30'N
♅ = 13°48'N	♇ = 21°28'N	M = 13°51'N	A = 14°49'N

Abb. 36: Kosmogramm für M.G., geb. am 5. Juni 1927.

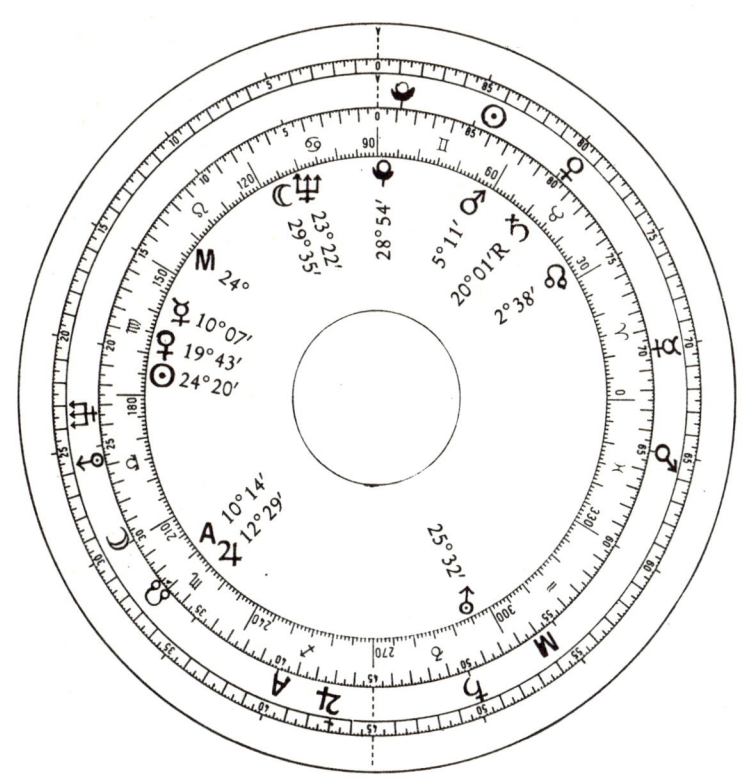

DEKLINATIONEN

☉ = 2°15'N	☾ = 25°12'N	☿ = 6°43'N	♀ = 3°49'S
♂ = 19°39'N	♃ = 14°47'S	♄ = 15°22'N	☊ = 21°36'S
♆ = 20°52'N	♇ = 17°02'N	M = 13°32'N	A = 14°54'S

Abb. 37: Kosmogramm für W.G., geb. am 18. September 1911.

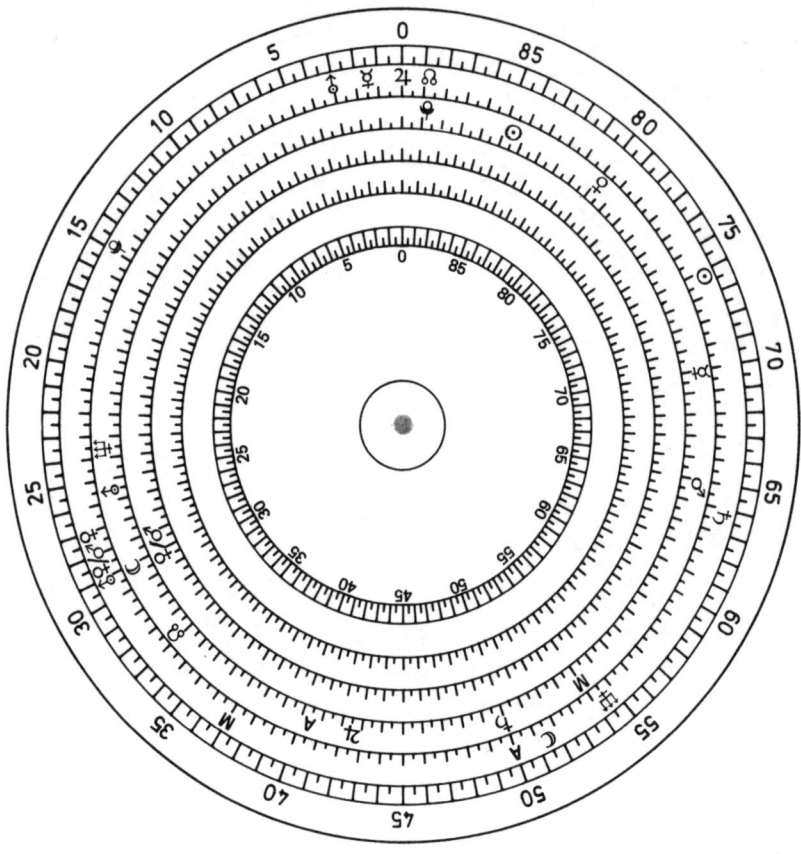

Abb. 38: Kontakt-Kosmogramm für M.G. und W.G.

Wenn von einer karmischen Verbindung gesprochen wird, so können die Ursachen in einem früheren Leben, einer früheren Inkarnation, liegen, über die man zuweilen durch eine sogenannte »Rückführung« oder auch durch bestimmte Träume Aufschluß bekommen kann.

Im Kosmogramm für M.G. findet man in Mondknoten = Jupiter/Neptun die klare Aussage »auf eine Verbindung falsche Hoffnungen setzen«; im Kosmogramm für W.G. ist Pluto = Venus/Uranus = Mars/Jupiter = Saturn/Neptun mit den

96

Aussagen: »Verrannt sein in der Liebe, ungewöhnliche Erfolge (?), schwere seelische Bedrückungen.»

Wenn man diese Partnerschaft psychologisch untersucht, so spielt dabei der große Altersunterschied eine Rolle. Ich möchte aber grundsätzlich erwähnen, daß auch Ehen mit großem Altersunterschied der Partner durchaus Bestand haben können. Meistens ist es aber so, daß dann beide Partner große Lebenserfahrung und vielleicht auch schwere Schicksale hinter sich haben. Oft liegt aber bei einer älteren Ehefrau die Möglichkeit nahe, daß der sehr viel jüngere Ehemann in seiner Frau nicht nur die Gattin, sondern auch die Mutter sieht. Wenn er aber später aus der »Bemutterung« erwacht und selbständiger wird, kommt es zu einer großen Enttäuschung.

Die Partnerschaft muß sich auch in den Deklinationen widerspiegeln. In dem Deklinations-Partnerschafts-Diagramm sind in gleicher Weise die Deklinationen in den Halbkreisen angetragen (siehe Abbildung 39 auf Seite 99). Es decken sich zunächst Merkur (M.G.) und Mond (W.G.), woraus sich ein gefühlsbetontes gemeinsames Denken ergibt; Zuneigung und praktische Erwägungen spielen gleichzeitig eine Rolle. Neptun (W.G.) mit Mars und Pluto (M.G.) zusammen deutet auf eine schwere Enttäuschung hin. Waren in den Längenkosmogrammen Mars und Mond in Konjunktion, so sind sie hier fast parallel. Man beachte auch, daß bei M.G. Mond nördlich und Saturn südlich parallel sind und bei M.G. demnach schon die Trennung (Saturn) von einer Frau (Mond) angezeigt ist. Die Kontaktstelle Aszendent (M.G.) = Saturn (W.G.) wiederholt sich hier, nur in umgekehrter Reihenfolge, so daß Saturn (M.G.) parallel Aszendent ist. Ebenso wiederholt sich die Verbindung von MC mit Neptun/MC. Die Deklinationen bestätigen also das Kontakt-Kosmogramm.

Nun möchte ich noch auf eine einfache Untersuchung der Partnerschaft hinweisen, *die Typenkomposition.*

In dem Buch *Die kosmischen Grundlagen unseres Lebens*[25] habe ich mit meinem Sohn das »Kosmopsychogramm« entwickelt. Wir haben versucht, das Geburtsbild in Form eines Strahlendiagramms darzustellen. Der untere Teil dieses Kosmopsychogramms enthält die Typenkomposition. Seit Jahrtausenden weist man die Tierkreiszeichen den vier Elementen Feuer, Erde, Luft und Wasser zu. Diese haben mit den Elementen an sich nichts zu tun, sondern sind Bezeichnungen von bestimmten Eigenschaften beziehungsweise den Temperamenten. Diese Lehre hat sich vom Altertum bis heute auch in der Psychologie erhalten. Wir haben diese Grundlagen der modernen Psychologie angepaßt und folgende Einteilung vorgenommen:

Feuerzeichen: Widder, Löwe, Schütze (Gespannter Außenmensch = SA),
Erdzeichen: Stier, Jungfrau, Skorpion, Steinbock (Gespannter Innenmensch = SI),
Luftzeichen: Zwillinge, Waage, Wassermann (Gelöster Außenmensch = LA),
Wasserzeichen: Krebs, Fische (Gelöster Innenmensch = LI).

Das Zeichen Skorpion, das allgemein als wäßriges Zeichen bekannt ist, rechne ich unter die Erdzeichen. Auch andere Autoren, zum Beispiel Dr. Herbert Freiherr von Klöckler[26], haben sich auch so geäußert, da die psychischen Entsprechungen zu Skorpion nicht vergleichbar sind mit denen von Krebs und Fische. In der traditionellen Astrologie hat man auch dem Zeichen Skorpion den positiven Mars als Hausherrn zugeordnet. Ich habe jedenfalls meine Einteilung immer wieder bestätigt gefunden.

Die einzelnen Gestirne haben einen besonderen Wert erhalten. Die individuellen Punkte Sonne, Mond, MC, AS wurden mit drei Punkten bewertet. Die schnellen Planeten Merkur, Venus, Mars erhalten zwei Punkte, und die langsamen Planeten Jupiter, Saturn, Uranus, Neptun, Pluto und Mondknoten erhalten nur einen Punkt, weil sie vielen Menschen gemeinsam sind. Der Mondknoten, womit immer der aufsteigende Knoten gemeint ist, wurde den langsamen Planeten zugeordnet, da er ca. zwanzig Tage braucht, um einen Grad zu durchwandern.

Untersuchen wir nun daraufhin das männliche Geburtsbild, so erhalten die Gestirne in den Feuerzeichen 8 Punkte: Uranus

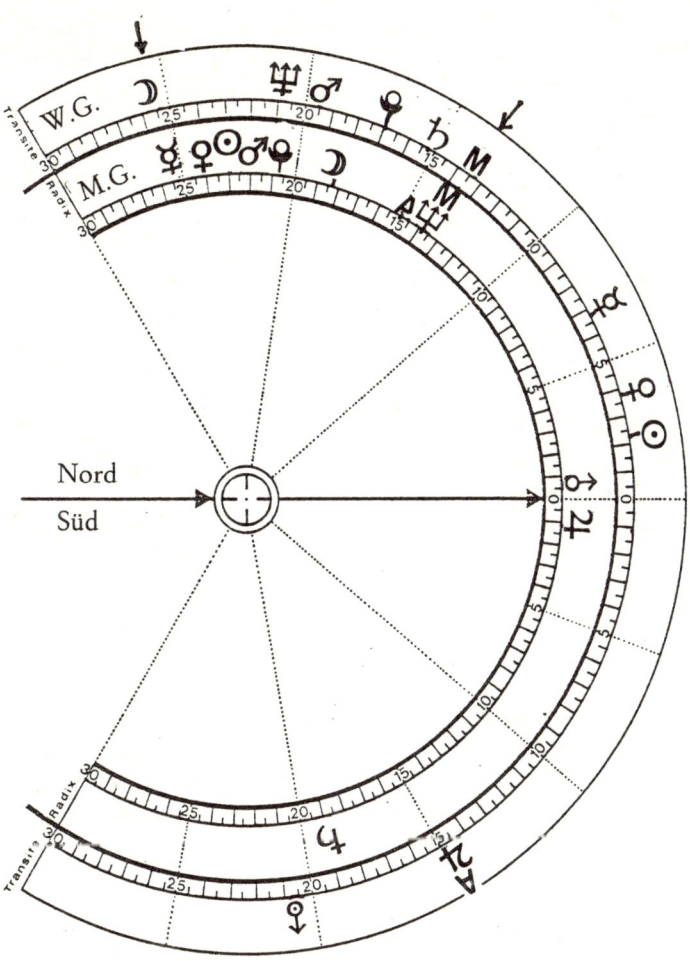

Abb. 39: Deklinations-Halbsummendiagramm für W.G. und M.G.

= 1, AS = 3, Mond = 3, Neptun = 1. Die Erdzeichen ergeben
3 Punkte: MC = 3. Die Luftzeichen ergeben 4 Punkte: Sonne =
3, Mondknoten = 1. Die Wasserzeichen ergeben 8 Punkte:
Merkur = 2, Pluto = 1, Venus = 2, Mars = 2, Jupiter = 1.

Eine Aufstellung nach den psychologischen Typen ergibt folgendes Bild:

SA–Typ = 9
SI–Typ = 3
LA-Typ = 4
LI-Typ = 8.

Im weiblichen Kosmogramm kommt man zu folgendem Ergebnis:

SA-Typ = 3
SI-Typ = 14
LA-Typ = 3
LI-Typ = 4.

Graphisch dargestellt ergibt sich folgendes Bild:

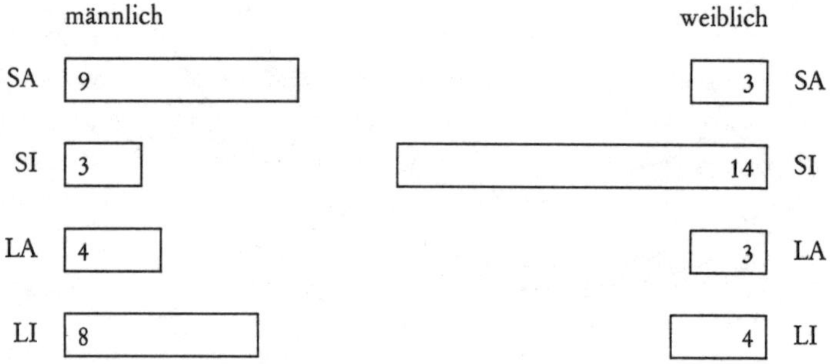

	männlich				weiblich	
SA	9				3	SA
SI	3				14	SI
LA	4				3	LA
LI	8				4	LI

Demnach ergeben sich im männlichen Charakter widerstrebende Richtungen zwischen der Willensrichtung des gespannten Außenmenschen und dem sehr labilen gelösten Innenmenschen. Bei der Partnerin dagegen überwiegt der gespannte Innenmensch, der planmäßig und geduldig alles durchdenkt und sich dann unbedingt durchsetzt.

Am besten kommen die Menschen miteinander aus, bei denen sich die Typenkomposition gegenseitig ergänzt zeigt. Es handelt sich dabei um den bekannten Kunstmaler Emil Waske, der vor dem Zweiten Weltkrieg die Hohenzollernkirche in Berlin ausgemalt hat, und seine Ehefrau. Beide Ehepartner haben sich sehr verstanden und sich gegenseitig ergänzt.[27]

Die Typenkomposition hat sich in vielen Fällen gut bewährt, was nicht ausschließt, daß in einzelnen Fällen eine andere Methode ebenso aufschlußreich sein kann. Als Ergänzung zur Untersuchung von Partnerschaften empfehle ich meine beiden Bücher *Die kosmische Ehe*[24] und *Das Kontakt-Kosmogramm*[28].

Vorausberechnung einer Geburt

Aus vielen Gründen ist es oft wünschenswert, möglichst genau zu wissen, wann ein erhoffter neuer Erdenbürger das Licht der Welt erblicken wird. Zu dieser Zeit möchte der Ehemann in der Nähe seiner Frau sein, es müssen verschiedene Vorbereitungen getroffen werden; man möchte wissen, ob mit Komplikationen zu rechnen ist. Im vorliegenden Fall wollte ein Arzt wissen, wann die Niederkunft seiner Tochter zu erwarten sei.

Für die Vorausberechnung eines Ereignistages ist es zunächst notwendig, die kosmischen Entsprechungen für das betreffende Ereignis zu kennen. Für Zeugung und Geburt kommen folgende Winkelverbindungen und Halbsummen in Betracht:

Sonne/Mond = Venus	Sonne/Venus = Mond
Sonne/Mond = Mars	Sonne/Venus = Uranus
Sonne/Mond = Jupiter	Sonne/Mars = Venus
Mond/Venus = Mars	Sonne/Jupiter = Mond
Mond/Venus = Uranus	Mond/Mars = Venus
Mond/Jupiter = Mars	Mond/Pluto = Venus
Venus/Mars = Sonne	Venus/Mars = Uranus
Venus/Jupiter = Mond	Venus/Uranus = Sonne
Venus/Pluto = Mars	Venus/ Mondkn. = Mars
Venus/AS = Sonne	Venus/MC = Mars

Mars/Jupiter = Mond   Mars/Jupiter = Sonne
Mars/Jupiter = Venus   Mars/Jupiter = AS
                             Mars/Jupiter = Uranus

Außerdem beachte man die Verbindungen, die sich auf Operationen beziehen, denn eine Geburt ist ein körperliches Ereignis, das einer Operation gleichkommt. Man wird sich vielleicht darüber wundern, daß hier so vielfältige Konstellationen angegeben wurden. An sich sind nur die wichtigsten genannt, denn es kommen die verschiedensten Varianten vor, ob es sich um eine erwünschte oder unerwünschte Geburt handelt, ob die Mutter zu dieser Zeit völlig gesund ist, ob irgendwelche Erschwernisse in der Umwelt vorliegen und dergleichen.

Um zunächst einen Überblick über das Jahr zu erhalten, berechnet man den Sonnenbogen und schiebt die größere Scheibe um den Wert des Sonnenbogens vor. Dann untersucht man die wichtigsten Punkte, die auf eine Geburt Bezug nehmen können (siehe Abbildung 40 auf Seite 103).

Die am 19. März 1927 um 15.10 Uhr in 10° ö.L., 48° n. Br., geborene Mutter war im Januar 1953, als das Kind erwartet wurde, knapp 26 Jahre alt. Der Sonnenbogen ist 25° 29′. Aus der Verbindung zwischen Geburtsbild und vorgeschobenem Kosmogramm erhält man dann folgende Aussagen, von denen die wichtigsten *kursiv* gesetzt sind:

Mars/Jupiter s = Neptun r: Verzögerung oder Schwierigkeiten bei Geburten. (Ist erst etwa 1/4 Jahr nach der angenommenen Geburt fällig.)
Jupiter s = Saturn/MC: sich an Hoffnungen klammern.
Merkur s = Mars/MC: Anordnungen treffen.
Uranus s = Mond/MC: seelische Krise, *Geburt,* bei Verbindungen mit MC und AS nimmt man den Orbis am besten etwas größer, falls diese beiden Punkte nicht ganz genau stimmen.
Uranus s = Mars/Saturn r: Nervenprobe, Eingreifen höherer Gewalt. (Die Fälligkeit liegt später.)
Venus r = Sonne/Mondknoten s: Liebesverbindung.

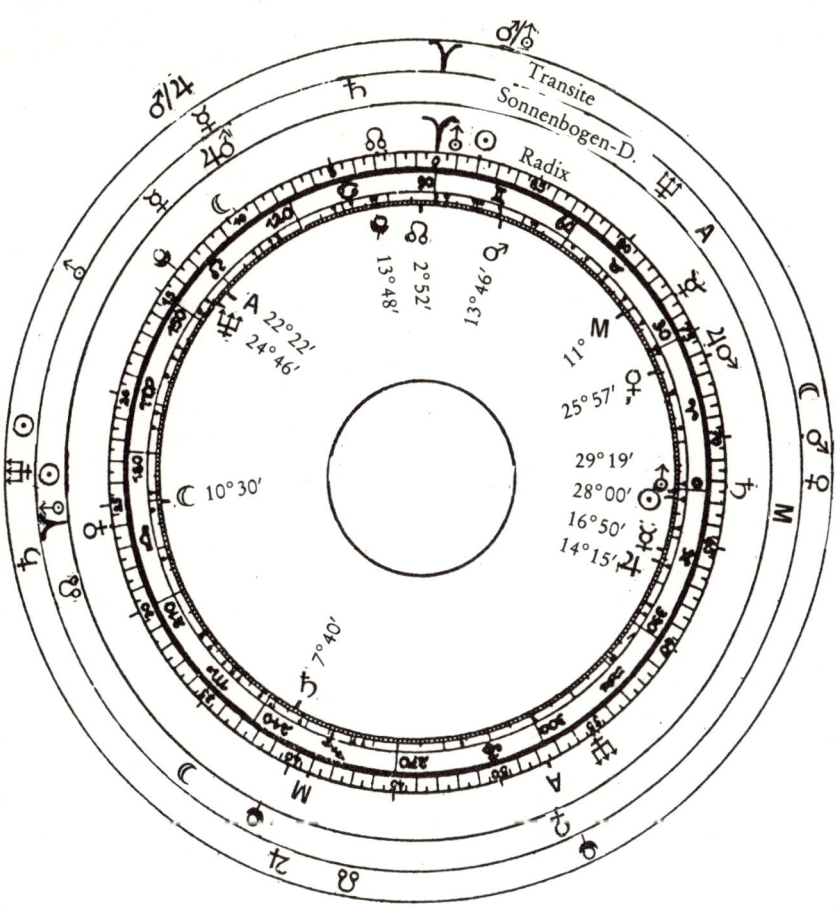

Abb. 40: Kosmogramm für W.G., geb. am 19. März 1927,
um 15.10 Uhr, 10° ö.L./48° n.B.

Mondknoten s = Mars/Jupiter r: glückliche Verbindung (Fälligkeit vorbei).

Mond s = Sonne/Mars r: *Lebenswille der Frau,* Lebenskraft.

Mond s = Sonne/Jupiter r: *glückliches Erleben von Mann und
Frau.*

MC r = Venus/Mondknoten s: starke Liebesneigung.

Venus s = AS r: liebevolles Verhalten.
Venus s = Mond/Mondknoten r: Liebesgedanken.
Venus s = Merkur/Venus r: liebevolles Verhalten, Zuneigung.
Jupiter r = Neptun/MC s: Hoffnungsfreude, von Glück träumen.
Merkur r = Merkur/Venus s: Liebesgedanken.
AS s = Sonne/Saturn r: Schwierigkeiten, Unverstandensein.
AS s = Mond/Neptun r: Verbindung mit kranken Personen (= Aufenthalt im *Krankenhaus oder Entbindungsheim*).
AS s = Venus/MC r: persönliche Zuneigung.
Sonne r = Mond/Venus s: Gattenliebe.

In dieser Übersicht deuten einige Konstellationen auf eine Geburt hin, andere auf die seelische Verfassung, in der sich eine junge Frau befindet, die ein Kind erwartet.

Diese Übersicht gibt uns nur einen Einblick in die Gesamtlage aufgrund der Sonnenbogen-Direktionen. Diese werden meistens durch entsprechende Transite ausgelöst, die in Abbildung 41 auf Seite 105 dargestellt sind.

Für die laufenden Gestirne legt man am besten noch eine dritte Scheibe unter, die im Durchmesser etwa bis 2 cm größer ist als die Scheibe mit den vorgeschobenen Gestirnen.

Man erkennt, daß Saturn lfd Opposition Venus r als »Hemmungskonstellation« Anfang Januar bereits überwunden ist. Auch der fördernde Transit Uranus lfd Trigon-Mondknoten ist vorbei. Bei Geburten spielen übrigens Trigone und Sextile nach der Erfahrung des Verfassers keine große Rolle.

Am 8. Januar ist Jupiter Konjunktion MC fällig. Damit verbindet man allgemein Erfolg oder Glück. In diesem Falle kann man wohl mit Mutterglück rechnen. Wir erinnern uns dabei an die Direktion MC r = Venus/Mondknoten s. Demnach kann es sich hier um das Glück in einer Liebesverbindung in der Ehe handeln. Untersuchen wir außerdem MC im Geburtsbild selbst, so ergibt sich das Planetenbild MC = Mond/Mars. Übersetzen wir diese Gleichung, so können wir sagen: Ich (MC) werde (Mars) Mutter (Mond). Solche Konstellationen können sich natürlich nur dann bestätigen, wenn man sicher ist, daß das MC

Transitübersicht für W.G.

Monat: Januar 1953

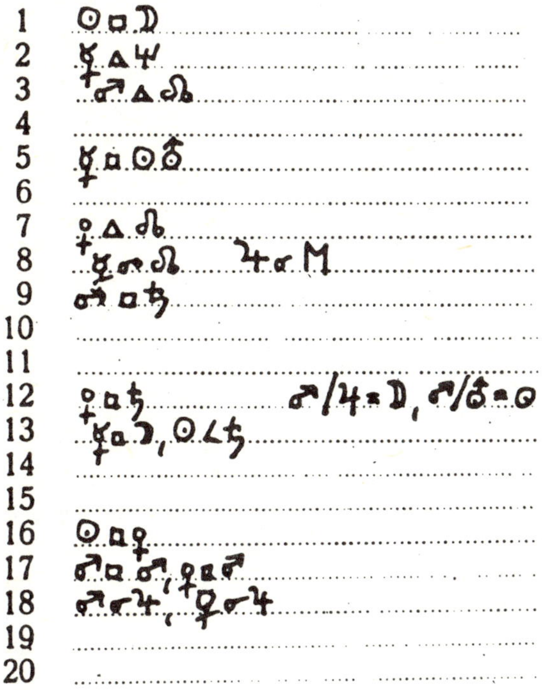

```
 1   ☉ □ ☽
 2   ☿ △ ♃
 3   ♂ △ ☊
 4
 5   ☿ □ ☉ ☉
 6
 7   ♀ △ ☊
 8   ☿ ☌ ☊      ♃ ☌ M
 9   ♂ □ ♄
10
11
12   ♀ □ ♄        ♂/♃ = ☽, ♂/☉ = ☉
13   ☿ □ ☽, ☉ ⚼ ♄
14
15
16   ☉ □ ♀
17   ♂ □ ♂, ♀ ♂
18   ♂ ☌ ♃, ☿ ♂ ♃
19
20
```

Abb. 41: Transitübersicht für W.G., geb. am 19. März 1927.

gradgenau und die Geburtszeit auf vier Minuten genau stimmen. Dem Jupitertransit muß man einen Umkreis von mehreren Tagen zubilligen. Die Merkur- und Venus-Transite sind meist nur schwach.

Weniger angenehm ist am 9. Januar Mars Quadrat Saturn. Zu diesem Zeitpunkt sollte die Geburt möglichst nicht eingeleitet werden. Es ist möglich, daß sich hier irgendwelche Erschwernisse für die Mutter einstellen. Man sollte auch bei einem solchen Transit nicht immer gleich das Schlimmste befürchten,

105

denn ohne Schwierigkeiten und körperliche Schmerzen ist ein Kind kaum zur Welt zu bringen, obwohl es heute Methoden gibt, die eine Geburt wesentlich erleichtern und größere Schmerzen ausschalten. Besonders wichtig scheint um den 17. Januar Mars Quadrat Mars mit Venus Quadrat Mars und am 18. Januar Mars Konjunktion Jupiter mit Venus Konjunktion Jupiter zu sein. Als erstes Ergebnis können wir damit rechnen, daß die Geburt etwa zwischen 8. und 18. erfolgen dürfte.

Für die Feinarbeit verwendet man am besten die Graphische 45°-Halbsummen-Ephemeride, wie sie in Abbildung 42 auf Seite 107 auszugsweise wiedergegeben ist. Die lineare 45°-Einteilung entspricht dem 90°-Kreis. Der Vorteil liegt darin, daß hier alle durch 45° teilbaren Winkel aufeinanderfallen. Die 45°-Einteilung erscheint auf der linken Seite. Am Kopf steht die Monatseinteilung. In diesem Fall ist nur der Januar 1953 herausgegriffen. In dem freien Feld verlaufen die Bahnen der einzelnen Gestirne. Die wichtigsten Halbsummen sind durch unterbrochene Linien dargestellt. Setzt man die Geburtspositionen der Gestirne auf der Gradeinteilung links ein und zieht genau waagerechte Linien nach rechts, schneiden die Positionslinien der Geburtsgestirne die Gestirnbahnen und Halbsummenlinien. Die verschiedenen Schnittpunkte sind durch Ziffern bezeichnet.

Bei »1« schneidet der laufende Pluto die Aszendentenlinie. Das geschieht allerdings erst auf das Ende des Monats zu. Man kann auch nicht erwarten, daß die langsam laufenden Gestirne die Auslösung eines Ereignisses bezeichnen; das tun die schnell laufenden Planeten. Pluto über AC bedeutet Änderungen der Verhältnisse in der Umwelt. Wer bereits erlebt hat, was für eine ungewöhnliche Umstellung die Ankunft eines neuen Erdenbürgers hervorruft, wird die Richtigkeit dieses Transits bestätigen. Die senkrechte Linie innerhalb des Monats bezeichnet den 12. Januar. Der Merkur schneidet den AC kurz vor dieser senkrechten Linie, einige Tage später geht Sonne/Mars über AS.

Bei »2« finden wir eine typische Geburtskonstellation. Die Halbsumme Mars/Jupiter geht über den Mond. In *Kombination der Gestirneinflüsse* liest man unter anderem: ». . . die werdende Mutter, Geburt.« Kurz zuvor geht die Halbsumme

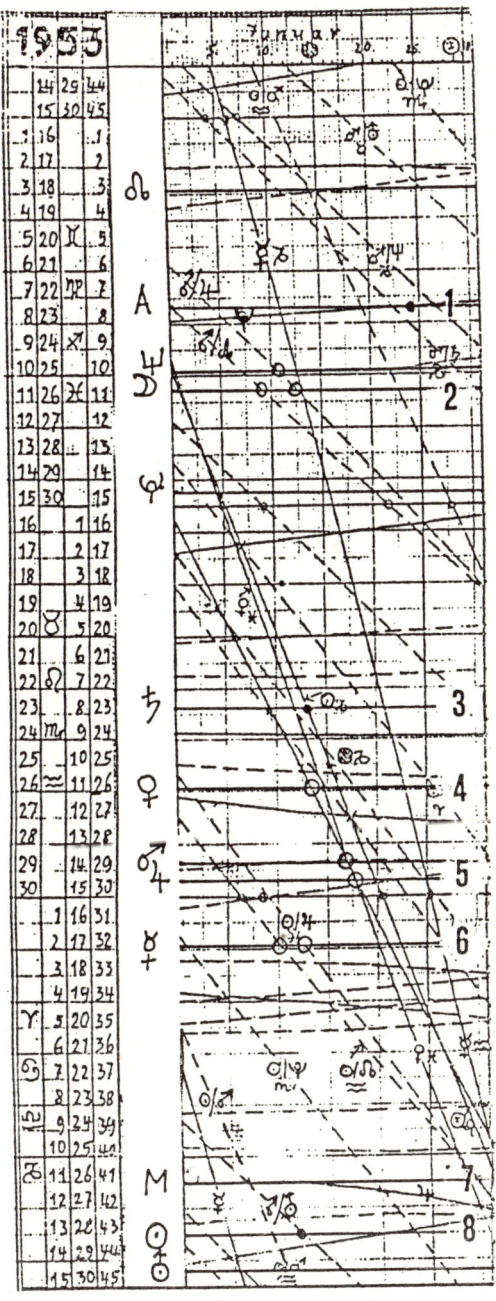

Abb. 42: Ausschnitt aus der Graphischen 45°-Halbsummen-Ephemeride für Januar 1953 (W. G., geb. am 19. März 1927).

Mars/Mondknoten über die Mondposition, worin die Aussage »Frauengemeinschaft« liegt (Entbindungsheim!).

Bei »3« ist vor einigen Tagen Mars über Saturn gegangen. Jetzt laufen am 12./13. Januar Sonne und Venus darüber. Eine solche Konstellation ist charakteristisch für die Trennung (Saturn) eines Körpers (Sonne) von einem anderen, nämlich dem des Kindes von dem der Mutter. Man muß also in einer solchen Konstellation keineswegs etwas Ungünstiges sehen.

Bei »4« wird einige Tage später die Venusposition vom Mars überschritten. Diese Planetenverbindung findet man mehrfach bei Geburten im Kosmogramm der Mutter. Der laufende Saturn hat Anfang des Monats die Venusposition bereits verlassen.

Bei »5« deckt sich die laufende Halbsumme Jupiter/Uranus (glückliche Wendung, »Gott-sei-Dank-Stellung«) mit dem Mars beziehungsweise Jupiter. Man sieht, wie immer wieder Mars und Jupiter in Geburtskonstellationen eine Rolle spielen, bei 2 Mars/Jupiter = Mond, bei 5 Mars = Jupiter = Jupiter/Uranus.

Bei »6« steht die laufende Halbsumme Sonne/Jupiter (Glück des Körpers) in Verbindung mit Merkur r und kennzeichnet eine positive Einstellung.

Bei »7« bewegt sich der Jupiter über das MC und kennzeichnet damit einen persönlichen Erfolg, den glücklichen Abschluß eines persönlichen Erlebens. Es wurde schon früher gesagt, daß auch Operations-Konstellationen bei Geburten oft mitspielen, ohne daß es sich um eine operative Geburt handeln muß.

Bei »8« geht die Operationsachse Mars/Uranus über die Sonne. Wir finden auch in *Kombination der Gestirneinflüsse* unter Sonne = Mars/Uranus die Aussage: »plötzliche Lebensumstellung, Verletzung, Unfall, Operation (Geburt)«. Wenn wir den Lauf des Jupiters verfolgen, erkennen wir, daß er sich auf die Sonne zu bewegt. Das ist sehr bedeutungsvoll, denn daraus erkennt man, daß die Mutter nach der Geburt gesund sein dürfte und besondere Komplikationen nicht zu befürchten sind.

Nun wird man vielleicht sagen, daß man sich nur auf die Graphische Ephemeride verlassen könne. Das ist aber nicht der

Fall. Es handelt sich um zwei Arbeitsmethoden, die sich sehr gut ergänzen. In der Graphischen Ephemeride sieht man sehr gut, wie sich einzelne Konstellationen entwickeln und wann diese fällig werden; man kann einen ganzen Zeitraum überschauen. Man kann aber sehr schlecht die Halbsummen wie überhaupt den kosmischen Zustand des Geburtsbildes selbst erkennen. Das MC hatte für die Geburt gerade dadurch seine besondere Bedeutung, daß es mit der Sonne fast eine Achse bildet und sich somit auch in Mond/Mars befindet. Die Graphische Ephemeride gibt dagegen den kosmischen Zustand der laufenden Gestirne bis zu einem gewissen Grade wieder: Der laufende Merkur hat in der Achse Mars/Jupiter um den 12. Januar einen ganz anderen Charakter als etwa um den 21. Januar in Verbindung mit dem Neptun oder einige Tage später mit dem Neptun oder einige Tage später mit dem Saturn.

Wollte man das gleiche Ergebnis der Graphischen Ephemeride nur mit Hilfe des Arbeitsgeräts erzielen, müßte man gewissermaßen die einzelnen Gestirne für die einzelnen Tage einstellen und nun jede Stellung für sich untersuchen. Der laufende Mars pendelt zwischen Saturn r und Mars r. Untersucht man ihn in seinen Teilbewegungen, erreicht Mars lfd am 12./13. Januar Sonne/AS (Durchsetzungskraft) = Uranus/AS (verletzt oder verwundet werden) = Mond/MC (seelisches Erleben) = Venus (Liebe). Der Hinweis auf die Verletzung (Geburt) mit der Durchsetzungskraft (Herauspressen des Kindes) läßt für diesen Tag die Geburt vermuten.

Um den 15. Januar ist Mars in 12° = Sonne/Neptun (geschwächter Körper), um den 16. Januar ist Mars = Uranus/Neptun (Mangel an Widerstandskraft), um den 18. Januar ist Mars, Jupiter = Mars/Jupiter (Geburt) = Neptun/Mondknoten (mit Kranken zusammen sein). Nach dem Lauf des Mars liegen also Geburtsmöglichkeiten um den 12. und 18. Januar vor. Da nach dem 12. Januar einzelne Schwächekonstellationen vorliegen, ist der Schluß gerechtfertigt, daß die Geburt um den 12. Januar stattfindet und durch die folgenden Planetenverbindungen die nach einer Geburt übliche und natürliche Schwäche angedeutet wird.

Verschiebt man die laufende Sonne, so läuft diese zwischen dem 10. und 18. Januar von 20° bis 28° Steinbock und damit durch folgende Halbsummen:

10. Januar: Sonne 20° = Uranus/MC (körperlich-seelische Unruhe) = Merkur/Neptun (Empfindlichkeit).
12. Januar Sonne 22° = Mondknoten/MC (körperlich-seelische Verbindung) = Saturn (körperliche Trennung).
16. Januar Sonne 26° = Venus (körperliche Liebe) = Mond/MC (positive Einstellung) = Uranus/AS (körperliche Unruhe) = Sonne/Neptun (Schwäche) = Mars/Saturn (schwache Lebenskraft, Krankheit).

Aufgrund der Sonnenstellung allein den richtigen Tag der Geburt zu ermitteln, ist nicht einfach. Wer aber weiß, daß Sonne = Saturn (Trennung der Körper) oft bei Geburten zu finden ist, würde auf den 12. Januar schließen.

Noch schwieriger ist es, die laufenden Achsen zu ermitteln, weil diese sich täglich verändern. Man wird Mars/Jupiter lfd und Mars/Uranus lfd untersuchen und kommt dabei wieder auf den 12. Januar mit Mars/Jupiter lfd = Mond und Mars/Uranus lfd = Sonne. Bei der Feststellung dieser Halbsummen wird man sich nicht allein auf das Auge verlassen können; man muß schon die Kontrolle durch Nachrechnen vornehmen. Am 12. Januar ist Mars/Jupiter = 10°23' Widder (mittags). Mond r befindet sich in 10°30' Waage. Also muß am 12./13. Januar die laufende Halbsumme Mars/Jupiter= Mond sein.

Mars/Uranus lfd ist am 12. in 12°59' Stier; die Sonne r befindet sich in 28°00' Widder. Also liegt hier ein Halbquadrat vor mit einer Differenz von nur einer Gradminute.

Wer die hier vorgeführten Untersuchungen wirklich genau verfolgt und praktisch wiederholt, wird bestätigen können, daß die Graphische 45°-Halbsummen-Ephemeride eine ausgezeichnete Ergänzung ist, um den Ereignistag zu finden.

Die Untersuchungen führten zu dem Ergebnis, daß die Geburt mit großer Wahrscheinlichkeit am 12. Januar erfolgt. Das ist auch tatsächlich geschehen; die Vorausberechnung hat sich bestätigt. Selbstverständlich verläuft jede Geburt anders, wie ja auch die Kosmogramme der einzelnen Mütter verschieden sind. Es kommen außerdem die verschiedenen Verhältnisse dazu, ob eine junge Mutter gesund oder bereits geschwächt ist, ob sie in bestem Einvernehmen mit ihrem Mann lebt oder ob sie vielleicht in der Zurückgezogenheit ein Kind zur Welt bringen muß, ob sie sich in guten oder schlechten Verhältnissen befindet und so weiter. Aber immer wieder wird man erkennen, daß sich bestimmte Grundkonstellationen wiederholen. Aus diesem Grund hat es keinen Zweck, eine solche Untersuchung nur einmal zu machen. Man muß in jedem Falle Erfahrungsmaterial sammeln und sollte sich keineswegs auf irgendwelche Spekulationen und willkürliche Regeldeutungen allein verlassen. Auch hier gilt der Grundsatz, sich vor allem auf gesicherte Faktoren zu stützen und nicht irgendwelchen Hypothesen zu vertrauen.

Das Schwangerschafts-Jahresdiagramm

Das Leben des Menschen beginnt nicht erst mit der Geburt, sondern mit der Zeugung. Wenn sich auch der Zeugungstag nicht immer genau errechnen läßt, so ist es doch möglich, das Jahresdiagramm für die Schwangerschaft aufzuzeichnen und wichtige Schlüsse daraus zu ziehen, denn viele Krankheiten haben in der Zeit der Schwangerschaft ihre Ursache.

Die Bedeutung des Schwangerschafts-Jahresdiagramms wurde mir besonders bewußt bei der Untersuchung der »Contergan-Kinder« um das Jahr 1961/62. Contergan ist ein Schlafmittel, das wegen seiner Gefährlichkeit aus dem Verkehr gezogen wurde. Es ist die Ursache für zahlreiche Mißgeburten. Hierzu ein Beispiel:

Eine Mutter wurde am 27. Juni 1935 um 23.45 Uhr in Saarbrücken geboren. Ihr Kind, ein Mädchen, kam am 8. Mai 1962 um 19.15 Uhr in Saarbrücken zur Welt. Man betrachte hierzu die Abbildungen 43 und 44 auf den Seiten 112 und 113.

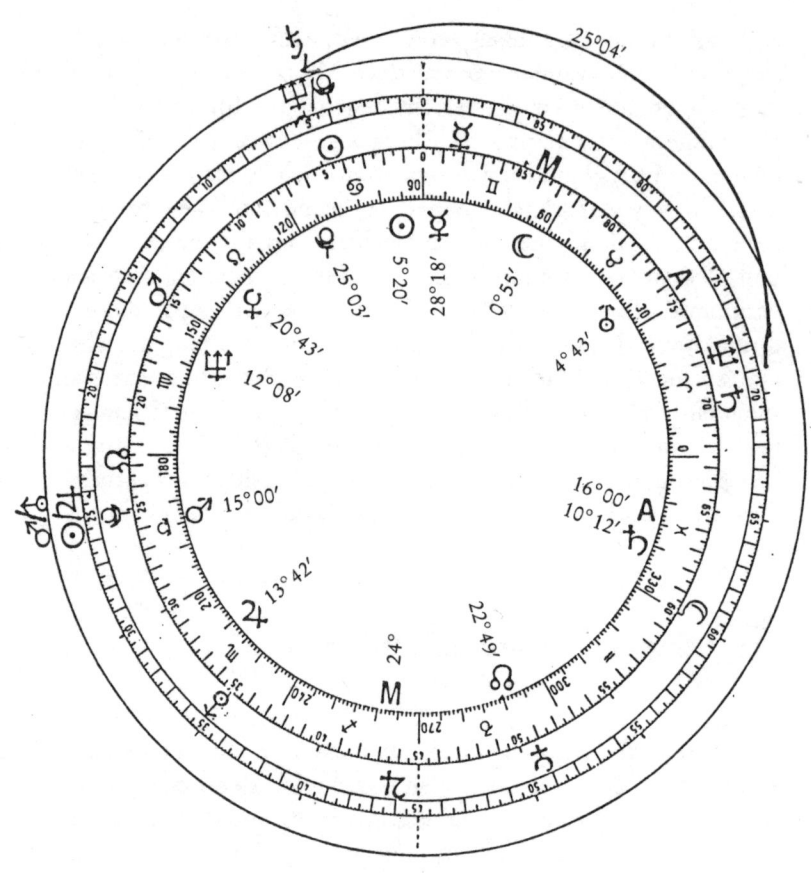

DEKLINATIONEN

☉ = 23°20'N	☽ = 24°24'N	☿ = 18°46'N	♀ = 16°01'N
♂ = 6°12'S	♃ = 14°54'S	♄ = 9°22'S	☊ = 12°38'N
♅ = 7°53'N	♇ = 22°56'N	M = 23°19'S	A = 5°31'S

Abb. 43: Kosmogramm für eine Mutter, geb. am 27. Juni 1935, 23.45 Uhr, in Saarbrücken.

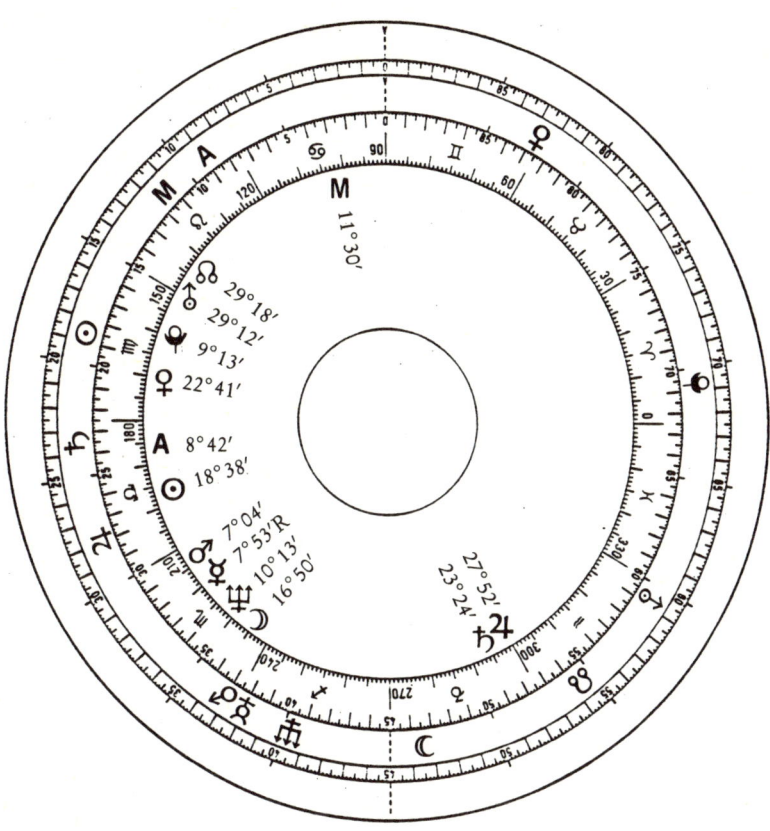

DEKLINATIONEN

$\odot$ = 7°18'S	$\mathbb{C}$ = 12°04'S	$\mathrm{\ddot{Q}}$ = 17°18'S	Q = 4°12'N
$\mathrm{\sigma}$ = 13°52'S	$\mathrm{2\!\!\!\perp}$ = 21°15'S	$\mathrm{\hbar}$ = 21°40'S	$\mathrm{\uparrow}$ = 12°25'N
$\mathrm{\uplus}$ = 13°15'S	$\mathrm{\Psi}$ = 19°50'N	M = 22°58'N	A = 3°26'S

Abb. 44: Kosmogramm für ein Kind, geb. am 8. Mai 1962, 19.15 Uhr, in Saarbrücken.

Bei der Untersuchung der Sonnenbogen-Direktionen der Mutter erkennt man, daß bei dem Sonnenbogen von 25° 04' der Saturn s auf 5° 17' Widder zu stehen kommt, also fast minutengenau in das Quadrat zur Sonne. Diese befindet sich aber in der Halbsumme Neptun/Pluto. Schlägt man in *Kombination der Gestirneinflüsse* nach, so findet man die Aussage »Eigenartige Krankheiten als Folge von Genußgiften oder Medikamenten«. (Eine solch treffende Aussage wird man kaum in einem anderen Lehrbuch finden.) Die Folge des Contergans war, daß das Kind keine Arme hatte; nur an der einen Schulter hatte der Körper einen kurzen Ansatz mit zwei zusammengewachsenen Fingern.

Rechnet man von der Geburt 273 Tage zurück, so könnte die Zeugung Anfang Januar stattgefunden haben, als der laufende Mars sich über die Positionslinien von Sonne und Venus bewegte. Man beachte hierzu Abbildung 45 auf Seite 116 aus der Zeitschrift *Kosmobiologie* vom Dezember 1962. Wir beobachten, wie sich im zweiten Monat Krisenkonstellationen entwickeln. Saturn und Jupiter bewegen sich über die Positionslinien von Saturn und Pluto. Außerdem steht der Neptun in Beziehung zum Merkur. Unter diesen Krisenkonstellationen dürfte die Mutter das Contergan eingenommen haben, denn gerade in dieser Zeit entwickeln sich die Hände, die vollkommen verkümmert sind oder fehlen.

Aus Gründen der Übersichtlichkeit sind in der Mitte des Jahresdiagramms die Monate Juni und Juli herausgeschnitten. Blickt man nun zum Zeitpunkt der Geburt, so bewegt sich nicht nur der Saturn wieder auf die Positionslinien von Saturn und Pluto, sondern auch der Pluto. Im Geburtsbild sieht man, wie im 90-Grad-Kreis Saturn und Pluto eine Achse bilden, da sie einen Winkel von 135 Grad formen. Beide Planeten befinden sich hier in den Halbsummen Sonne/Jupiter = Mars/Uranus. Liest man in *Kombination der Gestirneinflüsse* nach unter Saturn/Pluto, so findet man den Hinweis auf »Organunterentwicklung«, wobei allerdings nicht Organe, sondern die Hände unterentwickelt sind. Die Halbsummen Mars/Uranus und Sonne/Jupiter weisen auf einen Eingriff und eine Geburt hin, die aber durch Saturn einen negativen Charakter hat.

Vergleicht man die Kosmogramme von Mutter und Kind, so ergeben sich mehrere Übereinstimmungen. Ist bei der Mutter Sonne = Neptun/Pluto, so ist beim Kind der Aszendent und auch fast MC in Neptun/Pluto. In beiden Kosmogrammen ist Saturn-135-Pluto. Saturn des Kindes ist in Sonne/Jupiter wie bei der Mutter. Dabei decken sich fast im 90-Gradkreis Saturn des Kindes mit Pluto der Mutter.

Auch die Deklinations-Diagramme geben verschiedene Hinweise (siehe Abbildung 46 auf Seite 118). Neptun = Mars/Pluto = Mond/Saturn und Uranus = Venus/Neptun sind gesundheitlich sehr nachteilig. Bei der Geburt decken sich die Uranuspositionen. MC des Kindes deckt sich mit der Sonne der Mutter. (In der Beurteilung der Deklinationen stehen wir erst am Anfang der Forschung, so daß eine erschöpfende Behandlung der Deklinationen noch nicht möglich ist.) Das Kind starb bereits am 8. Mai 1962 um 19.15 Uhr in Saarbrücken.

Der Wiener Arzt Dr. Fidelsberger hat in seinen *Kosmobiographischen Mitteilungen* vom 1. September 1962 behauptet: »Mißbildungen, wenn sie bereits Wochen oder Monate vor dem Geburtstermin aufgetreten sind, lassen sich aus dem Radixhoroskop nicht erkennen.« Diese Behauptung wurde nicht allein durch das Beispiel »Mutter und Kind«, sondern auch in anderen Fällen widerlegt. Mit der traditionellen Astrologie lassen sich eben solche Untersuchungen nicht durchführen.

Wenn Eltern ein gesundes Kind wünschen, sollten sie Zeugung und Geburt nach kosmischen Gesetzen planen. In der Zeitschrift *Kosmobiologie* hatte ich bereits Anfang des Jahres 1962 darauf hingewiesen, daß die Winkelverbindung zwischen Saturn und Neptun »Krankheiten und die Geburt kranker Kinder« andeutet. Zu dieser Zeit kam auch am 22. Mai 1962 eine Mißgeburt zur Welt. Die Zeitschrift *Der Stern* vom 8. Juli 1962 hat darüber berichtet. Die Geburtsdaten der Mutter und die Geburtszeit des Kindes sind nicht bekannt, aber aus der Abbildung 43 auf Seite 112 ist das exakte Quadrat zwischen Saturn und Neptun zu erkennen.[29]

Im 90-Grad-Kreis fallen Saturn, Neptun und Mondknoten in die Halbsumme Mars/Saturn, was eine gewaltsame Schädigung

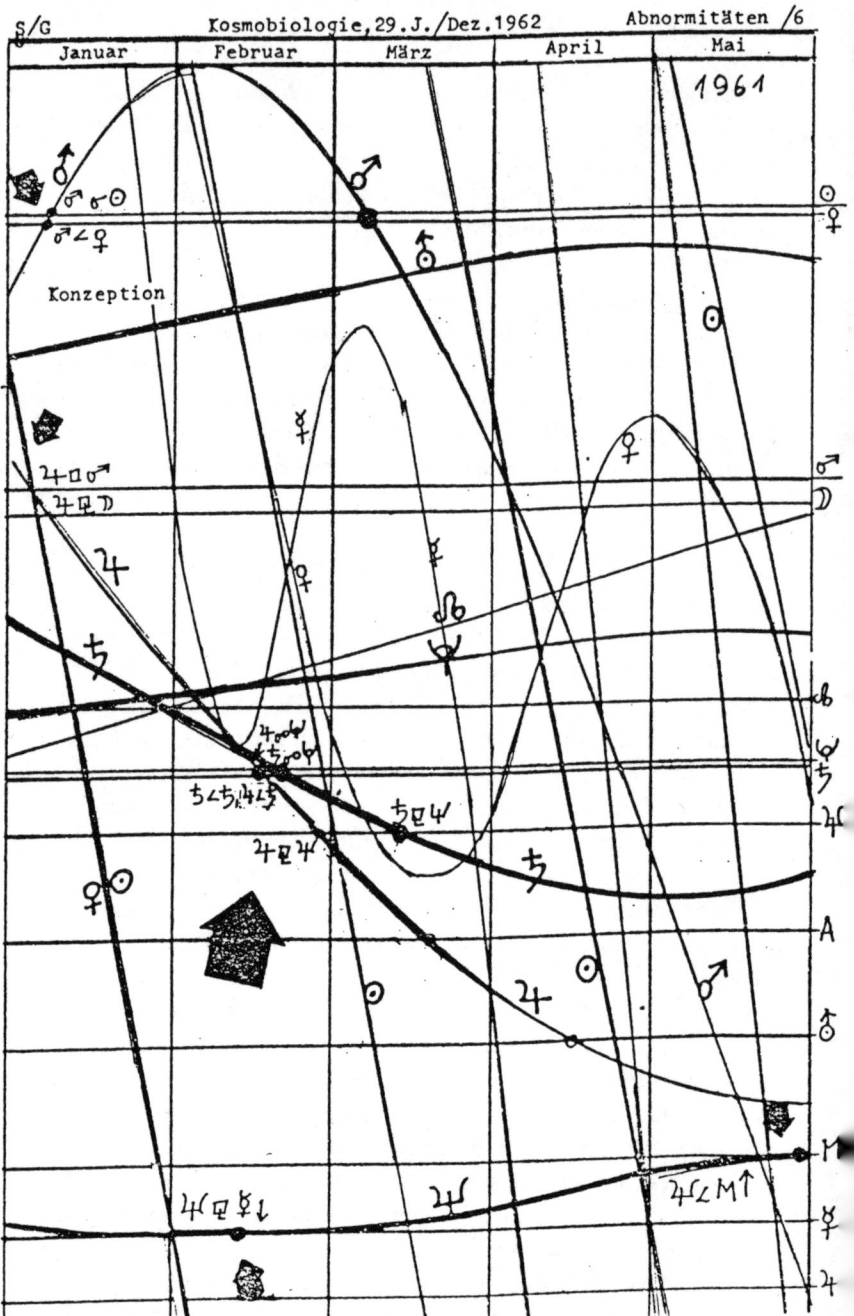

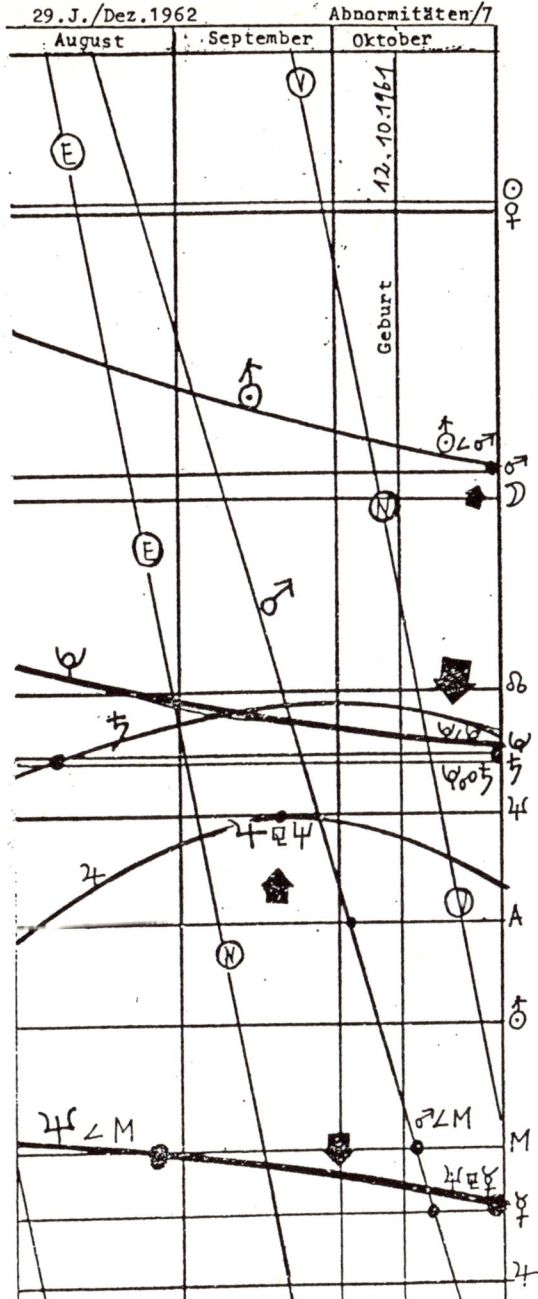

Abb. 45: Ausschnitt aus dem Jahresdiagramm für Mutter und Kind.

117

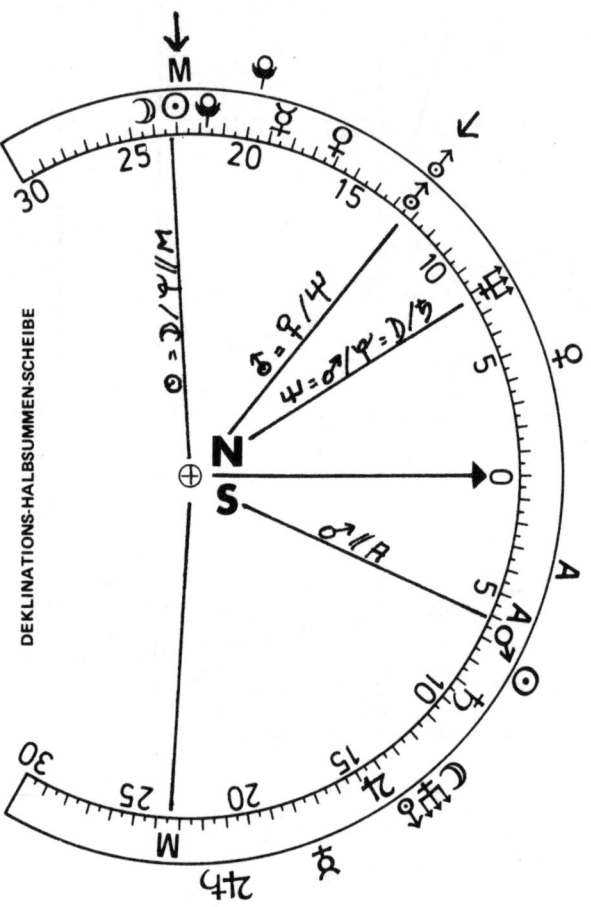

Abb. 46: Deklinations-Diagramm für Mutter und Kind.

des Lebewesens bedeutet. Da nach Aussagen der Ärzte keine Möglichkeit bestand, dem Kind künstliche Arme anzupassen, entschloß sich die Mutter, das Kind mit Hilfe eines Schlafmittels, das mit Honig vermischt war, zu töten. Der Tod erfolgte am 29. Mai 1962, als sich der laufende Mars der »Todesachse« Mars/Saturn näherte. Die Mutter wurde verhaftet, aber die Nachbarn und die Ärzte traten für ihre Freilassung ein.

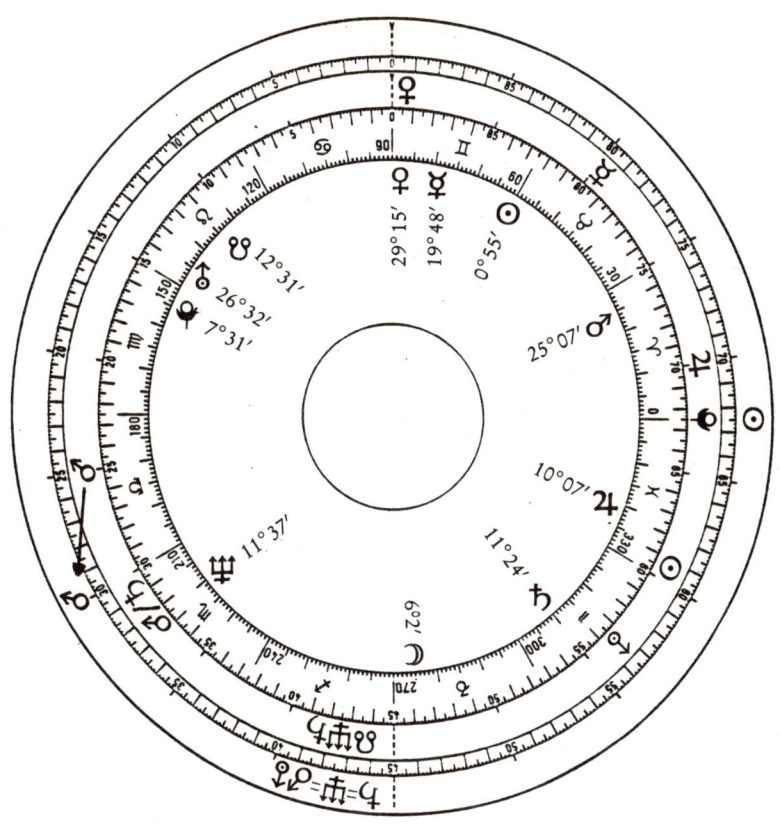

Abb. 47: Kosmogramm für eine Mißgeburt, geb. am 22. Mai 1962.

Eine Bestätigung der Voraussage auf die Möglichkeit vieler kranker Kinder und Mißgeburten ist die Tatsache, daß zwischen 1930 und 1958 in Hamburger Krankenhäusern von 212 000 Neugeborenen nur zwei Mißgeburten waren, 1961/62 aber von 17 000 Neugeborenen Mißbildungen bei zweiundzwanzig Geburten festgestellt wurden. Es lohnt sich also, eine Geburt nach kosmischen Gesetzen zu planen.

Die Geburt eines Süchtigen

Aus diesem Beispiel einer ungeplanten Zeugung geht hervor, daß man, wenn man vom Geburtstag des Kindes am 18. Juni 1958 ca. 273 Tage zurückrechnet, auf den 13. September 1957 kommt. Wenn es sich dabei auch nicht um den Zeugungstag handeln muß, so dürfte dieser aber in der Nähe liegen. Uranus Konjunktion Jupiter ist bezeichnend für eine Zeugung oder Geburt. Neptun befindet sich in Opposition zum Mars, Saturn in der Halbsumme Mars/Saturn. Diese Konstellationen haben einen größeren Wirkungskreis. Um den 13. September sind außerdem fällig Sonne = Mars/Saturn und Venus Konjunktion Neptun. Wenn man die Folgen der Zeugung betrachtet, liegt die Möglichkeit sehr nahe, daß der Zeugungstag stimmt.

Die Mutter war während der Schwangerschaft 27 Jahre alt. (16. 5. + 27 = 43. 5. = 12. 6.) Demnach ist Mars p-45- Venus, also eine Zeugungsdirektion. Der Sonnenbogen ist ca. 27 Grad. Venus s-180-Saturn ist keineswegs für eine Zeugung günstig.

Aus der Zeit der Schwangerschaft wurden die Monate Januar bis Juni 1959 wiedergegeben (siehe Abbildung 48 auf Seite 121). Demnach war März bis Anfang April 1959 durchaus eine günstige Zeit durch Jupiter in Verbindung mit MC. Im April kam der scheinbar stillstehende Saturn in Opposition zur Venus. Ich schloß auf eine Nierenentzündung, was mir von der Mutter bestätigt wurde. Einen Monat vor der Geburt kam Pluto in Opposition zum MC, zunächst in die Halbsumme Mond/Mars und danach in Mond/Saturn, wodurch wegen eingetretener Blutungen eine depressive Phase ausgelöst wurde. Die Mutter bekam eine Spritze, um dem Kind die Möglichkeit zu geben, noch etwas im Mutterleib zu wachsen. Es ist nicht bekannt, was es für eine Spritze war. Es liegt jedenfalls die Möglichkeit nahe, daß sich dadurch Folgen für das Kind ergaben. Jupiter löste durch den Übergang über die Positionslinien von Sonne und Aszendent die Geburt aus. Sie war ganz leicht.

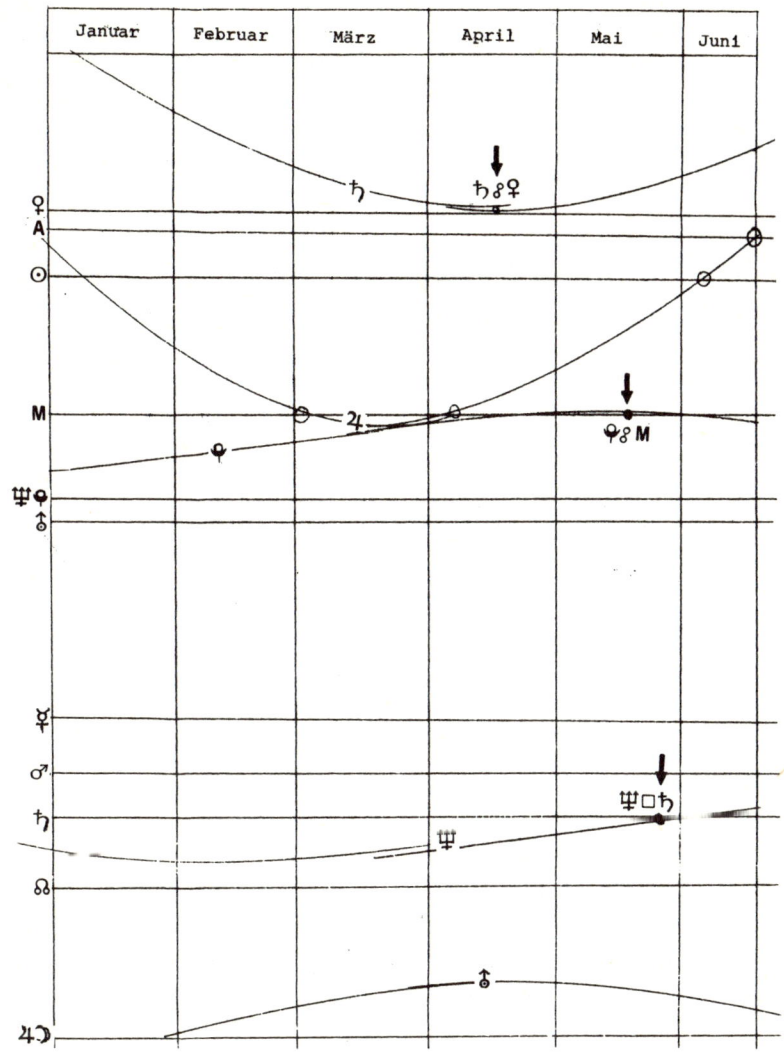

Abb. 48: Ausschnitt aus der Graphischen 45-Grad-Ephemeride 1959.

121

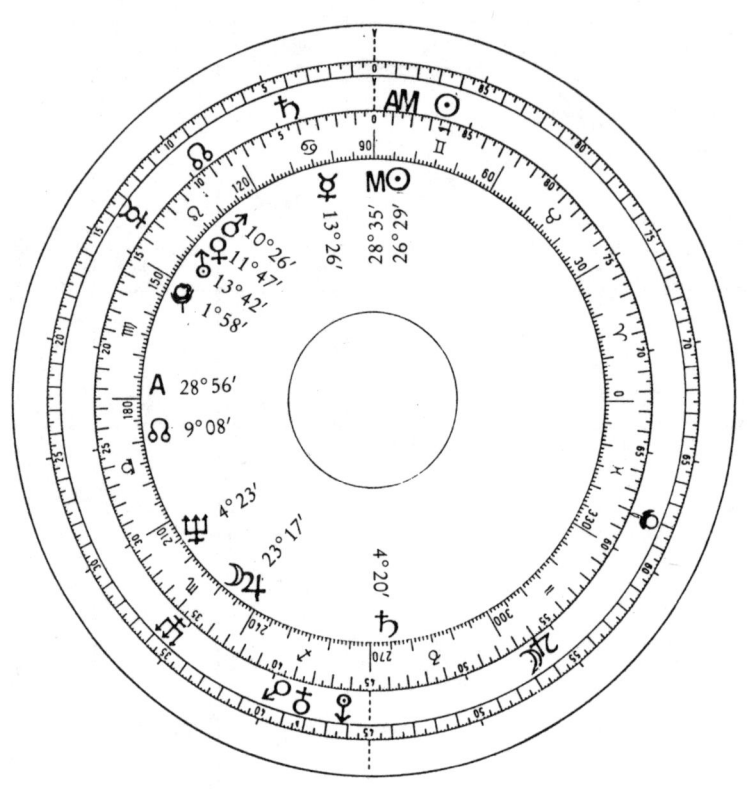

DEKLINATIONEN

⊙ = 23°24'N	☾ = 15°15'S	☿ = 24°45'N	♀ = 19°09'N
♂ = 18°54'N	♃ = 17°42'S	♄ = 22°26'S	⚷ = 17°21'N
♅ = 11°17'S	♇ = 21°51'N	M = 23°26'N	A = 0°25'N

Abb. 49: Kosmogramm des Kindes, geb. am 18. Juni 1959, 12.30 Uhr.

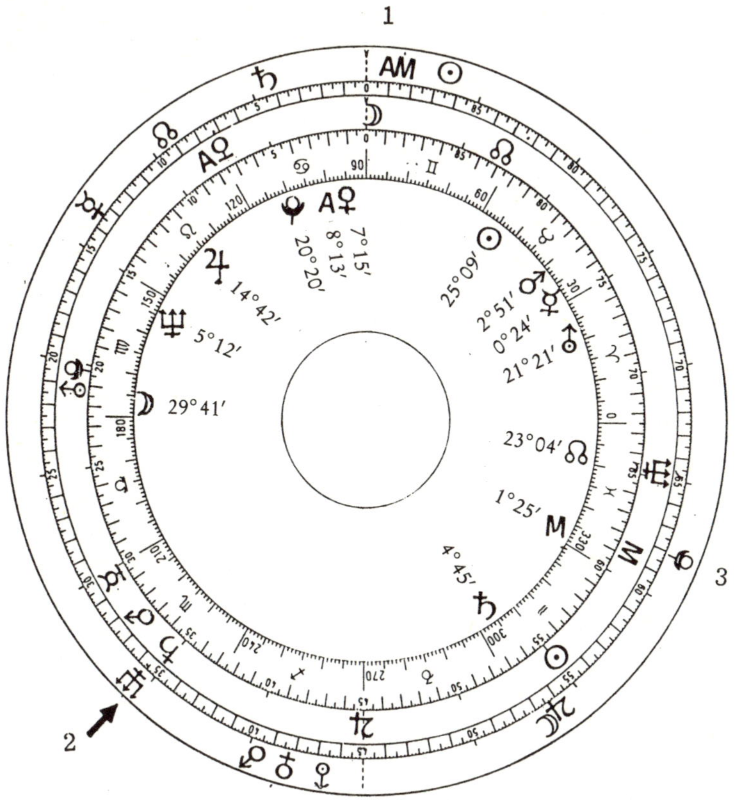

DEKLINATIONEN

☉ = 19°04'N	☾ = 0°18'S	☿ = 8°45'N	♀ = 26°54'N
♂ = 11°54'N	♃ = 17°19'N	♄ = 19°21'S	☊ = 7°46'N
♅ = 10°20'N	♇ = 22°33'N	M = 10°59'S	A = 23°12'N

Abb. 50: Kosmogramm der Mutter, geb. am 16. Mai 1932, mit den Geburtspositionen des Kindes im äußeren Kreis.

123

Vergleichen wir das Kosmogramm des Kindes (siehe Abbildung 49 auf Seite 122) mit dem der Mutter. Zur besseren Übersicht wurden in Abbildung 50 auf Seite 123 die Geburtspositionen des Kindes in den äußeren 90-Grad-Kreis des Mutterkosmogramms übertragen. Die wesentlichen Konstellationen wurden numeriert.

1. Die Geburt erfolgte wahrscheinlich ca. vier Minuten später, als AS und MC die Achse Mond/Jupiter erreichten und die Halbsummen Uranus/Neptun und Neptun/Pluto überschritten waren. MC = Mond/Jupiter bezeichnet die in diesem Augenblick glückliche Mutter.

2. Neptun Quadrat Saturn ist eine Krankheitskonstellation, die zu den Blutungen der Mutter kurz vor der Geburt in Beziehung steht. Aber daraus ergibt sich auch ein zermürbendes Verhältnis zwischen Mutter und Sohn. Hierzu eine Briefstelle der Mutter: »Dann möchte ich Ihnen mitteilen, daß alles tatsächlich so ist, wie Sie schrieben: schlechtes Blut, Nierenleiden etc. (Nierenkrankheit der Mutter zwei Monate vor der Geburt!). Auch seine Nerven sind stark angegriffen. Nur bin ich leider nicht in der Lage, ihm zu helfen, ihm eine Stütze zu sein, so liebend gern ich es auch möchte. Ich kann es nicht. Wenn ich vor ihm stehe, ist bei mir oder in mir alles tot. Ich bin wie ein Eiszapfen (Saturn!), unfähig zu denken oder zu handeln oder auch nur ein einziges Wort zu sagen, nicht einmal ›Guten Tag‹. – Die Zeit der Schrecken war einfach zu lang. In mir ist etwas kaputt, was wohl nicht mehr zu reparieren geht. Aber wie sehr Sie in allem recht haben, das ist wirklich erstaunlich, und ich meine, diese Bestätigung sollten Sie wenigstens von mir haben.«

Dieser Brief stammt aus dem Jahre 1984 und ist ein Vorgriff auf die noch nicht besprochene Lebensentwicklung des Kindes; aber die Ursache der Krankheiten des Sohnes und sein Verhältnis zur Mutter liegen in der Zeit der Schwangerschaft und der Gegenüberstellung der beiden Geburtsbilder.

3. Pluto Opposition MC deutet auf ein gemeinsames Karma, dessen Ursache in früheren Inkarnationen liegen dürfte, die aber kosmisch nicht erfaßt werden können. Die Position des MC der Mutter ist belastet durch Mars/Saturn und der Pluto

des Kindes durch Neptun/MC. Den Werdegang des Kindes erkennt man zum Teil aus dem Lebensdiagramm auf der Grundlage der Progressionen (siehe Abbildung 51, unten) Dabei sieht man wieder, welche Rolle die Positionen spielen, die im Mutter-Sohn-Verhältnis festgestellt wurden.

Lebensdiagramm für »Hans« (drogensüchtig), geb. am 18. Juni 1959

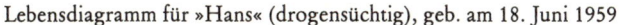

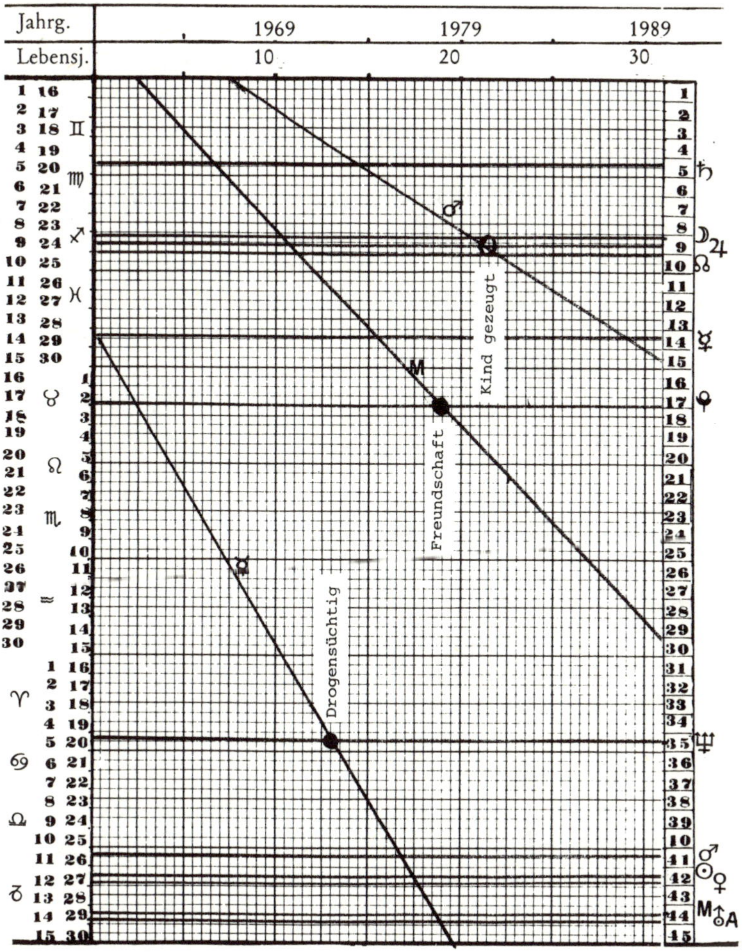

Abb. 51: Lebensdiagramm auf der Grundlage der Progressionen.

Als Dreizehnjähriger wurde »Hans«, wie wir ihn nennen wollen, zum Drogenkonsum verführt. Zu dieser Zeit war Merkur p Quadrat Neptun fällig. Wir erinnern uns an Konstellation 2 im Mutterkosmogramm. Wenn man die Halbsummen mit einbezieht, ist bei Hans Merkur p = Neptun = Saturn/Pluto fällig. Unter Nr. 898 in *Kombination der Gestirneinflüsse* kann man lesen: »Gefahr durch Wasser, *Gift,* Gas, Nervenzerrüttung.« War aber das Schicksal demnach vorausbestimmt? Nein, aber die Verhältnisse im Elternhaus haben dazu geführt. Dabei dürfte der Vater, der kein gutes Verhältnis zu Hans hatte, eine große Rolle spielen. Das mag den Jungen auch aus dem Elternhaus getrieben haben. Mit achtzehn Jahren lernte Hans ein Mädchen kennen. Ihr Vater war Alkoholiker, die Mutter war krank und starb frühzeitig. Das Mädchen wurde bereits aus der sechsten Klasse entlassen. Hans konnte auch keine Schulausbildung beenden, versagte auch in der Lehre. Beide Partner waren arbeitslos. Als Mars p den Komplex Mond-Jupiter-Mondknoten überschritt, zeugten sie ein Kind. Die junge Mutter war zeitweilig an Alkohol und Drogen gebunden und lebt von der Fürsorge. Das Kind ist daher auch wieder für sein ganzes Leben vorbelastet.

Hans ist aus dem Elternhaus mit siebzehn Jahren ausgezogen, war zeitweilig in Untersuchungshaft und im Gefängnis, kam in therapeutische Behandlung. Als aber sein Therapeut glaubte, daß er geheilt sei, wurde er bereits im September 1983 wieder rückfällig.

Von dem Drogensüchtigen habe ich auch eine Handschriftprobe zur Verfügung. Die Schrift zeigt keinerlei Druck, sie ist stark zurückgelehnt, ist zittrig und zeigt somit alle Züge eines haltlosen, willenlosen, leicht beeinflußbaren, kranken Menschen.

Gerade dieses Beispiel mit den überzeugenden kosmischen Entsprechungen lehrt, wie notwendig es ist, die Zeugung eines Kindes nach kosmischen Gesetzen zu planen und nicht dem Zufall zu überlassen. Weitere Beispiele über die Bedeutung des Schwangerschafts-Jahreskosmogramms findet man in meinem Buch *Sterne helfen heilen.*[30]

Die unfruchtbare Frau

Kürzlich war ein Arzt bei mir und sagte unter anderem: »Ja, und dann ist noch ein Problem in unserer Ehe. Wir sind jetzt zwei Jahre verheiratet, aber meine Frau bekommt kein Kind.« Ich betrachtete das Kosmogramm und sagte: »Ihre Frau braucht nicht unfruchtbar zu sein, sie ist nur verkrampft. Sehen Sie hier, Uranus steht genau in der Halbsumme von Venus/Saturn.« »Ja, das stimmt«, sagte er. Meine Antwort: »Nun, als Arzt werden Sie ja wissen, wie man diesen verkrampften Zustand Ihrer Gattin aufheben kann.«

Ich setze dieses Gespräch an den Anfang meiner Ausführungen, um zu zeigen, daß man die Situation manchmal sehr schnell erkennen kann, wenn man sich bereits in die Verhältnisse vertieft hat. Durch kosmobiologische Kenntnisse kann in solchen Fällen geholfen werden, weil vielleicht keine organische, sondern nur eine psychische Ursache eine Zeugung bisher verhindert hat, wie es in diesem Beispiel der Fall ist.

Greifen wir gleich zu einigen praktischen Beispielen. Allgemein bekannt ist der Fall von Soraya, deren Ehe mit dem Schah von Persien geschieden wurde, weil sie keine Kinder bekam. Am Schah konnte es nicht gelegen haben, denn er hat mit anderen Frauen Kinder gezeugt. Die Gegenüberstellung der beiden Kosmogramme ist in meinem Buch *Das Kontakt-Kosmogramm* zu finden.

Kommt es zunächst darauf an, die Konstellationen zu untersuchen, die eine Zeugung fördern oder verhindern, erarbeitet man sich zuerst das Strukturbild. Man stellt mit Hilfe des 90-Grad-Arbeitsgeräts den Zeiger der durchsichtigen Scheibe nacheinander auf jede Gestirnposition und untersucht den kosmischen Zustand. Dabei ergeben sich die Winkelverbindungen des einzelnen Gestirns und auch die Halbsummen, in denen es sich befindet.

Im Strukturbild geht man am besten jede Konstellation durch und überlegt dabei, welche für unsere Untersuchung in Betracht kommt. Das sind die Gestirne, die zu Zeugung und Geburt eine

Beziehung haben: Sonne = Mann, Gesundheit; Mond = Frau, Gefühlsleben; Venus = Liebe; Mars = Zeugung; Venus/Mars = Sexualität; Venus/Pluto = übersteigertes Triebleben usw. In diesem Falle sind zu beachten:

MO	= MA/NE:	Gefahr der Infektion
ME	= MA/NE:	Nervenschwäche durch Genußgifte
VE	= MA/NE:	Mißbrauch der Zeugungskraft
SA	= MA/NE:	Giftstoffe im Körper
AS	= MA/NE:	Haltlosigkeit, Kontaktstörungen
MC	= MA/NE:	Krank sein
SO	= NE/PL:	Folgen von Genußgiften
ME	= NE/PL:	Unerkannte Einflüsse, Störungen aus dem Unterbewußtsein

Sind solche Halbsummen positiv, das heißt durch fördernde Gestirne besetzt, so ist mit Nachkommenschaft zu rechnen. Ist das Gegenteil der Fall, so ergeben sich Schwierigkeiten oder gar Unfruchtbarkeit. Großen Einfluß auf die Gebärfähigkeit können im negativen Sinne Genußgifte haben, wie zum Beispiel Alkohol und Nikotin, zuweilen auch Medikamente, die zur Heilung von Krankheiten anderer Organe eingesetzt sind.

Soraya wurde am 22. Juni 1932, 13.13 Uhr, in Isfahan geboren. Das Kosmogramm ist aus Abbildung 52 auf Seite 130 zu ersehen. Bei oberflächlicher Betrachtung würde man durch Mond Opposition Jupiter auf eine glückliche (Jupiter) Frau (Mond) schließen. Betrachtet man aber das Strukturbild (siehe Abbildung 53 auf Seite 131), so befinden sich Mond und Jupiter in der »Krankheitsachse« Saturn/Neptun. Es ergeben sich auch weitere Halbsummen, die unter Umständen auf Zeugungsunfähigkeit schließen lassen, zum Beispiel MC = Sonne/Saturn = Mars/Neptun, Aszendent = Sonne/Saturn, Saturn = Sonne/Neptun, Neptun = Venus/Saturn.

In einer längeren Abhandlung über »Fertilitätsstörungen der Frau« im *Kosmobiologischen Jahrbuch 1975* habe ich festgestellt, daß bei unfruchtbaren Frauen besonders folgende Halbsummen besetzt sind: Neptun/Pluto, Mars/Neptun, Saturn/Neptun, Sonne/Saturn, Venus/Saturn, Venus/Pluto. Von diesen sechs Halbsummen treten bei Soraya vier hervor. Selbstverständlich kann man die Zeugungsunfähigkeit nicht allein nach dem Geburtsbild bestimmen. Findet man aber solche Hinweise, ist es empfehlenswert, einen Arzt zu konsultieren. Schließlich kommt es auch auf das Vorleben, auf den Partner, die Zeit der Hochzeit und ähnliches an. Man vergesse nicht, daß die Kosmobiologie immer Hilfsmittel, aber nicht allein maßgebend sein will.

Aus dem Leben der Prinzessin Soraya kommen für unsere Untersuchung folgende Daten in Betracht:

Mitte Oktober 1950 Verlobung mit Schah Reza Pahlewi. 12. Februar 1951 Trauung in Teheran. Ab Herbst 1954 Gerüchte über bevorstehende Scheidung. Ende März 1958 Bekanntgabe der Auflösung der Ehe wegen Kinderlosigkeit. 6. April 1958 offizielle Scheidung im Staatsinteresse.

Betrachtet man hierzu das Lebensdiagramm, erstellt aufgrund der Progressionen (siehe Abbildung 54 auf Seite 132), so stehen Verlobung und Heirat in Verbindung mit dem Übergang der Venus über die Sonnenlinie. Demnach muß es wirklich eine Liebesverbindung gewesen sein. Nun sieht man aber, wie sich die Sonne p auf den Komplex Neptun-Pluto-Uranus zu bewegt. Blickt man in das Jahres-Kosmogramm, so wird mit reichlich zwanzig Jahren Sonne p Konjunktion Pluto Halbquadrat Neptun fällig. Im Strukturbild ist Sonne – Neptun/Pluto mit einem Fragezeichen versehen, weil diese Konstellation nicht ganz exakt war. Im Lebensdiagramm wird aber diese Konstellation wirksam. Daraus ergibt sich wieder die Lehre, daß man ein Kosmogramm nur dann richtig beurteilen kann, wenn man das Lebensdigaramm als einen Teil der Ganzheitsbetrachtung im Sinne der Kosmobiologie hinzuzieht.

Wie aus der Lebensbeschreibung hervorgeht, ergaben sich ab 1954 die Scheidungsgerüchte. Dieser Zeitpunkt stimmt mit den Konstellationen überein. Die Scheidung erfolgte, als der Mars das Anderthalbquadrat zum Saturn erreichte. Daraus erkennt man auch, welche Bedeutung den Winkeln von 45° und 135° Grad zukommt, die früher immer vernachlässigt wurden.

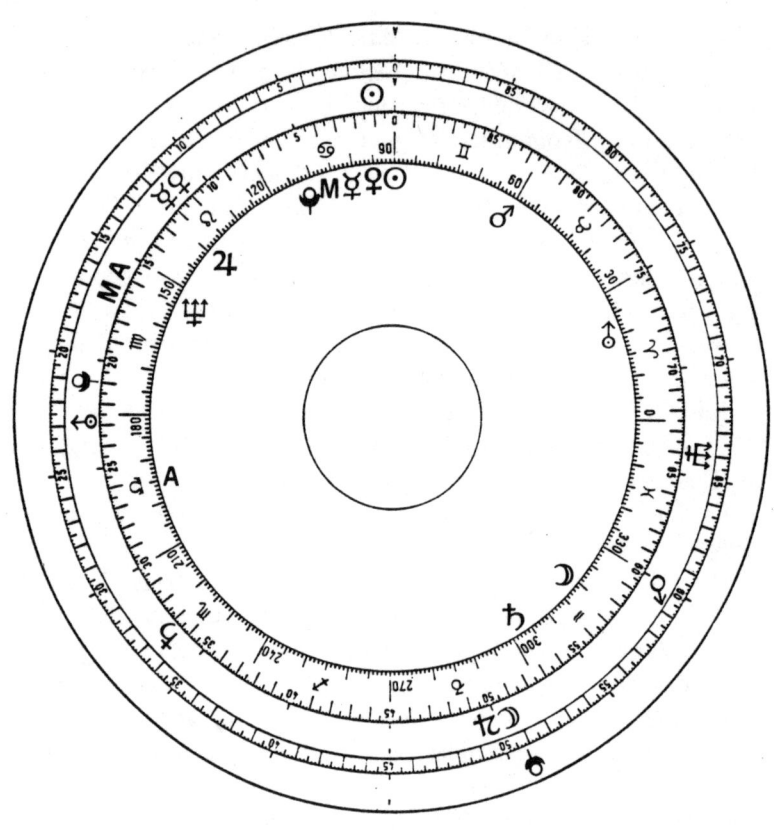

DEKLINATIONEN

☉ = 23°27'N	☾ = 21°16'S	☿ = 23°47'N	♀ = 21°28'N
♂ = 19°59'N	♃ = 15°39'N	♄ = 19°41'S	⚷ = 8°19'N
♅ = 10°12'N	♀ = 22°27'N	M = 22°22'N	A = 6°16'S

Abb. 52: Kosmogramm für Soraya, geb. am 22. Juni 1932, 13.13 Uhr, in Isfahan.

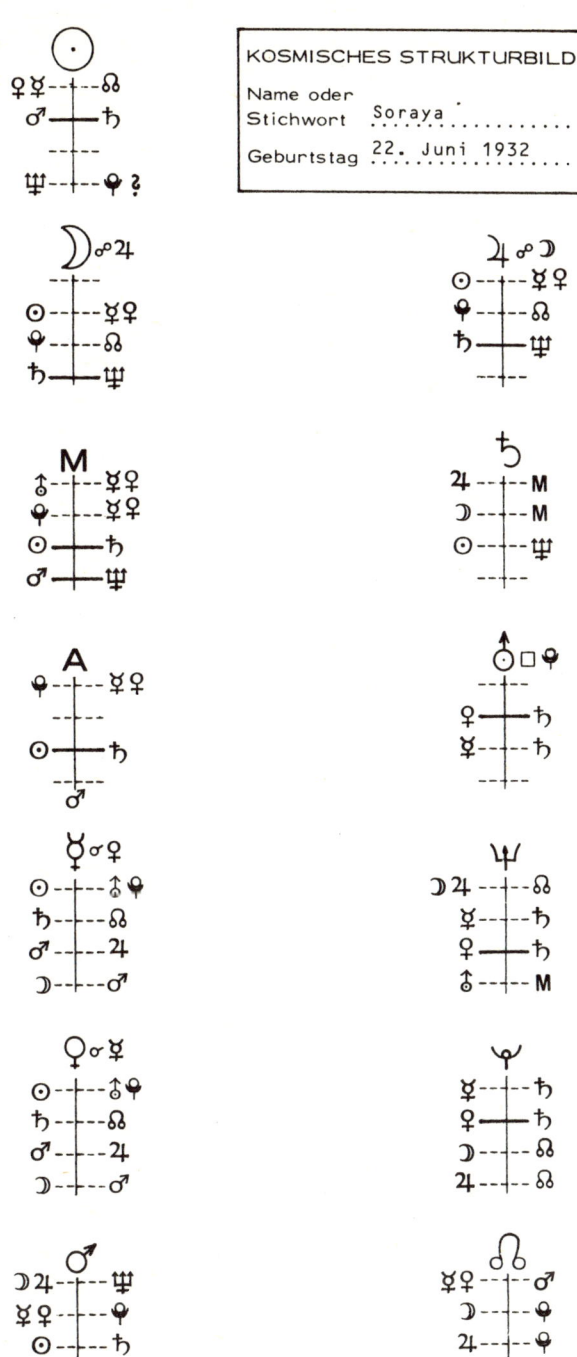

KOSMISCHES STRUKTURBILD

Name oder
Stichwort   Soraya

Geburtstag   22. Juni 1932

Abb. 53: Kosmisches Strukturbild für Soraya.

Lebensdiagramm für Soraya, geb. am 22. Juni 1932

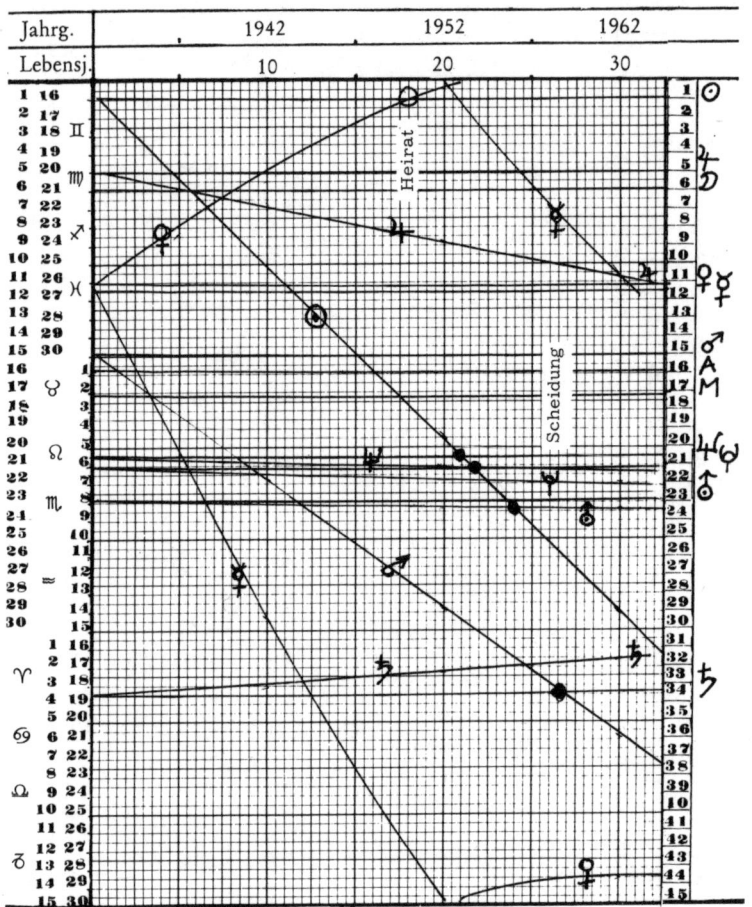

Abb. 54: Lebensdiagramm für Soraya, erstellt aufgrund der Progressionen.

Es ergeben sich auch Beziehungen zu den Deklinationen. Im Kosmogramm ist Mars//Saturn mit einer Differenz von 18′. Diese Parallele war genau 1950 fällig, im Jahr der Verlobung. Zur Zeit der Scheidung hatte Saturn in 20°07′ die exakte Parallele um 8′ überschritten. Aus dem Buch *Das Kontaktkosmo-*

gramm[28] kann man unter anderem auch ersehen, daß sich die männliche Sonne mit dem weiblichen Saturn deckt. Die Scheidung wurde ausgesprochen, als der laufende Neptun die Sonne-Saturn-Verbindung erreichte. Man erinnere sich dabei an das Strukturbild mit Saturn = Sonne/Neptun. Man hätte also bereits bei einem Vergleich der Kosmogramme vor der Eheschließung erkennen können, daß die Verbindung mit einer Enttäuschung enden wird.

Die Berechnung eines Operationstages

Bei der Frage der Berechnung eines günstigen Operationstages muß sich der Bearbeiter zunächst wieder darüber klar sein, daß der Erfolg oder Mißerfolg einer Operation keineswegs »von den Sternen abhängt«, sondern daß es nur unsere Aufgabe sein kann, durch die Berechnungen dem Patienten wie dem Arzt eine Hilfestellung zu leisten. Man ist auch in Ärztekreisen schon zu der Erkenntnis gekommen, daß die Operationen ganz allgemein nicht an einem wie dem anderen Tag gleich verlaufen. Gerade in Süddeutschland weiß man, welchen Einfluß der Föhn ausüben kann. Eine sehr umfangreiche Statistik in den USA hat den Mondeinfluß einwandfrei bewiesen, vor allem im Hinblick darauf, daß bei Vollmond mit stärkeren Blutungen zu rechnen ist. Wir können nachweisen, daß auch die anderen kosmischen Faktoren mitsprechen.

Keineswegs sollte aber der Patient auf den Arzt einen Druck ausüben und sagen: »Nur an diesem Tage habe ich eine günstige Konstellation, da müssen Sie mich operieren!« Schließlich gibt es Fälle, wo sofortiges Handeln notwendig und eine Operation nicht verschiebbar ist. Andererseits sollte aber auch der Arzt die Wünsche des Patienten möglichst berücksichtigen, weil von der Einstellung des Patienten auch der Erfolg mit abhängt.

Dem Verfasser ist folgender Fall bekannt: Die Frau eines Patienten hatte darum gebeten, die Operation an bestimmten

Tagen nicht vorzunehmen. Der Arzt ging darauf nicht ein, sondern operierte gerade an den Tagen, die als kritisch bezeichnet wurden. Der Patient starb. Muß sich der Arzt nicht ständig Vorwürfe machen, daß er gerade an dem als ungünstig bezeichneten Tage den Eingriff vornahm, nur um der Ehefrau das Gegenteil ihres angeblich abergläubischen Ersuchens zu beweisen? Es lassen sich bereits genug Beispiele dafür anführen, wo Operationen durch Berücksichtigung der kosmischen Faktoren gut verlaufen sind.

Es muß aber auch auf den Irrtum hingewiesen werden, daß man für eine Opertion nur »günstige« Konstellationen heraussuchen könne. Jede Operation ist ein Eingriff, ist eine Verletzung des Körpers, die auch Schmerzen und Unannehmlichkeiten mit sich bringt. Man sollte daher besser von der »günstigen Entsprechung« reden.

Das folgende Beispiel stammt wieder aus der Praxis und ist außerdem in der achten Arbeitsaufgabe der Zeitschrift *Kosmobiologie* (seit 1978 *Meridian*) behandelt worden:

Weibliche Geburt am 16. Februar 1896 um 12 Uhr in 9° 13′ ö. L. und 49° 08′ n. Br. (siehe Abbildung 55 auf Seite 135). Es sollte eine Bruchoperation etwa im August 1953 vorgenommen werden.

Bei Operationsfragen untersucht man immer zuerst die Halbsumme Mars/Uranus, was aber nicht die Möglichkeit ausschließt, daß auch einmal andere Konstellationen mitsprechen können. In der Mehrzahl der Fälle ist aber erfahrungsgemäß immer eine Beziehung zu dieser »Operationsachse« vorhanden. Sie liegt in diesem Falle in 21° 15′ Zwillinge/Schütze oder im 90°-Kreis in 36° 15′ und 81° 15′. Sie fällt fast genau mit dem Aszendenten zusammen, liegt aber auch nicht weit weg von der Achse Mars/Saturn, die unter Umständen todesbezüglich sein kann. Der Sonnenbogen für die fragliche Zeit beträgt ca. 57° 10′. Mit diesem Bogen vorgeschoben ist Mars/Uranus s = 18° 25′ Wassermann (im 90°-Kreis 48° 25′). Diese vorgeschobene Halbsumme hat gerade das MC überschritten und bildet noch nicht ganz ein Quadrat zum Saturn. Diese kritischen

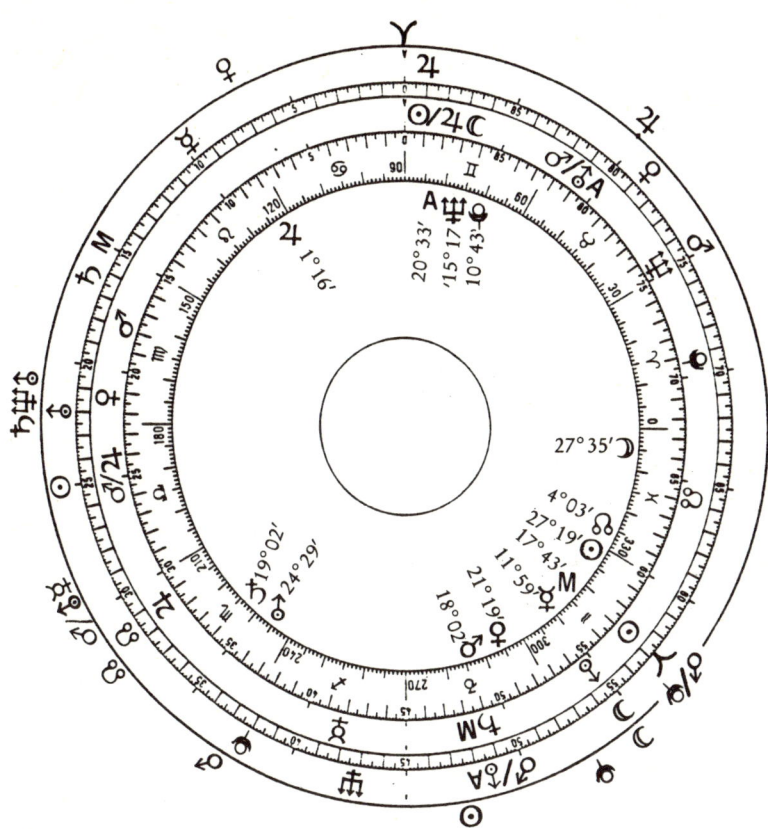

Abb. 55: Kosmogramm für »Weibliche Geburt«,
geb. am 16. Februar 1896 um 12 Uhr, 9°13'ö. L./49°08' n. B.

Aspekte verlangen besondere Vorsicht und größte Genauigkeit
bei der Berechnung des Operationstages. Unter den vorgeschobenen Faktoren treten besonders hervor:

Sonne (24°29') s = Mars/Jupiter (24°30') r: *Erfolgversprechen-*
de Handlung. Es ist wichtig, daß die Sonne s keine kritischen
Aspekte empfängt. Dagegen ist

Sonne (27°19') r = Mars (26°32') / Pluto s: *Verletzung,* Unfall, auch operativer Eingriff. Die genaue Konstellation war allerdings schon im Februar 1953 erreicht. Gleichzeitig ist

Sonne (27° 19′) r = Sonne (11° 28′) / Jupiter (26° 19′) s: Gesundheit, *Genesung*. Die Beziehungen zwischen Sonne und Jupiter können fast immer als gesundheitsfördernd angesehen werden.

Mars (15° 12′) s = Neptun (15° 27′) r: *Schwäche*, Energiemangel (exakt September 1953).

Jupiter (28° 26′) s = Mars (29° 22′) / Pluto r: Erfolg bei Verletzungen, auch *erfolgreiche Operation*.

Jupiter (28° 26′) s = Sonne (29° 17′) / Jupiter r: Gesundungsaussichten (= Mars/Pluto: durch Operation). Die Verbindung ist erst im Juni 1954 fällig.

Merkur (9° 09′) s = Uranus (24° 29′) r (9° 29′): Neuerung, Umstellung.

AS (18° 03′) = MC (17° 43′) r = Merkur (18° 14′) / Uranus r: Aus der Beurteilung (Merkur/Uranus) selbständige (MC) Folgerungen ziehen und handeln, um einen Schaden (AS = Merkur/ Uranus) zu beheben.

Saturn (19° 02′) r = Mars (18° 35′) / Uranus s: Schwere Verletzung, *schwere Operation*. Diese Konstellation wird erst in etwa einem halben Jahr fällig.

Damit sind wohl die wesentlichen Konstellationen erfaßt, die auf eine Operation hinweisen. Die Mehrzahl der Direktionen läßt die Hoffnung auf eine erfolgreiche Operation zu. Es kommt aber auch darauf an, wie sich die laufenden Gestirne verhalten. Abbildung 56 auf Seite 137 zeigt die Transitübersicht für den Monat August 1953.

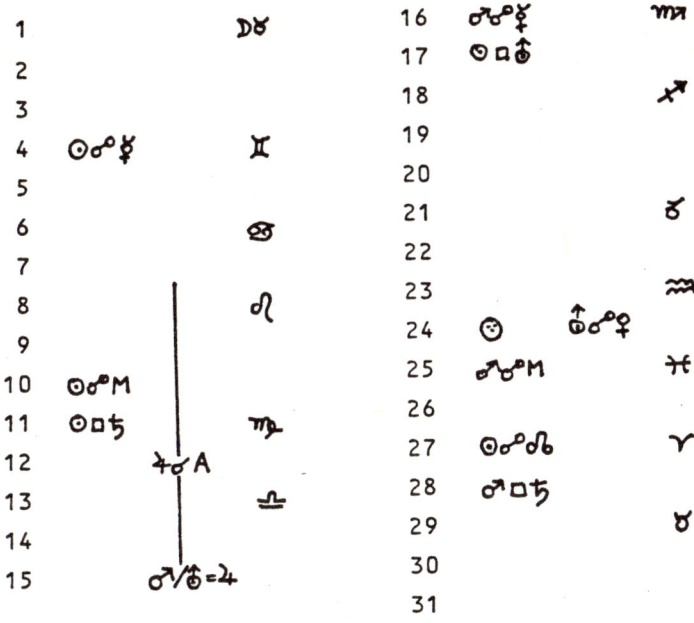

1	☽☌♉		
2			
3			
4	☉☌☍☿	♊	
5			
6		♋	
7			
8		♌	
9			
10	☉☌☍M		
11	☉□♄	♍	
12	♃☌A		
13		♎	
14			
15	♂⚹☌=♃		
16	♂☌☍☿	♏	
17	☉□☌		
18		♐	
19			
20			
21		♑	
22			
23		♒	
24	☉ ☉☌☍♀		
25	♂⚹☌M	♓	
26			
27	☉☌☍☊	♈	
28	♂□♄		
29		♉	
30			
31			

Abb. 56: Transitübersicht »Weibliche Geburt« für den Monat August 1953.

Diese Übersicht können wir uns erleichtern, wenn wir die Graphische 45°-Halbsummen-Ephemeride für 1953, die uns die kosmische Gesamtsituation wiedergibt, verwenden (siehe Abbildung 57 auf Seite 139). Ende Juli begegnen sich die Bahnen von Saturn und Neptun, im September die von Uranus und Neptun. Bei einer solchen Betrachtung kümmern wir uns wenig um die Art der Aspekte (Saturn Konjunktion Neptun und Uranus Quadrat Neptun), sondern es genügt uns zu wissen, daß die Bahnen in einem bestimmten Verhältnis zueinander stehen. Die Operation – wenn sie im August vorgenommen werden muß – sollte also zeitlich zwischen den beiden Schnittpunkten liegen. Diese fallen ungünstigerweise mit der Venusposition im Geburtsbild zusammen. Die Halbsummenlinie Saturn/Neptun entfernt sich aber Ende Juli von der Venus, das heißt, diese Konstellation ist nicht mehr ganz exakt.

Beurteilen wir nun die einzelnen Konstellationen, die auf der Abbildung numeriert sind. Bei (1) wird MC von der Sonne überschritten. Die folgenden Tage sind ungünstiger durch Sonne über Saturn (2). Bei (3) überschreitet Mars/Jupiter die Sonne, was sich mit Sonne/Jupiter s = Sonne r deckt. Diese Konstellation ist kurz vor dem 10. August fällig. Das gleiche gilt auch für Sonne/Jupiter lfd = Mars (4), was man als Gesundungs- (Sonne/Jupiter) Wille (Mars) deuten kann. Saturn/ Neptun lfd = Venus r wurde bereits erwähnt (5). Mars/Uranus, die laufende »Operationsachse«, überschreitet in den Tagen nach dem 10. den Neptun und dann den Mars. Mars/Saturn = Neptun (6) ist bezeichnend für Schwäche, Mars/Saturn lfd = Jupiter aber für die »Besserung einer Krankheit«, wenn »alle Kräfte konzentriert eingesetzt werden« *(Kombination der Gestirneinflüsse 703).* Jupiter lfd überschreitet den Aszendent (8) und anschließend die Achse Mars/Uranus (9). Das ist die Konstellation, die auf eine erfolgreiche Operation hoffen läßt. Sonne/Mars lfd = Merkur = Mond kann man als Handlungsbereitschaft bezeichnen.

Jede Konstellation hat eine »Anlaufzeit«, in der auch der »Einfluß« am größten ist. Wird eine Gestirnverbindung einmal exakt, so kann man nicht mehr stark mit dem entsprechenden Einfluß rechnen. Die als günstig zu bezeichnenden Konstellationen sind durch kleine Kreise, die ungünstigen Gestirnverbindungen durch schwarze Punkte gekennzeichnet. Auf diese Weise kommt man zu dem Ergebnis, daß die beste Operationszeit um den 10. August liegen muß.

Man sollte aber auch folgende Regeln berücksichtigen, die sich bisher immer bewährt haben:

1. Der laufende Mond soll sich nicht in den Zeichen befinden, die dem zu operierenden Körperteil entsprechen. Bei einem Leistenbruch sind das besonders die Zeichen Jungfrau, Waage, Skorpion. Diese Regel gründet sich auf die Hypothese,

Abb. 57: Graphische 45°-Halbsummen-Ephemeride für »Weibliche Geburt«.

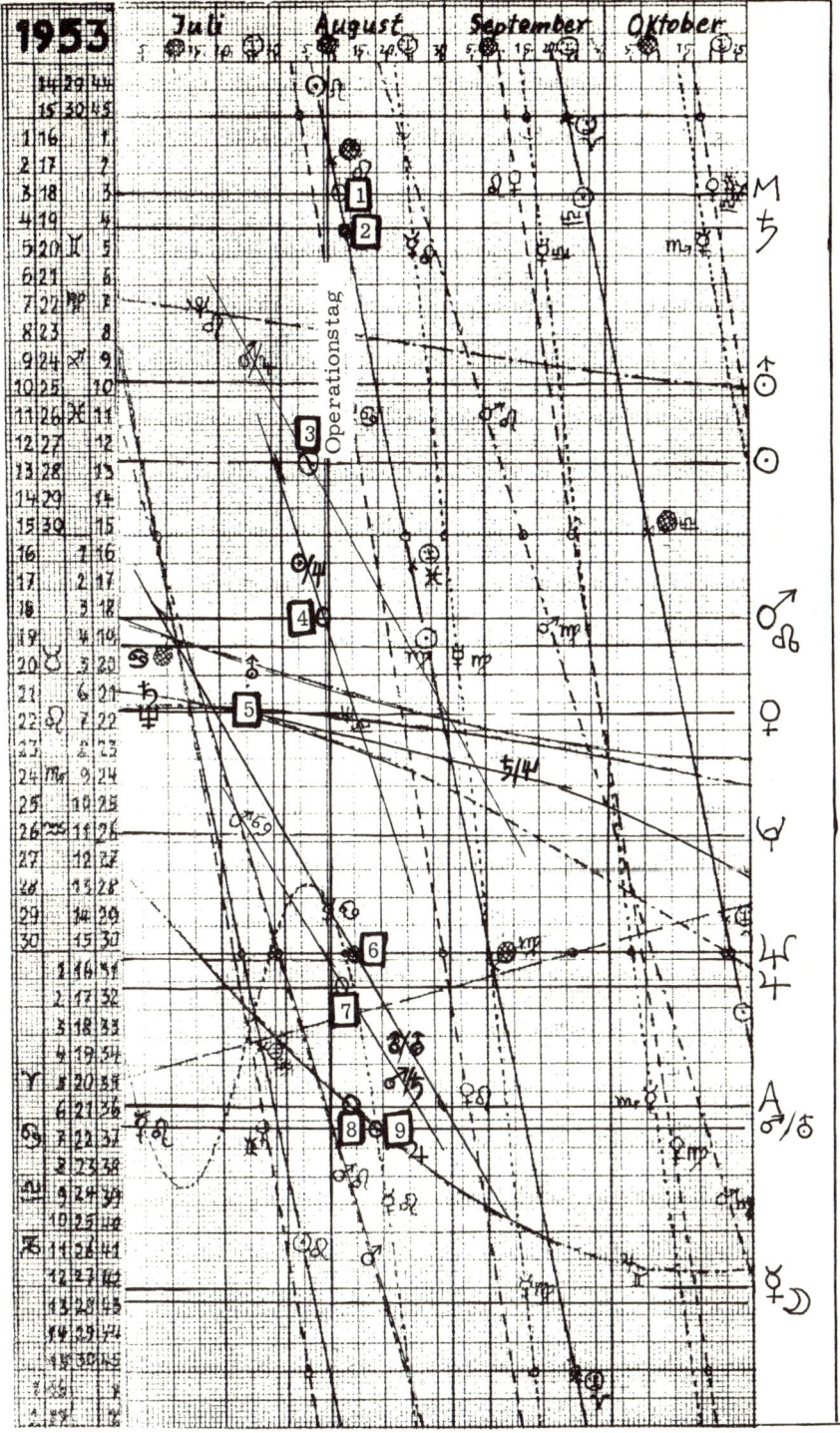

daß die einzelnen Tierkreiszeichen bestimmten Körperregionen und Organen entsprechen:

Widder:	Kopfregion (Gesicht, Augen, Hirn)
Stier	Halsregion (Kehle, Mandeln, Schilddrüse)
Zwillinge:	Schultern, Arme, Hände – Lunge
Krebs:	Brustregion (Lunge?, Magen)
Löwe:	Rückenmark- und Herz-Region
Jungfrau:	Verdauungsregion (Darm, Milz, Bauchfell)
Waage:	Nieren- und Hautregion
Skorpion:	Ausscheidungs- und Zeugungsorgane
Schütze:	Hüften und Oberschenkel
Steinbock:	Knochensystem, Knie
Wassermann:	Blutzirkulation, Unterschenkel (Venen)
Fische:	Fußregion.

Diese Übersicht stellt nur eine vereinfachte Orientierung dar. Wer sich mit Astromedizin befassen will, muß unbedingt die maßgebende Literatur genau studieren, bevor er beratend in ein Krankheitsgeschehen eingreifen kann.[30]

2. Eine Operation soll weder kurz vor Neumond noch kurz vor Vollmond vorgenommen werden. Bei Neumond ergeben sich oft Schwächezustände, bei Vollmond starke Blutungen. Dies wurde durch ärztliche Statistiken nachgewiesen.

3. Man vermeide ungünstige Aspekte von Saturn, insbesondere zur Sonne und umgekehrt, weil sich zuweilen dabei Komplikationen ergeben. Auch Winkelverbindungen mit Neptun sind nicht ratsam; sie entsprechen zuweilen Infektionen.

4. Es ist ein besonderer Vorteil, wenn sich nach einer Operation günstige Aspekte zwischen Jupiter und Sonne ergeben, denn dadurch wird eine rasche Heilung begünstigt.
   Man wird »ungünstige« Konstellationen niemals ganz ausschalten können; aber man kann trotzdem die Zeitpunkte heraussuchen, bei denen die gesundheitsfördernden Winkelbeziehungen überwiegen.

Nach den obigen Regeln fallen die Tage kurz vor dem 9. wegen Neumond und vor dem 24. August wegen Vollmond aus. Der Mond läuft außerdem in den für eine Operation (Regel 2) ungünstigen Zeichen zwischen 11. und 16. August. Der 11. August wird wegen Sonne Quadrat Saturn zu meiden sein. Andererseits könnte aber auch diese Konstellation dem »gehemmten Körper« nach der Operation entsprechen, weil er an das Bett gefesselt ist. Es bliebe also hier der 10. August als der beste Operationstag bestehen. Die Aspekte am 16./17. August mit Mars Opposition Merkur und Sonne Quadrat Sonne bei Mond in Skorpion sind nicht günstig. Ebenso sollte man in der zweiten Monatshälfte Uranus Opposition Venus und Mars Quadrat Saturn vermeiden.

Nun kann man zusätzlich die laufenden Gestirne auf eine dritte Scheibe eintragen und auf dem 90°-Gerät untersuchen, welche Verbindungen zum Geburtsbild vorhanden sind. Dabei ist darauf hinzuweisen, daß man in der Graphischen 45°-Ephemeride die Halbsummen der Geburtskonstellation nicht leicht erkennen kann und leicht irregeführt wird, weil es sich unter Umständen um 22,5°-Winkel handeln kann. Man könnte zum Beispiel auf Abbildung 57 annehmen, daß die Venus r und demnach auch Saturn lfd und Uranus lfd in der Mitte von Mars und Pluto laufen. Das ist aber nicht der Fall, denn die Halbsumme Mars/Pluto liegt in 29°22′ Fische, wozu die Venus in 21°19′ Steinbock keine entsprechende Winkelbeziehung aufweist.

Die für den 10. August 1953 vorausberechnete Operation wurde auch an diesem Tag durchgeführt. Die Native schrieb selbst: »Der Eingriff wurde am 10. August 1953 in der Zeit zwischen 8 und 11 Uhr ausgeführt. Mir ist es in den drei Wochen Krankenhausaufenthalt sehr gut gegangen. Es stellten sich keinerlei Schwierigkeiten ein. Die Zeit, die Sie mir angaben, war somit richtig.«

Aufgrund dieser Bestätigung ist es möglich, auch noch den laufenden Mond einzusetzen. Er befand sich am 10. August 1953 mittags in 26°44′ Löwe (41°44′ im 90°-Gerät) und war demnach in Übereinstimmung mit Mond s = Uranus r.

Lebensdiagramm für »Weibliche Geburt«, geb. am 16. Februar 1896

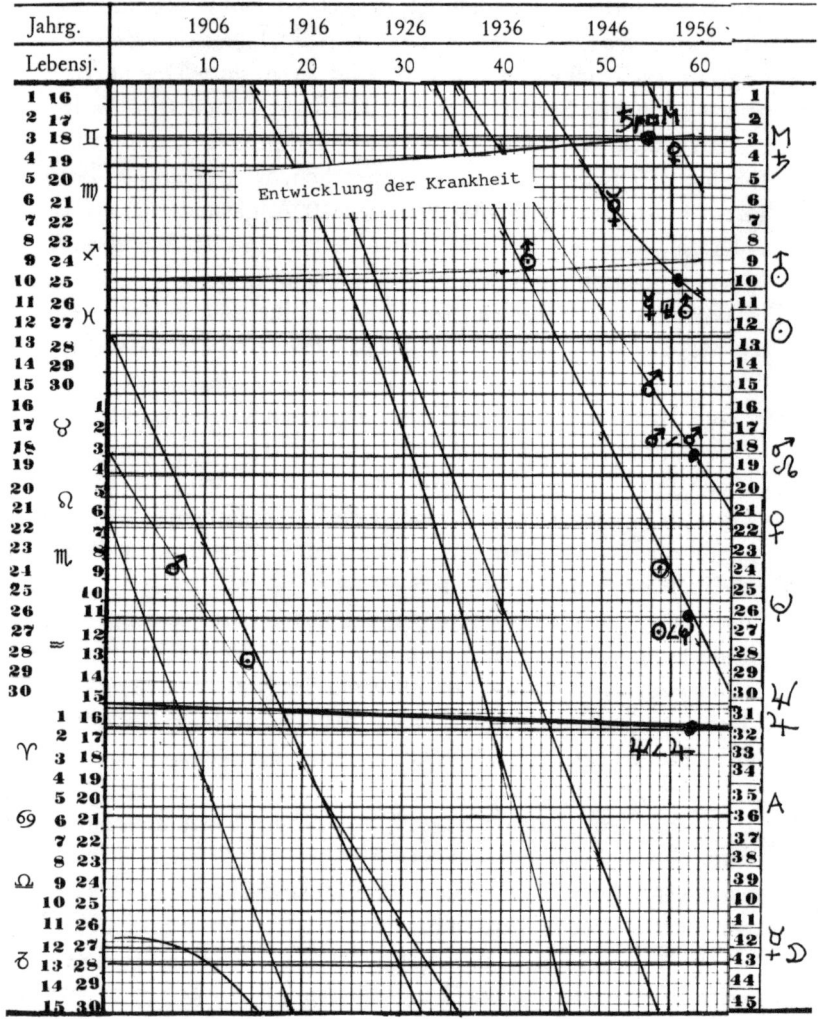

Abb. 58: Lebensdiagramm aufgrund der Progressionen für
»Weibliche Geburt«, geb. am 16. Februar 1896.

Eine Operation setzt immer eine längere Entwicklung der Krankheit voraus. In dieser Beziehung ist stets das Lebensdiagramm von besonderer Bedeutung. In vielen Fällen entspricht die Krankheitsentwicklung im progressiven Lebensdiagramm der Bewegung des Saturn. In der Abbildung 58 auf Seite 142 kann man erkennen, wie sich Saturn p auf das MC zubewegt. Im Operationsjahr wird das Quadrat exakt. Wie zahlreiche Beispiele in dem Buch *Lebensdiagramme* beweisen, kann sich eine Krankheit oft viele Jahre, sogar Jahrzehnte vor der Fälligkeit entwickeln.

Der Saturn im Skorpion ist hier bezeichnend für die Bauchregion. Im Lebensdiagramm kann man auch noch eine zweite Entwicklung erkennen: Der Neptun p bewegt sich auf den Jupiter zu. Dadurch dürfte das Blutbild (Jupiter) stark beeinträchtigt worden sein.

Ein Krankheitsfall

»Soweit es sich um eine Diagnose handelt, decken die astro-medizinischen Begriffe lediglich gewisse morphologische und funktionelle Momente der Erkankung auf. Sie bilden keine Krankheitsbezeichnung im Sinne der modernen Medizin, da alles und jedes vom endogenen Standpunkt aus beurteilt wird.« Die Worte von Freiherr von Klöckler[27] müssen vorausgeschickt werden, um der irrigen Auffassung entgegenzutreten, man könne aus dem Kosmogramm allein eine Krankheitsdiagnose entwickeln. Das Kosmogramm bleibt nur Hilfsmittel für die Krankheitsdiagnose. Die traditionelle Astromedizin ist auch in überlieferten Begriffen steckengeblieben und in all ihren Teilbezirken keineswegs wissenschaftlich durchgearbeitet, wie es notwendig wäre. Aus diesem Grunde ist es erforderlich, sich in der astromedizinischen Diagnose Beschränkungen aufzuerlegen. Es kann daher nur Aufgabe sein, bestimmte Anlagen zu erkennen und gleichzeitig Berechnungen anzustellen, wann diese zum

Ausbruch kommen könnten, um Vorbeugungsmaßnahmen zu treffen.

Der hier besprochene Krankheitsfall wurde von Medizinalrat Böck zur Verfügung gestellt und auch von ihm mit durchgearbeitet. Es handelt sich um eine weibliche Geburt am 24. März 1911 um 23.15 Uhr in 18°30′ ö. L. 50°19′ n. Br. (siehe Abbildung 59 auf Seite 145).

Unter den Aspekten im Kosmogramm treten besonders hervor: Mars Quadrat Saturn, Venus Konjunktion Saturn, Mars Quadrat Jupiter, Mond Opposition Neptun, Mond Konjunktion Uranus. Nach der Überlieferung sind die Körperregionen besonders gefährdet, die den Zeichen entsprechen, die mit »ungünstig« bestrahlten Gestirnen besetzt sind, wobei man auch jeweils die Gegenzeichen mit in Betracht ziehen muß:

Stier/Skorpion: Venus, Saturn, Jupiter, Aszendent.
Krebs/Steinbock: Neptun, Mond, Uranus.

Stier und Skorpion entsprechen der Tradition nach dem Hals, den Geschlechts- und Ausscheidungsorganen. Krebs und Steinbock entsprechen Magen, Brust, Knie und Haut.

Bei den Aspekten ist ein Orbis bis 5° gewählt worden, der nur beim Mond etwas überschritten wurde. Bei den schnellen Gestirnen kann man den Orbis zuweilen etwas größer nehmen, bei den langsamen Planeten dagegen nicht, weil deren Aspekte zuweilen ganze Jahrgänge betreffen. Die Opposition von Jupiter zu Saturn mit einem Orbis von 8° kommt daher nicht mehr in Betracht. Die Sonne, die für die Gesundheit des Menschen bezeichnend sein soll, weist außer der Konjunktion mit Merkur keine Aspekte auf.

Wenn man das Geburtsbild auf den 90°-Kreis übertragen hat, wird man die einzelnen Aspekte auch noch beachten, zur genaueren Untersuchung aber mit Hilfe der Rechenscheibe feststellen, in welchen Halbsummen sich die einzelnen Faktoren befinden. Dabei sollte man einen Orbis von 1° nicht überschreiten, denn man muß immer davon ausgehen, daß die Wirksamkeit von Direktionen und Transiten auf ca. 1° nach beiden Seiten begrenzt ist.

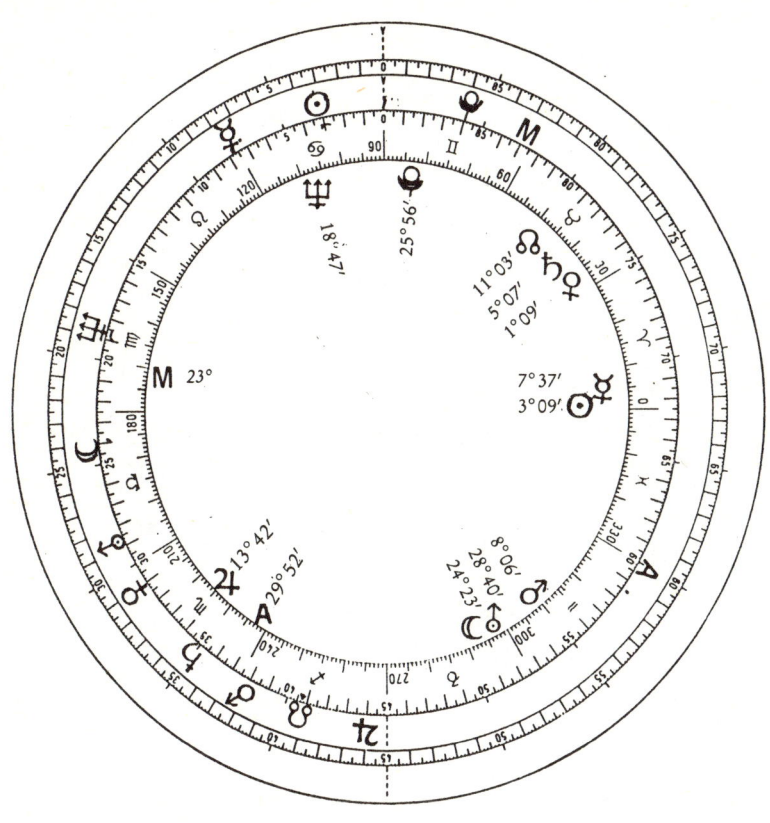

DEKLINATIONEN

☉ = 1°15'N	☽ = 26°15'S	☿ = 2°17'N	♀ = 11°45'N
♂ = 19°17'S	♃ = 14°39'S	♄ = 11°09'N	☊ = 20°56'S
♅ = 21°31'N	♇ = 16°50'N	M = 2°47'N	A = 19°47'S

Abb. 59: Kosmogramm einer »Weiblichen Geburt«,
geb. am 24. März 1911, 23.15 Uhr, 18°30' ö. L./50°19 n. B.

145

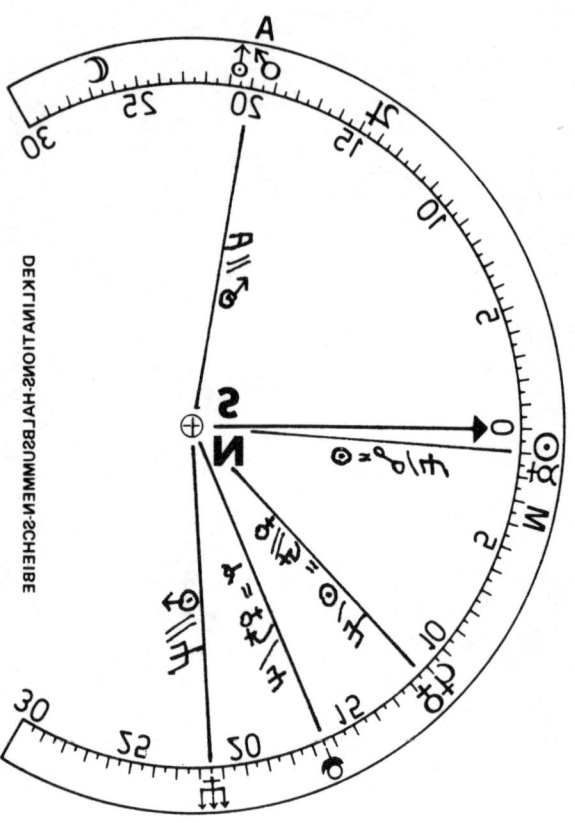

Abb. 60: Deklinationen für »Weibliche Geburt«, geb. am 24. März 1911.

Bereits in der traditionellen Astrologie hat man unterschieden, ob im Horoskop ein Gestirn auf ein anderes zugeht oder sich abwendet. In diesem Falle geht zum Beispiel die Venus auf den Saturn zu, so daß sich in den Sekundärdirektionen oder Progressionen in Kürze die Konstellation Venus Konjunktion Saturn bilden muß. Die Bedeutung von Venus und Saturn wird außerdem dadurch hervorgehoben, daß sie fast gleiche Deklinationen aufweisen, also parallel sind (siehe Abbildung 60).

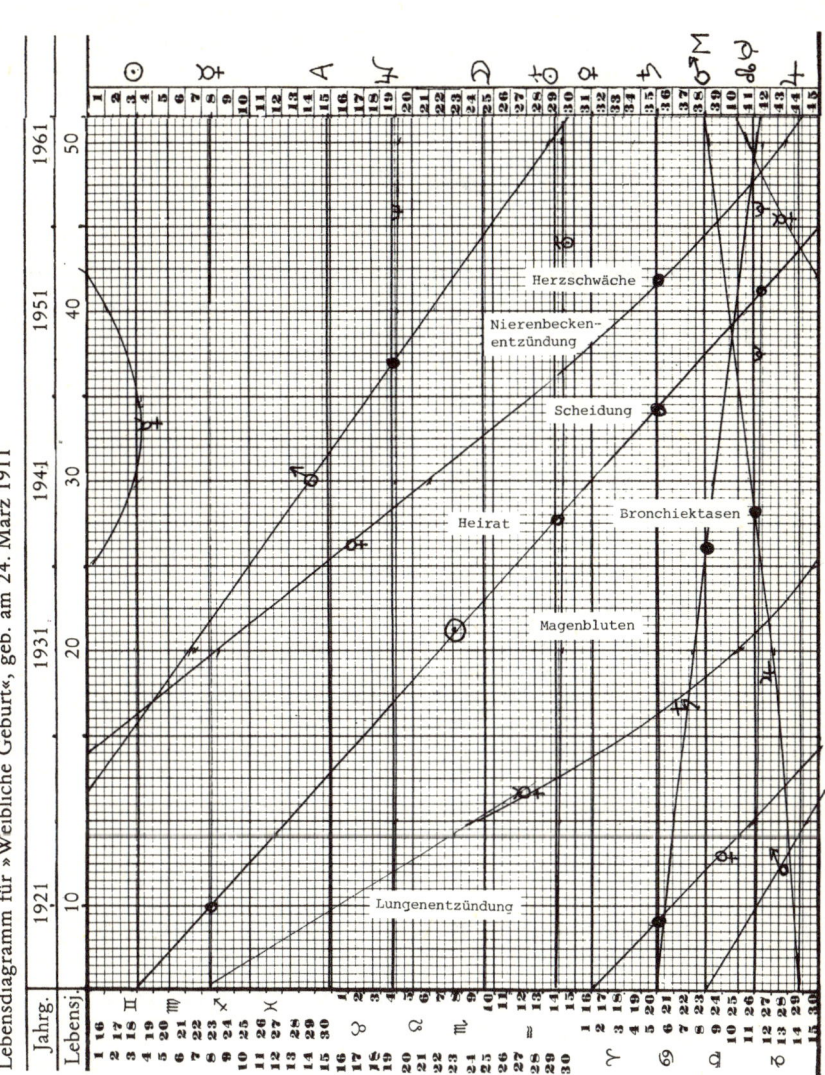

Abb. 61: Lebensdiagramm aufgrund der Direktionen für »Weibliche Geburt«, geb. am 24. März 1911.

147

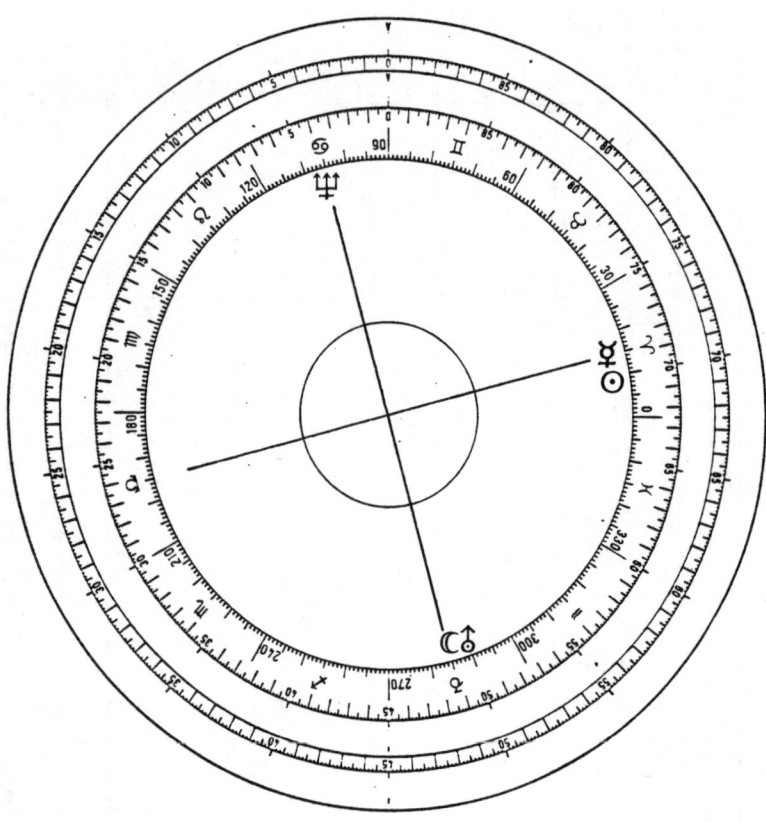

Abb. 62: Das Kardinalkreuz

Der Jupiter dagegen ist scheinbar rückläufig; er geht daher nicht auf die Sonne zu, ist also gewissermaßen nicht gesundheitsfördernd, sondern bewegt sich in der Richtung auf das Anderthalbquadrat zum Pluto zurück. Dieses Anderthalbquadrat ist schwer erkennbar. Die Erfahrung hat gelehrt, daß eine »Ganzheitsbetrachtung« eines Kosmogramms nur dann möglich ist, wenn man das Lebensdiagramm aufstellt, um gerade die sich langsam im Laufe des Lebens entwickelnden Direktionen zu erkennen (siehe Abbildung 61 auf Seite 147).

Man kann so vorgehen, daß man zunächst die Zeichenbesetzung und dann das Verhältnis der Gestirne zueinander unter-

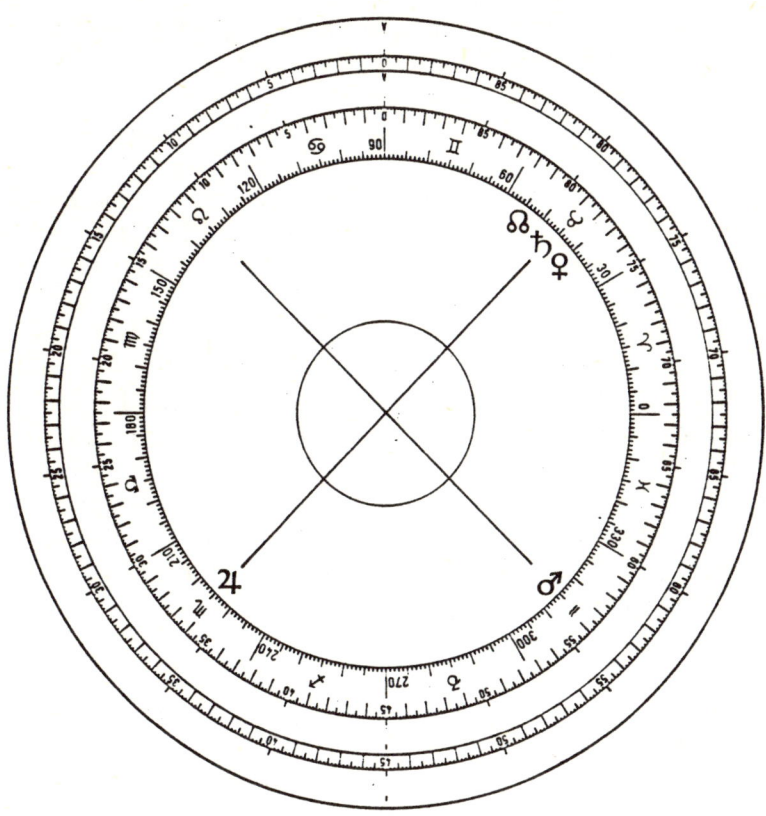

Abb. 63: Das feste Kreuz

sucht. Die Erfahrung hat gelehrt, daß nicht die Zeichen selbst
entsprechende Hinweise geben, sondern daß man jeweils das
»Zeichenkreuz« untersuchen muß, also die Zeichen, die jeweils
zusammen ein Kreuz bilden. Dann erkennt man vorwiegend
zwei solcher Kreuze. Das Kardinalkreuz (siehe Abbildung 62)
deutet auf die Regionen von *Magen, Nieren,* Kopf, Knochen,
das feste Kreuz (siehe Abbildung 63) deutet auf Hals, *Atmungs-
organe, Herz,* Ausscheidungsorgane, Venen. Damit ergeben sich
Beziehungen zu den Organen, die später zu Krankheitsherden
wurden. Im gleichen Maße wie die Zeichen sind auch die Gestirne krankheitsbezüglich, wenn sie aspektiert sind. Den besten

149

Überblick gewinnt man durch das Lebensdiagramm und durch die Sonnenbogendirektionen.

Im Jahre 1916, also im Alter von fünf Jahren, ergaben sich eine Lungenentzündung mit vierzehn Tage anhaltendem Fieber und eine Rippenfellentzündung. Im Lebensdiagramm erreicht bereits mit vier Jahren die Venus die Saturnlinie und mit fünf Jahren die Sonne die Merkurlinie. Dabei ist zu beachten, daß Merkur = Neptun/Pluto ist und somit auf einen Krankheitszustand hinweist.

Untersucht man die Sonnenbogendirektionen, indem man mit der Rechenscheibe die Abstände zwischen den einzelnen Faktoren mißt, erreicht Mars nach 5 Grad = 5 Jahren den Jupiter, der jeweils Entprechung zu Lunge und Leber aufweist. Der Neptun nähert sich der Opposition zum Mond. Aus dieser Untersuchung ist bereits zu erkennen, daß die Konstellationen auf eine Krankheit hinweisen, daß es aber schwer ist, den Sitz der Krankheit zu erkennen, wenn nicht weitere Anhaltspunkte gegeben sind.

Ein Kleinkind wird krank

Solange ein Kind noch nicht sprechen kann, ist der Arzt auf äußere Merkmale und mechanische Hilfsmittel angewiesen. Das Kind kann nicht einmal sagen, wo es weh tut, es kann nur schreien, wenn eine empfindliche Stelle abgetastet wird. Im folgenden soll gezeigt werden, welche Anhaltspunkte durch eine kosmobiologische Untersuchung gegeben sind.

Abbildung 64 auf Seite 151 gibt das Kosmogramm eines Mädchens wieder, das am 3. Juli 1950, 15 Uhr, 10° ö. L. 54° n. Br. geboren wurde. Auf den ersten Blick fällt im 90-Grad-Kreis Sonne = Mars/Neptun auf, wobei der Neptun noch einen Winkel von 135 Grad zum Mond bildet. Daraus kann man eine schwache Widerstandskraft und Gefahr der Ansteckung entnehmen. In den Deklinationen fällt auf, daß Mars und Nep-

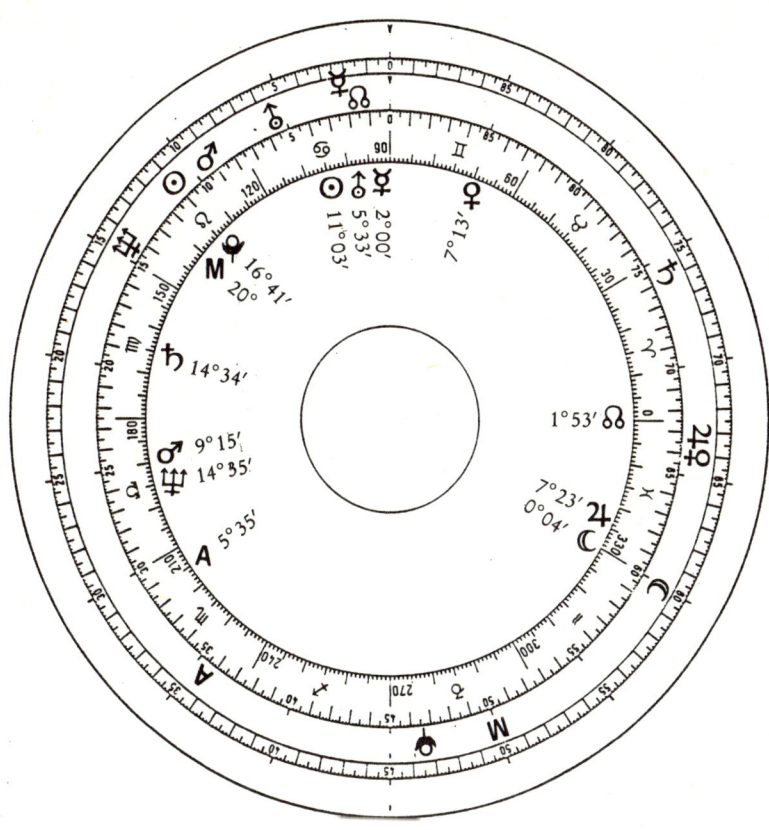

DEKLINATIONEN

☉ = 22°59'N	☽ = 13°22'S	☿ = 23°49'N	♀ = 19°54'N
♂ = 3°42'S	♃ = 9°49'S	♄ = 7°55'N	☊ = 23°36'N
♅ = 4°16'S	♇ = 23°31'N	M = 14°49'N	A = 13°21'S

Abb. 64: Kosmogramm für »Weibliche Geburt«, geb. am 3. Juli 1950,
15.00 Uhr, 10° ö. L./54° n. B.

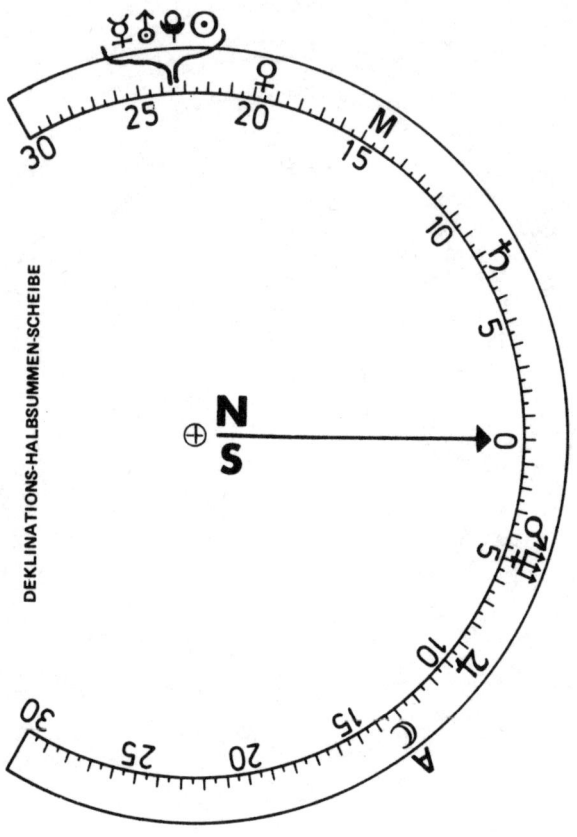

Abb. 65: Deklinationen für »Weibliche Geburt«, geb. am 3. Juli 1950.

tun, die »Infektionsplaneten«, parallel sind. Außerdem ergibt sich eine ungewöhnliche Häufung von gleichen Deklinationen, denn es ist Sonne//Pluto//Merkur//Uranus innerhalb eines Grades (siehe Abbildung 65 auf Seite 152). Wenn man von einem neugeborenen Kind das Kosmogramm aufgezeichnet hat, überträgt man die Positionen zunächst auf die graphische 45-Grad-Ephemeride des Jahres (siehe Abbildung 66 auf Seite 153). Dabei erkennt man die 45- und 135-Grad-Winkel, die man in der Zeichnung nicht immer so schnell erfaßt. Es sind:

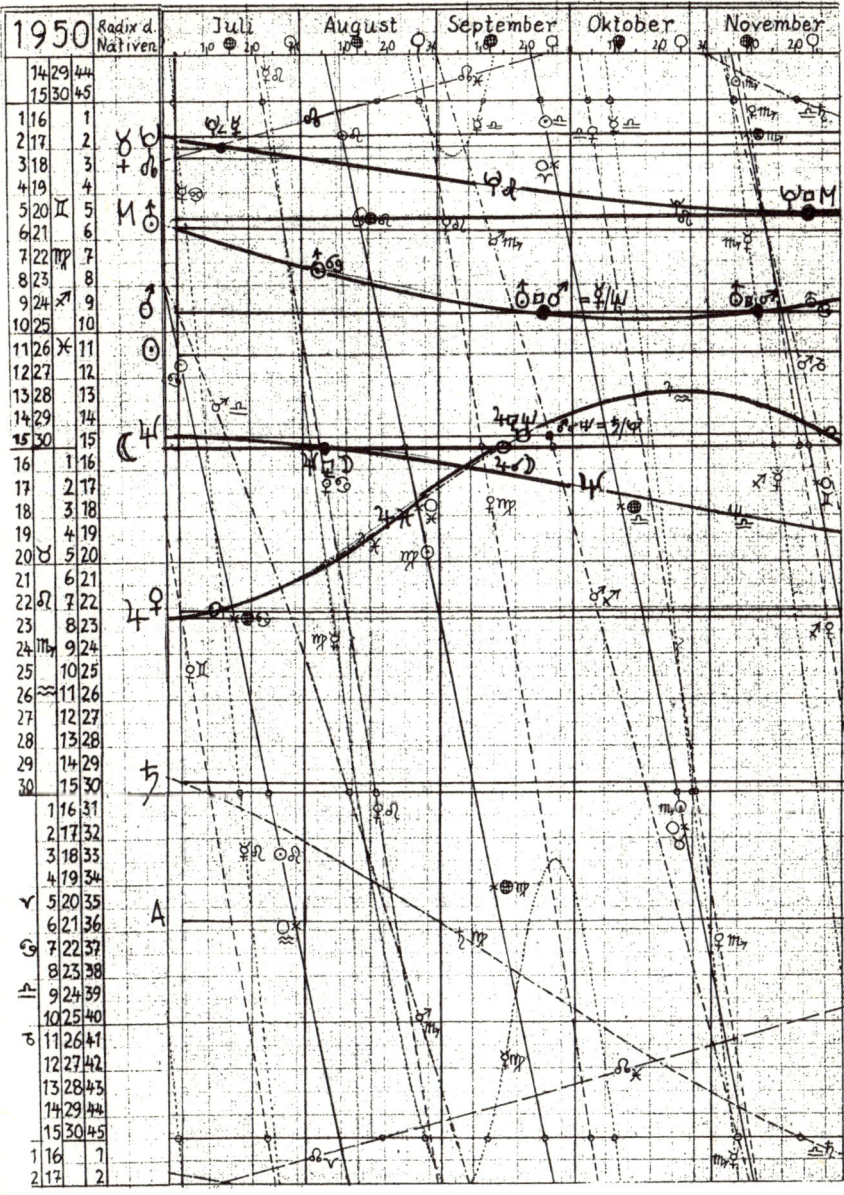

Abb. 66: Graphische 45°-Ephemeride für »Weibliche Geburt«,
geb. am 3. Juli 1950.

Merkur-45-Pluto, MC-45-Uranus und Mond-135-Neptun. Die günstige Verbindung von Venus mit Jupiter dürfte in der Kindheit zunächst keine Rolle spielen.

Pluto bewegt sich auf das MC zu. Das Quadrat wird allerdings nicht ganz exakt, könnte aber doch wirksam sein. Da im Kosmogramm MC = Uranus = Sonne/Merkur = Merkus/Mars ist, könnten die Sinnesorgane, besonders das Sprachzentrum, beeinflußt werden. Wichtiger sind die nächsten Schnittpunkte. Uranus bewegt sich auf Quadrat Mars = Merkus/Neptun zu. Könnte es sich hier um einen ärztlichen Eingriff (Uranus = Mars) handeln oder könnten sich nach *Kombination der Gestirneinflüsse* (525) Uranus = Merkur/Neptun krampfartige Störungen des Nervensystems ergeben?

Der Neptun läuft auf das Anderhalbquadrat zum Mond zu. Der Mond hat aufgrund von Erfahrungen Beziehungen zum Kleinhirn, das in eine Schädigung einbezogen werden könnte. Ende September kreuzen sich die Bahnen von Jupiter und Mars auf den beiden Positionslinien von Neptun und Mond, fast gleichzeitig mit Uranus Quadrat Mars. Die Gefahr einer Erkrankung ist also gegeben.

Was geschah nun? Das Kind war in den ersten Monaten nach der Geburt gut gediehen. Nach etwa drei Monaten (Ende September) ergab sich ein fieberhafter Infekt (Mars = Neptun = Saturn/Pluto). Da um diese Zeit im Ort mehrfach Gehirnhautentzündung vorgekommen ist, wurde das Kind sofort mit Sulfonamiden behandelt. Diese Mittel werden bei solchen Krankheiten gern eingesetzt, doch ergeben sich mehrfach starke Nebenwirkungen. Mit diesem Mittel hatte man den Infekt beseitigt, aber in der Weiterentwicklung des Kindes zeigten sich Anzeichen einer schweren Encephalitis mit cerebralen Krämpfen und Halbseitenlähmung, die sich erst nach fünf Jahren langsam zurückbildete. Mit sechs Jahren konnte das Kind noch nicht sprechen, verstand aber alles. In *Kombination der Gestirn-*

Abb. 67: Graphische 45°-Deklinations-Ephemeride für »Weibliche Geburt«, geb. am 3. Juli 1950.

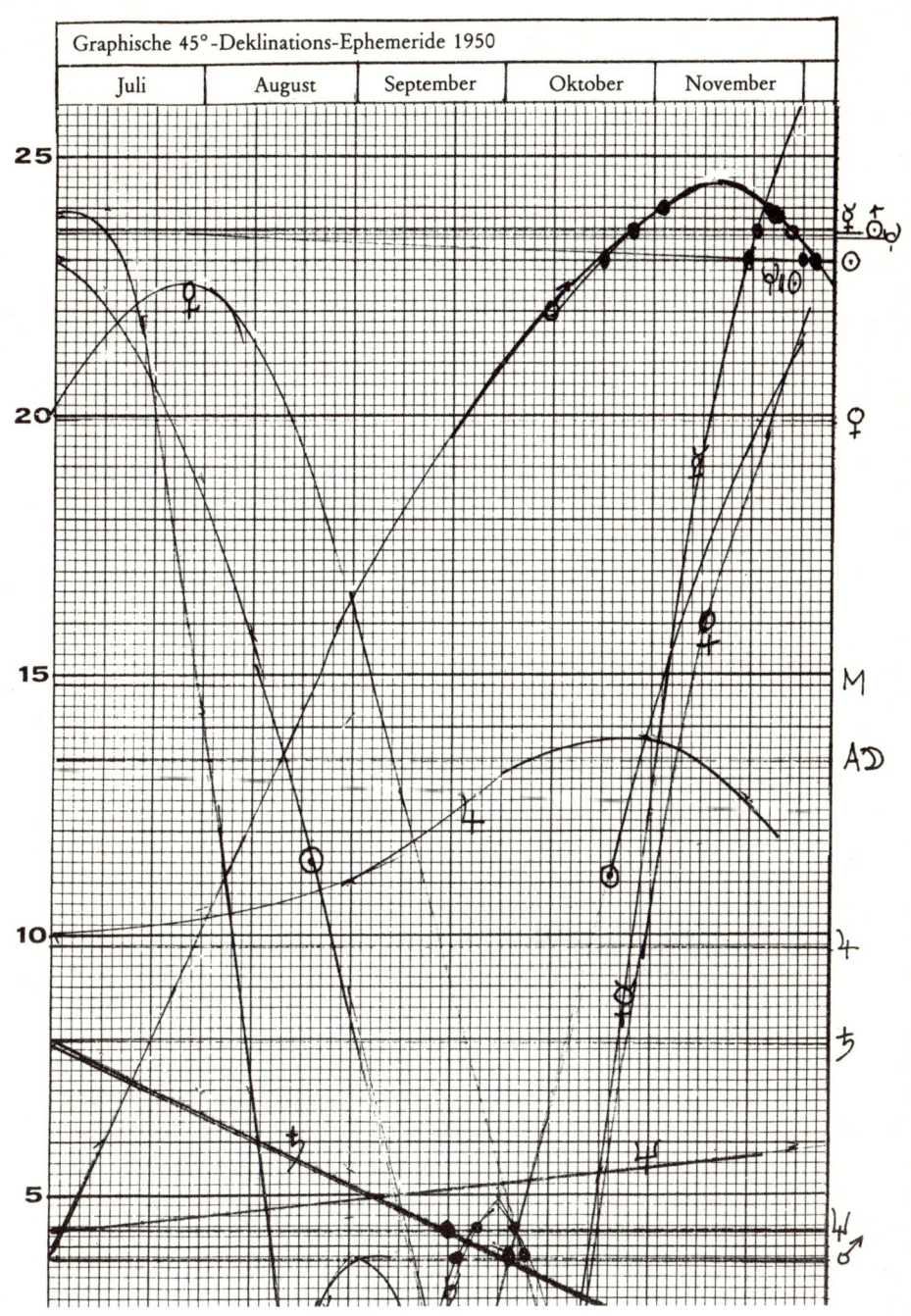

Graphische 45°-Deklinations-Ephemeride 1950

| Juli | August | September | Oktober | November |

einflüsse wird unter Mars/Neptun nicht nur auf Infektionskrankheiten, sondern auch auf Lähmungen hingewiesen.

Aus dem Beispiel ergibt sich die Feststellung, daß die Möglichkeit einer Erkrankung mit drei Monaten durchaus gegeben war. Dabei muß man die Frage offenlassen, ob oder wie man hätte die Erkrankung vermeiden können.

Wirft man noch einen Blick auf die Deklinationen des Jahres (siehe Abbildung 67 auf Seite 155), so geben diese die Bestätigung der Längen-Konstellationen. Die »Infektionsplaneten« Mars und Neptun stehen nicht nur in Konjunktion, sondern sie sind auch parallel. Es ist also eine echte Konjunktion.

Es fällt auf, daß im September 1950 mit Saturn auch Sonne, Merkur und Venus die Positionslinien von Mars und Neptun kreuzen. Außerdem wird in den folgenden Monaten der Komplex Merkur, Uranus, Pluto und Sonne im Oktober durch Mars und den folgenden Monaten durch Merkur, Sonne und Venus geschnitten. Man sollte auch die Deklinationen immer beachten, weil sie die Längenkonstellationen verstärken, manchmal aber auch allein für das Geschehen bezeichnend sind.

Seelisch gefährdete Kinder

Aus Gründen der Diskretion kann für das folgende Beispiel nur das Geburtsdatum angegeben werden. Das Kind wurde während eines Fliegeralarms geboren. Man beachte, daß Pluto in der Meridianachse steht, die im 90°-Kreis außerdem zu Mond = Mars/Uranus in Beziehung tritt. Es ist nicht ausgeschlossen, daß der Schrecken, den die Mutter im Augenblick der Geburt ausgehalten hat, auch im Unterbewußtsein des Kindes haftengeblieben ist. Die Stellung der Sonne in Uranus/Neptun macht den Körper empfindlich und den Geist beeinflußbar. Merkur und Mars im Quadrat könnte einen sehr aktiven Geist anzeigen; durch Merkur = Jupiter/Pluto und Jupiter/MC kann der Native aber im Leben auch vorwärtskommen. Merkur und Mars in den Halbsummen Sonne/Mond und Venus/Saturn deuten besondere Probleme im Liebesleben an. In die gleiche Richtung zielt Saturn = Venus/Uranus, während Saturn = Mond/Pluto = Mond/MC = Sonne/Neptun auf seelische Erlebnisse, Neigung zu Depressionen und Krankheiten hinweist. Damit wurden nur einige Wesensmerkmale herausgestellt.

Hat man die Zeichnung (siehe Abbildung 68 auf Seite 158) auf ein Arbeitsgerät montiert, so verschiebt man den Widderpunkt der äußeren Scheibe um 15 Grad für das Alter von fünfzehn Jahren und stellt fest, daß sich Neptun s und Mondknoten s mit dem Mars r decken. Im 360°-Kreis handelt es sich um eine Opposition. Demnach fällt der Absteigende Mondknoten auf den Mars.

Es liegt eine Verbindung von Neptun, Mondknoten und Mars vor. An dieser Stelle soll eingeschaltet werden, daß es nicht notwendig ist, daß jeweils ein Faktor genau in der Halbsumme von zwei anderen steht, sondern daß die drei Faktoren überhaupt in einem bestimmten Verhältnis stehen. Ob man in diesem Fall Mars = Neptun/Mondknoten oder Mondknoten = Mars/Neptun untersucht, ist dabei kein großer Unterschied. Nach *Kombination der Gestirneinflüsse* ist: Mars = Neptun/Mondknoten: Disharmonisch mit anderen zusammenarbeiten oder zusammenleben, sich nicht anpassen können. Disharmonische Verbindung, mit Kranken zusammen sein.

Mondknoten = Mars/Neptun: Untergrabung von Verbindungen durch Haltlosigkeit, Unzuverlässigkeit, Willensschwäche oder ablehnendes Verhalten, Verbindung mit schwachen oder kranken Personen.

Da Neptun s = Mars r in Venus/Saturn r stehen, liegt die Gefahr nahe, daß der Fünfzehnjährige auf erotischem Gebiet eigenartige Erfahrungen machen muß oder gar verführt wird.

Unter einer Mars-Neptun-Verbindung liegt fast immer eine gewisse Schwäche, Anfälligkeit oder Krankheit vor, also ein Zustand, in dem man allen möglichen Einflüssen ausgesetzt sein kann und nicht die Kraft hat, sich zu wehren oder selbst die Initiative zu ergreifen.

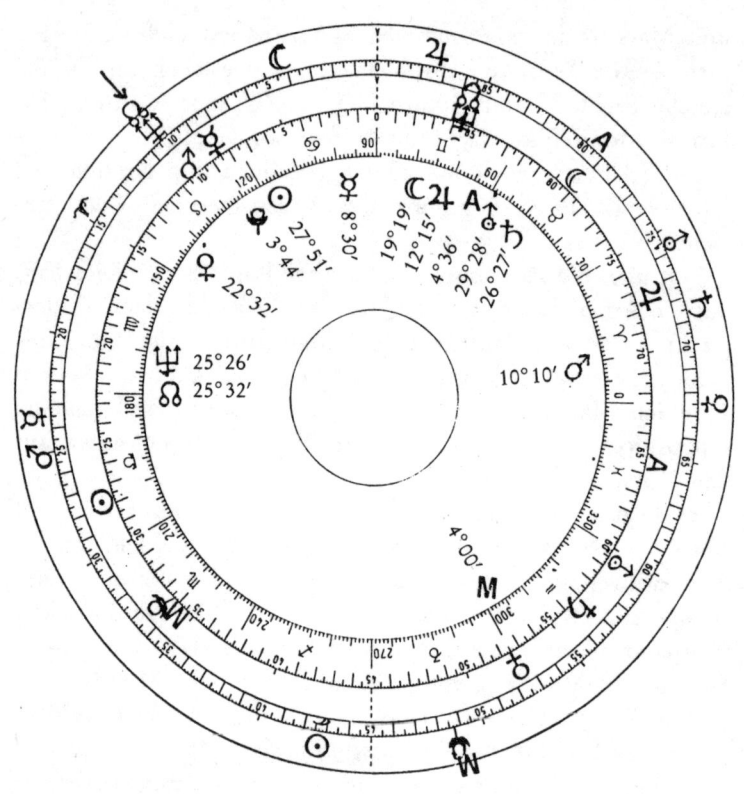

DEKLINATIONEN

☉ = 20°36'N	☽ = 17°57'N	☿ = 20°11'N	♀ = 15°31'N
♂ = 0°35'N	♃ = 21°36'N	♄ = 17°17'N	☊ = 19°50'N
♇ = 2°58'N	⚷ = 23°28'N	M = 19°16'S	A = 23°01'N

Abb. 68: Kosmogramm für »Männliche Geburt«, geb. am 21. Juli 1941.

158

Graphische 45°-Ephemeride für »Männliche Geburt«, geb. am 21. Juli 1941

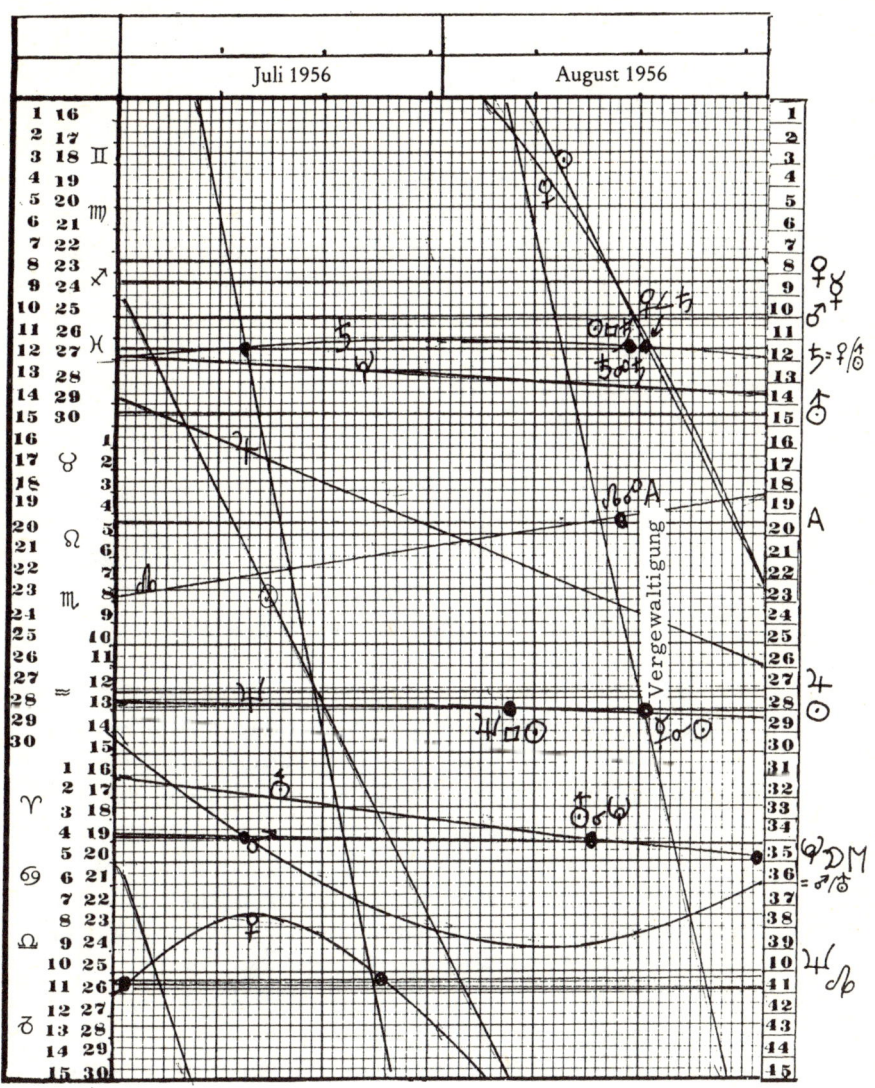

Abb. 69: Graphische 45°-Ephemeride für »Männliche Geburt«,
geb. am 21. Juli 1941.

Für die Ereigniszeit wurde die Graphische 45-Grad-Ephemeride für Juli/August 1956 aufgezeichnet (siehe Abbildung 69 auf Seite 159). Dabei ergibt sich, daß der Saturn in Opposition zu seinem Radixort kommt. Diese Konstellation ist besonders stark, weil der Saturn scheinbar stillstehend ist und sich der Transit fast auf zwei Monate erstreckt. Nach Mitte August wird dieser Transit durch Sonne Quadrat Saturn und Venus Halbquadrat Saturn ausgelöst. Dabei ist zu beachten, daß sich Saturn in Venus/Uranus befindet. Es könnte sich dabei um ein nachteiliges (Saturn) plötzliches Liebeserlebnis (Venus/Uranus) handeln. Der Mondknoten überschreitet die Linie des Aszendenten, was auf ein Erlebnis mit einer anderen Person (AS) hinweist. Der laufende Neptun befindet sich wochenlang im Quadrat zur Sonne. Über Sonne–Neptun liest man in der *Kombination der Gestirneinflüsse* unter Nr. 0266: »Krankheit, Beeinflußbarkeit, Verführbarkeit, von anderen Personen ausgenutzt werden, große Enttäuschungen, verworrene Zustände, Verwicklung in Skandale.« Diese Konstellation wird ausgelöst um den 20. August durch Merkur Konjunktion Sonne.

Kurz vor diesem Zeitpunkt ist in der Halbsumme Mars/Uranus Uranus Konjunktion Pluto fällig. Das deutet auf einen Unfall, eine Verletzung oder Operation hin. Diese Konstellation könnte auch bereits im Juli durch Mars ausgelöst worden sein. Wie weit der doppelte Übergang der Venus über die Linien von Neptun und Mondknoten eine Rolle im Juli spielt, läßt sich erahnen, wenn man das Ereignis kennt.

Was geschah wirklich? Der Junge mußte wegen eines Meniskusschadens, den er beim Sport erlitten hatte, in ein Krankenhaus eingeliefert werden. Nach unserer Untersuchung war die Möglichkeit einer Erkrankung (Neptun = Sonne) und Unfallgefahr (Uranus lfd = Pluto = MC = Mars/Uranus) gegeben. In dem Zweibettzimmer lag gleichzeitig ein älterer Mann mit der gleichen Krankheit. Eines Tages im August 1956 schien der Junge ungewöhnlich verstört. Er war verschlossen und wollte sich nicht aussprechen. Schließlich erzählte er seiner Mutter, daß er von dem kranken Mann angefallen, gewürgt und mißbraucht worden wäre. Jener Mann war homosexuell veranlagt.

Dem Verfasser waren diese Dinge nicht bekannt, als er von den Eltern wegen ihres Sohnes befragt wurde. Sie sprachen nur davon, daß ihr Sohn gar keine Entschlußfähigkeit zeige und ihm das Lernen sehr schwer fiele. Nach der Aufzeichnung des Geburtsbilds wurden aber die Hauptkonstellationen erkannt. Es wurde erläutert, daß der Junge in seelischer Hinsicht sehr empfindlich sein muß, daß er sich leicht beeinflussen läßt, ohne die Kraft zu haben, sich zu wehren, und daß ein seelisches Erleben zu der passiven Haltung und vielleicht zu einer Krankheit führen könne. Erst daraufhin erzählte die Mutter den hier geschilderten Vorfall.

Die kosmischen Entsprechungen zu dem Ereignis sind wohl eindeutig. Ob es natürlich möglich ist, sie vorher zu prognostizieren, ist eine andere Frage. Unfallgefahr und Krankheit hätte man aber auf jeden Fall voraussehen können.

Von seinen Kindern sollte man immer die Jahresdiagramme aufgrund der graphischen Ephemeriden vorliegen haben. Dann kann man erkennen, ob Schwierigkeiten in der Schule auch eine kosmische Ursache haben, ob Kinder gefährdet sind, wenn sie Ausflüge machen oder allein in die Ferien gehen oder sonst irgendwie in eine Krise hineingeraten können. In diesem Zusammenhang sei auf die letzten Beispiele in meinem Buch *Das Jahresdiagramm*[11]. hingewiesen. Ich gebe an dieser Stelle nur die Jahreszeichnungen wieder, da sie eindeutig auf die Gefahren hinweisen.

Beispiel 1: Der am 13. März 1956 geborene Richard war ein schlechter Schüler, hatte schon einmal eine Klasse wiederholen müssen und hatte wieder Angst vor einem schlechten Zeugnis. Am 11. Februar 1971 legte er sich eine Schlinge um den Hals und erhängte sich an der Tür. Im Jahresdiagramm (siehe Abbildung 70 auf Seite 162) stehen Merkur und Saturn im Quadrat, so daß die Möglichkeit naheliegt, daß er in seiner geistigen Entwicklung gehemmt ist. Saturn befindet sich in der Halbsumme Mars/Uranus. Gerade auf dieser Konstellation bewegte sich der Neptun und brachte ihn in die Gefahr der Selbstzerstörung. Wahrscheinlich wurde auch die Mondlinie vom Saturn überschritten, was einer schweren Depression entspricht.

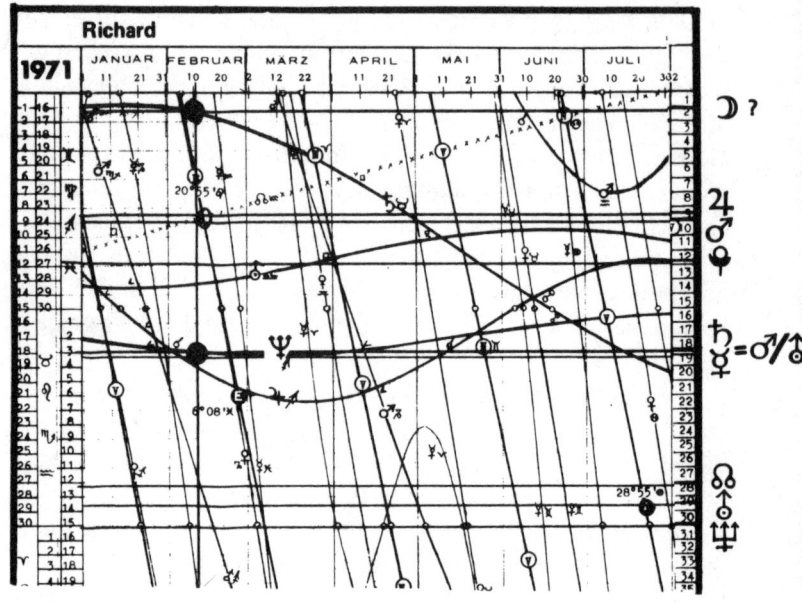

Abb. 70: Ausschnitt aus dem Jahresdiagramm für Richard,
geb. am 13. März 1956.

Beispiel 2: Der am 6. Juli 1951 geborene Hubert hatte schon
drei Autos kaputtgefahren. Am 19. Februar 1971 raste er gegen
einen Baum und war sofort tot. Im Jahresdiagramm (siehe Abbildung 71 auf Seite 163) ging Saturn über die Marslinie, was
einer Lebensgefahr entspricht. Sonne und Uranus überschritten
die Linien von Jupiter, Sonne, Venus, so daß wahrscheinlich ein
Vergnügen mit Alkoholgenuß vorausging. Uranus Quadrat
Sonne kann plötzliche Gefahren mit sich bringen. Unter Sonne
über Neptun hat er wohl die Kontrolle über den Wagen verloren.

Beispiel 3: Robert, der Sohn reicher Eltern, geboren am
20. Juni 1949, wurde am 24. Februar 1971 aufgefunden und
dürfte einem Verbrechen zum Opfer gefallen sein. Er war

162

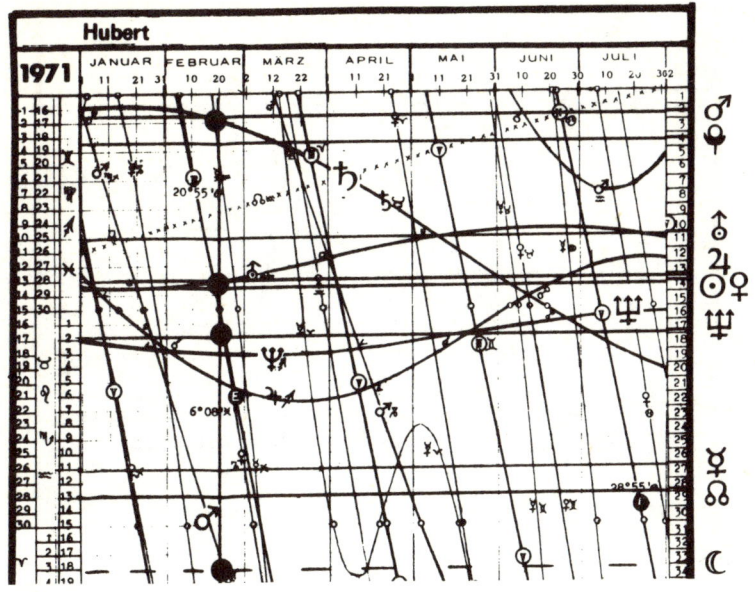

Abb. 71: Ausschnitt aus dem Jahresdiagramm für Hubert,
geb. am 6. Juli 1951.

nachts gegen drei Uhr mit einem anderen Jungen nochmals in seiner Wohnung. Die Eltern hörten ihn, hielten ihn aber nicht zurück, als er mit seiner Begleitung nochmal wegging.

Im Jahresdiagramm (siehe Abbildung 72 auf Seite 164) erkennen wir:

Nachdem Saturn das Halbquadrat zu Uranus überschritten hatte, kam Uranus auf die Neptunlinie, was auf eigenartige Umstände hinweist. Pluto, der im Geburtsbild im Halbquadrat zur Sonne steht, erreichte jetzt das Quadrat zur Sonne. Eine Verbindung von Sonne und Pluto bedeutet nach *Kombination der Gestirneinflüsse* im negativen Sinne »körperlich dulden, Märtyrertum, Lebensgefahr, Trennung durch höhere Gewalt.« Der junge Mann soll außerdem dem Haschisch verfallen gewe-

163

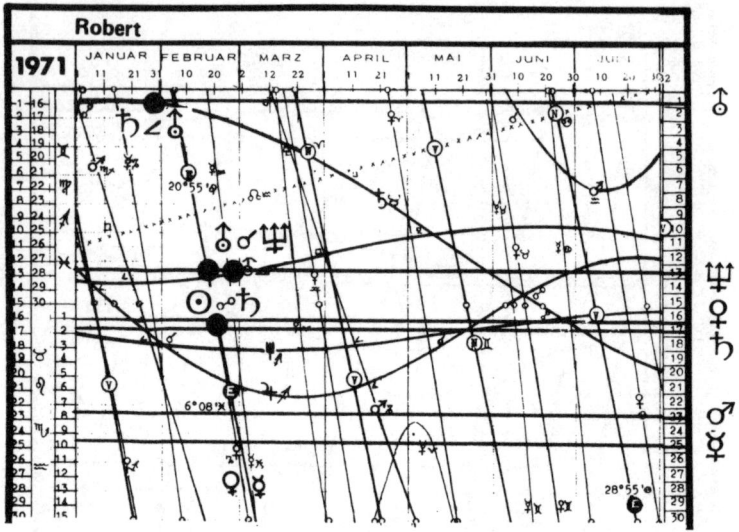

Abb. 72: Ausschnitt aus dem Jahresdiagramm für Robert,
geb. am 20. Juni 1949.

sen sein, so daß er leicht das Opfer anderer werden konnte. Die
Krise wurde ausgelöst, als der Mars die Linien von Sonne und
Pluto erreichte.

Diese Beispiele, die keineswegs ausgesucht sind, sind so überzeugend, daß Eltern veranlaßt sein sollten, ihre Kinder durch
die Jahresdiagramme zu beobachten und vor Schaden zu bewahren.

Schwierigkeiten in der Schule

Viele Eltern haben Sorge um ihre Kinder, wenn sie in der Schule nicht richtig mitkommen oder nach guten Leistungen plötzlich abfallen. Das Schulproblem läßt sich auf kosmischer Grundlage allein nicht lösen, aber es sind auf diesem Wege doch manche Fingerzeige möglich. Hierbei sind besonders folgende Fragen zu beantworten, zu deren Klärung es unbedingt psychologischer Kenntnisse bedarf.

1. Liegen im Kosmogramm Anlagen vor, die auf einen Mangel an Begabung oder eine Andersbegabung hinweisen?
2. Liegen nur vorübergehende Schwierigkeiten vor?
3. In welchem Maße sind die schulischen Schwierigkeiten im Verhalten der Eltern zu dem Kind zu suchen?

Das am 28. Juli 1939 geborene Mädchen machte ihrer Mutter Sorgen, da es keine besonderen Interessen zeigte, die Prüfung für die Höhere Schule nicht bestanden hatte und vor der Entlassung aus der Volksschule stand, ohne zu wissen, was anzufangen sei.

Das Geburtsbild (siehe Abbildung 73 auf Seite 167) zeigt sehr viele Widersprüche, die im 90°-Kreis in der Zusammenballung von Mars, Saturn, Pluto, Mondknoten, Sonne (links unten) und im Neptun, MC, Mond (rechts oben) besonders deutlich hervortreten. Gerade in MC = Mond/Neptun zeigt sich eine sehr feinfühlige Natur, die sich am liebsten ihren Gedanken und Träumen hingeben möchte. Dagegen zeigt der Komplex um Sonne und Saturn die harte Wirklichkeit, die kein Träumen zuläßt.

Das Quadrat von Sonne und Saturn tritt als ein Hemmungsfaktor für die gesamte Entwicklung auf. Hier kommt es aber gerade darauf an, daß man die Anlage für eine langsame Entwicklung erkennt und das Kind nicht zu einem schnelleren Tempo zwingt, das es einfach nicht verkraften kann. Da der Mondknoten mit hineinspielt, ist auch ein Mangel an Kontaktfähigkeit vorhanden. Das Kind wird sich nicht aussprechen, auch aus der Angst heraus, falsch verstanden oder lächerlich gemacht zu werden.

Zwischen Mutter und Kind scheint nicht das rechte Verhältnis zu bestehen. Bei der genannten Veranlagung kann auch die Mutter keineswegs erwarten, daß sich das Kind ihr offenbart, sondern die Mutter muß den Weg zur Seele des Kindes finden. Gehemmte und sich langsam entwickelnde Kinder wollen »aufgeschlossen« werden, weil sie sich selbst einfach nicht öffnen können. Dazu muß man wissen, daß solche Kinder sehr viele Probleme in sich verarbeiten. Es kommt nur darauf an, ob sie mit diesen Problemen fertig werden oder nicht. Können sie sich durchringen, können sie durchaus sehr wertvolle und auch erfolgreiche Menschen werden. Man darf daher in einer solchen Konstellation niemals nur etwas Negatives sehen wollen.

Sonne Quadrat Saturn finden wir zum Beispiel im Kosmogramm des Schriftstellers H. W. Geissler, der dem Verfasser selbst gestand, welche Schwierigkeiten er zu überwinden hatte. Aber er hat sich durchgerungen und gehörte immerhin zu den bekanntesten Romanschriftstellern im deutschen Sprachraum. Die gleiche Konstellation findet man auch bei dem bekannten Filmschauspieler Walter Giller, bei dem amerikanischen Politiker Bowles und anderen. Man muß sich endlich einmal davon freimachen, daß man einzelne Aspekte als »Übeltäter« und andere als »Wohltäter« bezeichnet, wie es oft in der traditionellen Astrologie geschieht. Solche Bezeichnungen sind einfach eine Irreführung.

Unsere Native hat noch zwei Brüder, von denen das Mädchen ständig beschimpft oder lächerlich gemacht wird. Man kann daher verstehen, daß es eingeschüchtert und gehemmt ist. Hier wäre es aber Aufgabe der Eltern gewesen, die Brüder anzuhalten, sich ihrer Schwester gegenüber ritterlicher zu benehmen. Wie kann ein solches Kind lernen, sich durchzusetzen, wenn es ihm im Elternhaus schon schwer gemacht wird?

Bei einer Aussprache mit der Mutter stellte sich heraus, daß das Kind nicht am Turnen teilnimmt, daß es keinerlei Sport treibt. Es wurde daher dringend geraten, daß das Kind eine

166

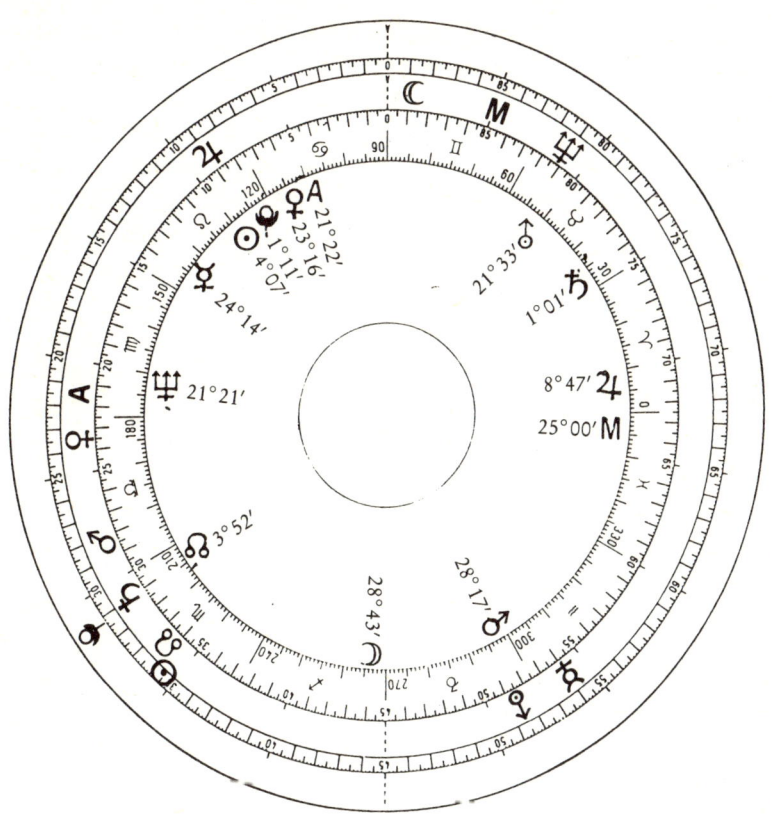

DEKLINATIONEN

⊙ = 19°13'N	☾ = 19°17'S	☿ = 10°03'N	♀ = 21°58'N
♂ = 26°48'S	♃ = 2°10'N	♄ = 9°20'N	☊ = 17°57'N
♅ = 4°29'N	♇ = 23°17'N	M = 1°59'S	A = 21°46'N

Abb. 73: Kosmogramm für »Weibliche Geburt«, geb. am 28. Juli 1939.

Gymnastikstunde besucht, damit es nicht nur durch die Übungen, sondern auch im Kreis gleichaltriger Kameradinnen gelockert und aufgeschlossener wird.

Durch die Stellung der Sonne beim Pluto liegt in dem Mädchen durchaus die Anlage, sich durchzusetzen und sich zur Geltung zu bringen, wenn einmal die Minderwertigkeitsgefühle, an denen auch das Elternhaus mitschuldig ist, überwunden sind. Das Mädchen versuchte von sich aus, sich Geltung zu verschaffen, indem es mit viel jüngeren Kindern spielte. Es hielt sich auch gern in einer kinderreichen Familie auf, wo es sich heimisch fühlte und auch verstanden wurde. Es zeigte sich auch der Mutter in der fremden Familie gegenüber viel aufgeschlossener als gegenüber der eigenen Mutter, mit der nicht der rechte Kontakt aufkommen konnte. Die Beschäftigung mit den fremden Kindern ließ auch die emporkeimenden mütterlichen Gefühle in der Reifezeit besser zum Ausdruck kommen als im eigenen Haus.

Da sich aus dem Mangel an Kontaktfähigkeit und der feinfühligen Veranlagung Schwierigkeiten in partnerschaftlichen Beziehungen und in einer möglichen Ehe ergeben könnten, wurde der Mutter dringend geraten, das Mädchen einen Beruf erlernen zu lassen, vornehmlich Säuglingsschwester, Kindergärtnerin oder Sozialfürsorgerin.

Dem Lebensdiagramm (siehe Abbildung 74 auf Seite 169) des Mädchens entnehmen wir weitere Hinweise, besonders für das 6. bis 12. Lebensjahr. Die Entwicklungshemmungen liegen in Saturn Quadrat Pluto begründet. Diese Konstellation zieht sich über mehrere Jahre hin. Dabei ist Saturn Quadrat Pluto = Sonne/Mars = Mars/Mondknoten = Merkur/Jupiter. Auch aus den Halbsummen ergeben sich Hemmungen und Schwierigkeiten (Saturn = Pluto = Sonne/Mars), Kontaktstörungen (= Mars/ Mondknoten) = Schwierigkeiten beim Lernen (Saturn = Merkur/Jupiter). Durch Merkur Quadrat Uranus = Venus/Neptun ergeben sich Hinweise auf Nervosität

Abb. 74: Lebensdiagramm für »Weibliche Geburt«, geb. am 28. Juli 1939.

Lebensdiagramm für »Weibliche Geburt«

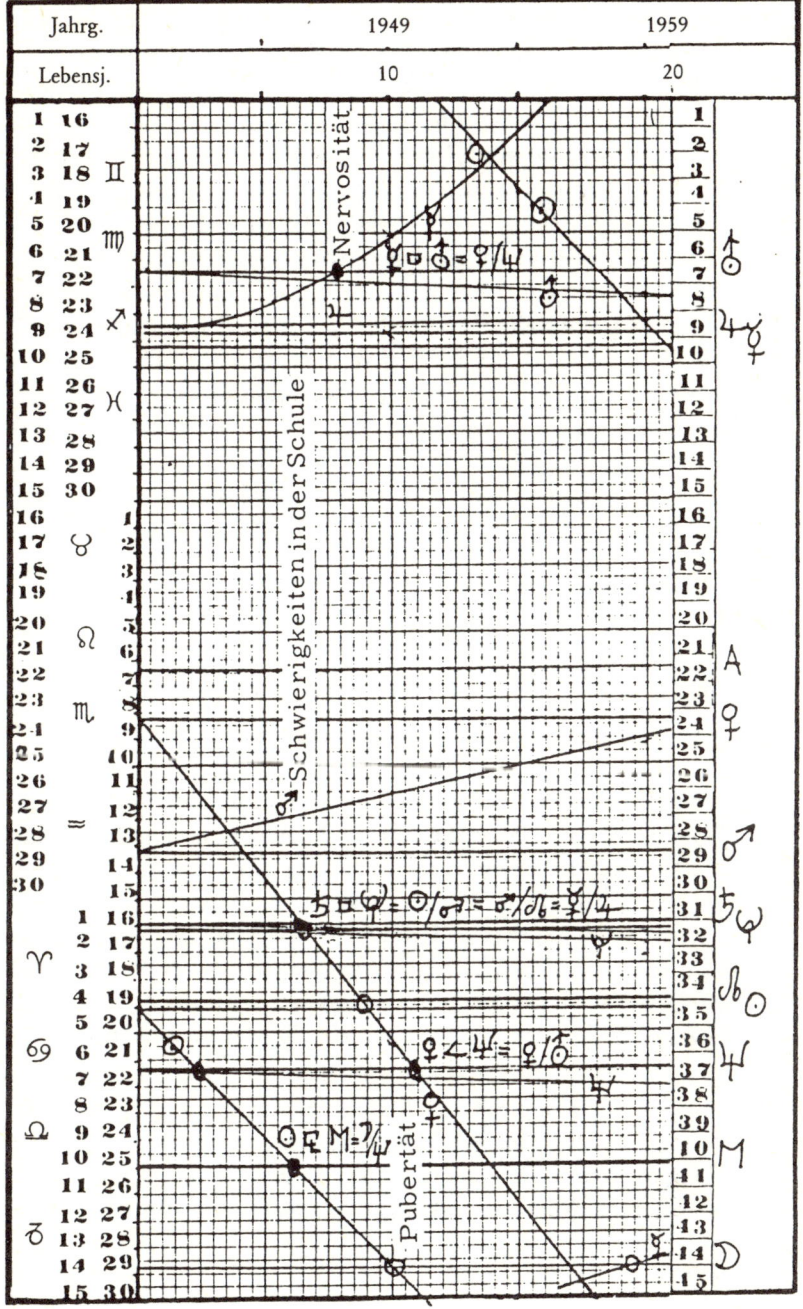

und träumerisches Wesen (Venus/Neptun). Venus–45–Neptun = Venus/Uranus lassen Störungen in der Zeit der Pubertät erkennen. Hoffnungen auf eine positive Entwicklung ergeben sich um das zwanzigste Lebensjahr, wenn Merkur die Mondlinie und die Sonne die Positionslinien von Uranus, Jupiter und Merkur überschreitet. Dann wird auch in den Deklinationen Merkur//Saturn überwunden sein.

Für die Erziehung ist es wichtig, die Kosmogramme von Eltern und Kindern zu vergleichen. Durch positive Kontaktstellen der Kosmogramme zwischen Eltern und Kindern ergeben sich Förderungen durch den betreffenden Elternteil, im anderen Fall Ablehnung. Mir ist ein Fall bekannt, in dem der Saturn des Vaters mit der Sonne des Sohnes in Verbindung steht. Vater und Sohn haben sich nie vertragen. Das ging so weit, daß der Sohn nicht einmal zum 60. Geburtstag der Mutter heimkam. Die Ursachen für solches Verhalten liegen oft bereits in der Zeit vor der Schwangerschaft, wenn sich die Eltern in dieser Zeit nicht verstanden haben.

Die Berufswahl nach dem Kosmogramm

»Sollen wir weiter das Spiel wilder Phantasie und ungehemmter Kombinationsmanie walten lassen? Den Standpunkt der nur schöngeistigen Verehrer der Astrologie, der von dem Versuch einer astrologischen Praxis selbst in begrenzten psychologischen Gebieten nichts wissen will, kann ich nicht teilen.« Diesen Satz findet man bereits in dem 1928 von Herbert Freiherr von Klöckler verfaßten Lehrbuch *Berufsbegabung.* In diesem Buch bezeichnet er auch das placidianische Felderschema als »ein im Grunde höchst unvollkommenes, dem Fortgeschrittenen entbehrliches Hilfsmittel«. Er hält es ferner für unmöglich, »von der Konstellation ausgehend, Berufsdeutungen zu geben«, denn »es gibt, praktisch gesehen, keine Saturn- oder Jupiter- oder Marsberufe. Mars zum Beispiel soll nach traditionellen Angaben als ›Berufsgebieter‹ für Schlächter, Ärzte, Militärs oder Schmiede anzusehen sein. Die Zusammenstellung zeigt schon deutlich, daß man auf diese Weise nicht zu klaren Ergebnissen gelangt. Gewiß, Mars spielt eine Rolle in diesen Berufen, aber jeweils in einer anderen Konfiguration, und auf diese, nicht auf den Mars allein, kommt es an.«

Ebenso hielt es von Klöckler für nutzlos, irgendwie die Zeichen am MC und im sogenannten Berufsfeld mit Berufsdeutungen zu belasten. Er verzichtete auch auf die Verwendung der sogenannten »Felderherren« und schrieb am Schluß seiner Ausführung: »Daß wir nicht den Hexenkessel der Dispositoren und Dekanatsherrscher, der Antiscien, Erdhoroskope und so weiter vor den Augen unserer Leser öffnen werden, versteht sich wohl von selbst.« Es ist bedauerlich, daß man im Jahre 1985 immer noch gegen diesen astrologischen Aberglauben auftreten muß, obwohl jeder vernünftig denkende Mensch zu der Erkenntnis kommen muß, daß man mit solchen Praktiken nicht zu einem klaren Ergebnis kommen kann.

Die traditionelle astrologische Arbeitsweise wird auch widerlegt durch die sehr fleißige und umfangreiche Arbeit des französischen Diplompsychologen an der Pariser Universität, Michel Gauquelin: *Kosmische Einflüsse auf menschliches Verhalten*[32]. An sich wollte Gauquelin die Astrologie widerlegen; er hat auch auf experimentellem und statistischem Wege zahlreiche Irrtümer aufgeklärt, während er andererseits von den kosmisch-terrestrischen Beziehungen so fasziniert war, daß er seine Untersuchungen ständig fortgesetzt hat. Er hat Tausende von Horoskopen auf die Verteilung der einzelnen Faktoren hin untersucht. Vom Aszendenten ausgehend teilte er »den Himmelsraum« in zwölf und auch in achtzehn Felder. Wenn die Stellung der Gestirne in diesen Feldern oder in einem bestimmten Abstand vom Aszendenten maßgebend wäre, dann hätten sich auch entsprechende Ergebnisse einstellen müssen. Gauquelin zählte seine Felder über den Kulminationspunkt, also rechts herum, gegenüber der sinnwidrigen astrologischen Felderzählung links herum. In der folgenden Übersicht werden daher die astrologischen Felder in Klammern angegeben. Diese Entsprechung ist nicht genau, weil Gauquelin mit gleichgroßen Feldern arbeitete.

Von 676 Militärpersonen liegt bei der Sonne die Höchstzahl 70 im 2. (8.) und 12. (6.) Feld. Das sind in jedem Fall etwas mehr als 10 Prozent. Bei der Venus liegen die Höchstzahlen 74 und 76 im 11. (5.) und 12. (6.) Feld. Bei Mars, der doch von ganz besonderer Bedeutung sein müßte, liegt die Höchstzahl 70 im 1. (7.) und 4. (10.) Feld. Das ist vielleicht eine Entsprechung, die man der Tradition nach als positiv bewerten könnte, denn der Mars würde sich vornehmlich am Aszendenten und am Medium coeli befinden, wobei aber mit 15° Orbis gerechnet werden muß. Der Jupiter ist 76 mal vertreten im 4. (10.) Feld, also bei etwa 11 Prozent.

Von 884 Priestern haben die Sonne 109 im 12. (6.) Feld, also im »Krankheitshaus« der traditionellen Astrologie. Der Merkur befindet sich 103mal im 11. (5.), also im traditionellen »Kinderhaus«. An der gleichen Stelle befindet sich die Venus 99mal. Der Mars fällt 93mal ins 3. (9.) Feld. Demnach könnte man bei reichlich 11 Prozent auf Religions-(9. Feld)Streiter (Mars) schließen. Der Jupiter ist in 83 Fällen im 8. (2.) Feld vertreten, also im traditionellen »Geldhaus«.

Auch wenn man die anderen Berufsgruppen auf die gleiche Art untersucht, kommt man zu keinen anderen Ergebnissen. Das traditionelle Feldersystem widerlegt sich von selbst, wenn man nur einen Versuch macht, eine wissenschaftliche Untersuchung vorzunehmen. Wer wollte die Verantwortung übernehmen, nach der obigen Darstellung »Regeln« anzuwenden, die nachweisbar nur bei etwa zehn bis zwölf Prozent zutreffen? Demnach ist es wohl besser, sich auf die Faktoren zu verlassen, die tatsächlich vorhanden sind und auf traditionelles abergläubisches Beiwerk zu verzichten.

Will man das Kosmogramm für die Berufswahl zu Rate ziehen, so muß man sich zunächst darüber klar sein, daß es einfach nicht möglich ist, einen bestimmen Beruf ablesen zu können. Man kann nur irgendwelche Anlagen und danach eine Berufsrichtung erkennen. Diese Grenzen müssen wir von vornherein abstecken.

Als eine der wichtigsten Erkenntnisse der letzten Jahre können wir in Übereinstimmung mit der Psychologie darauf hinweisen, daß es dem Menschen möglich sein sollte, seine Anlagen in irgendeiner Form auszuleben. Es gibt viele Fälle, in denen Menschen in einen Beruf hineingepreßt und dann zeitlebens unglücklich werden, dementsprechend auch nichts Rechtes zu leisten vermögen. Man denke daran, daß es in einzelnen Gegenden zur Tradition geworden war, daß der Erstgeborene Priester werden mußte, ganz gleich, ob er die Anlagen dazu mitbrachte oder nicht. In anderen Fällen war der Sohn gezwungen, das Unternehmen des Vaters zu übernehmen, obwohl er dazu keine Lust verspürte.

In dem uns vorliegenden Beispiel handelt es sich um den Sohn eines Akademikers. Aus Diskretionsgründen werden genauere Angaben weggelassen. Es ist zu verstehen, daß die Eltern es sehr gern gesehen hätten, wenn der Junge auf der Schule zum Abitur gekommen wäre und dann, ebenso wie sein Vater, studiert hätte.

Versuchen wir, uns zunächst einen Überblick zu verschaffen über die Anlagen und Berufsrichtungen, die in den einzelnen Faktoren verankert zu sein scheinen:

Sonne: Neigung zu einer gesicherten und leitenden Position, zum Beispiel Beamter.

Mond: Neigung zu soziologischen Berufen, in denen auch seelische Qualitäten zur Anwendung kommen, etwa Betreuung von Kindern und Jugendlichen (Lehrer, Psychologen, Beraterinnen von Müttern usw.).

Merkur: Gute Auffassung, Kritikfähigkeit, Gewandtheit in Ausdruck und Schrift befähigen zu kaufmännischen wie auch zu wissenschaftlichen Berufen.

Venus: Sympathisches Wesen wie auch Sinn für Harmonie, Schönheit und Kunst geben die Grundlagen ab für Raumgestalter, Künstler aller Art, Kosmetiker und dergleichen.

Mars: Wille, Entschlossenheit, Tätigkeitsdrang, Sinn für technische und handwerkliche Arbeit gehören zu den Eigenschaften zum Beispiel für Techniker, Ingenieure, Sportler.

Jupiter: Die Position dieses Planeten ist in besonderem Maße bedeutsam für eine erfolgreiche Tätigkeit in jedem Beruf.

Saturn: Konzentration, Ausdauer, Beharrlichkeit, Vertiefung sind die Grundlage für Berufe, die mehr in der Stille schaffen und nicht im Brennpunkt der Öffentlichkeit stehen, was für den Gelehrten ebenso zutreffen kann wie für den Förster. Saturn erweist sich keineswegs nur als ein Hemmungsfaktor, sondern er führt auch zu reicher Lebenserfahrung.

Uranus: Der Sinn für alles Neue und für den Fortschritt, die Auflehnung gegen jede Bevormundung und Beschränkung kennzeichnen den Reformer und Erfinder ebenso wie im negativen Sinne den Revolutionär und Umstürzler.

Neptun: Die Empfänglichkeit für alle möglichen Anregungen wie auch ein reiches Vorstellungsleben und die Einfühlung in das Wesen von Menschen und Dingen sind bedeutsam für Schriftsteller und Betrüger.

Mondknoten: Die Kontaktfähigkeit ist notwendig für alle Berufe, die auf eine Zusammenarbeit mit anderen Menschen oder auch eine beeinflussende Tätigkeit angewiesen sind.

Diese Übersicht darf keineswegs als eine Sammlung von »Regeln zur Erkennung von Berufen« angesehen werden. Vielmehr ist es doch so, daß sich kein Beruf allein aus den Aussagen für ein Gestirn ermitteln läßt, sondern es werden jeweils verschiedene Richtungen kombiniert werden müssen. Für einen Ingenieur ist eine Verbindung von Mars mit Uranus oder Merkur mit Uranus wichtig. Wenn er Erfolg haben soll, muß der Jupiter gut gestellt sein. Bei einer Militärperson ist keineswegs nur der Mars bedeutsam, sondern es müssen auch Führungseigenschaften, Umsicht, Organisationstalent vorhanden sein. Für einen Arzt ist eine Kombination von Sonne, Jupiter und Merkur oft bezeichnend. Bei einem Gelehrten finden wir eine starke Merkurstellung, oft in Verbindung mit Saturn.

Das ist aber nur eine unvollständige Grundlage, die sich jeder Leser anhand eigener Erfahrungen ergänzen sollte. Es kommt darauf an, wie diese einzelnen Faktoren mit anderen im Kosmogramm verbunden sind.

Für mich genügte ein Blick auf das Kosmogramm (siehe Abbildung 75 auf Seite 177), um zu erkennen, daß der Junge wahrscheinlich auf der Schule nicht gut vorwärtskommen und auch für eine wissenschaftliche Tätigkeit kaum geeignet sein würde, denn Merkur Konjunktion Neptun und Merkur//Neptun hatte ich bereits in sehr vielen Fällen bei Schulkindern festgestellt, die in wissenschaftlichen Fächern versagten, aber auf anderen Gebieten Begabungen aufwiesen. Man sollte überhaupt keinem Kind sagen, daß es unbegabt ist, und ihm dadurch Minderwertigkeitsgefühle einimpfen, sondern ihm sagen, daß es anders begabt ist und durchaus im Leben vorwärtskommen kann, wenn es eben diese anderen Begabungen entsprechend ausbildet. Wo liegen nun die Begabungen? Wir kommen hierbei nicht ohne eine Aufstellung der wichtigsten Konstellationen aus.

Im MC erkennen wir eine optimistische Lebenseinstellung, Anpassungsfähigkeit, Liebe zu Abwechslung (Jupiter/Uranus), Beliebtheit, eventuell künstlerische Anlagen (Venus/Jupiter), Entwicklung des Ichbewußtseins, kraftvolles und zielbewußtes Wesen (Mond/Mars), Selbstvertrauen, Durchsetzungskraft, Ehrgeiz (Mars/Pluto).

Aus dem Sonnenstand ersehen wir: Intellektuelle Fähigkeiten, reales Denken, Beziehungen zur Öffentlichkeit (Mond/Merkur), Beeinflußbarkeit (Neptun/Pluto), sich Respekt verschaffen (Pluto/AS), Schaffenskraft, Unternehmungslust, Organisationstalent (Mars/Jupiter), gern im Vordergrund stehen, Eitelkeit (Venus/MC), Unruhe, Beweglichkeit.

Der Mond in Verbindung mit Pluto deutet auf ein extremes Gefühlsleben, Schwanken zwischen fanatischer Zielstrebigkeit und weicher Sentimentalität und in Mars/Saturn auf Willensschwäche, zeitweilige Mutlosigkeit, Krankheit sowie Brutalität und Rücksichtslosigkeit.

Der Aszendent steht in Verbindung mit der oben bereits genannten Merkur-Neptun-Konjunktion, die dadurch eine besondere Stellung im Kosmogramm erhält, denn Aszendent und Medium coeli sind immer maßgebende Punkte, deren Verbindungen mit den anderen Faktoren für das ganze Leben von Bedeutung sein können.

Analysieren wir hier etwas genauer:

Jupiter/Mondknoten = AS: Durch angenehmes und sympathisches Wesen schnell in persönlichen Kontakt kommen, harmonisches Verhältnis zur Umwelt.

Jupiter/Merkur: Gedankenaustausch pflegen, Verbindungen organisieren, gemeinsame Erfolge, gute Zusammenarbeit.

Jupiter/Neptun: Seelische Hemmungen in Verbindungen, Unschlüssigkeit, Haltlosigkeit, Unverläßlichkeit.

Mond/MC = AS: Seelische Einstellung zur Umwelt, andere Menschen seelisch erfassen.

Mond/Merkur: Seelisch beeinflußtes Denken.

Mond/Neptun: Falsche seelische Vorstellungen, seelisch in die Irre gehen.

Pluto/MC = AS: Sich unbedingt Geltung und Anerkennung verschaffen.

Pluto/Merkur: Geistige Größe, sich auf wissenschaftlichem Gebiet Geltung verschaffen, suggestiv wirken.

Pluto/Neptun: Eigenartige Lebensziele, reiche Phantasie.

Aus den weiteren Konstellationen ziehen wir noch die zur Beurteilung heran, die uns wesentlich erscheinen:

Merkur/Uranus = Mars: Rasche Erkenntnis der Lage, Mut, Entschlossenheit, sich plötzlich durchsetzen.

Sonne/Jupiter = Mars: Strebsamkeit, Eifer, Erfolg.

Mars/AS = Mondknoten: Kameradschaftlichkeit, Gemeinschaftsarbeit.

Merkur/Mars = Mondknoten: Verwirklichung der Gedanken in Verbindung mit anderen.

Merkur/Mondknoten = Venus: Verbindung mit Menschen suchen, die gleiche Interessen haben, insbesondere Kunstinteressen.

Merkur/Mondknoten = Uranus: Durch andere Personen Anregungen erhalten, mit anderen zusammen auf neue Pläne verfallen.

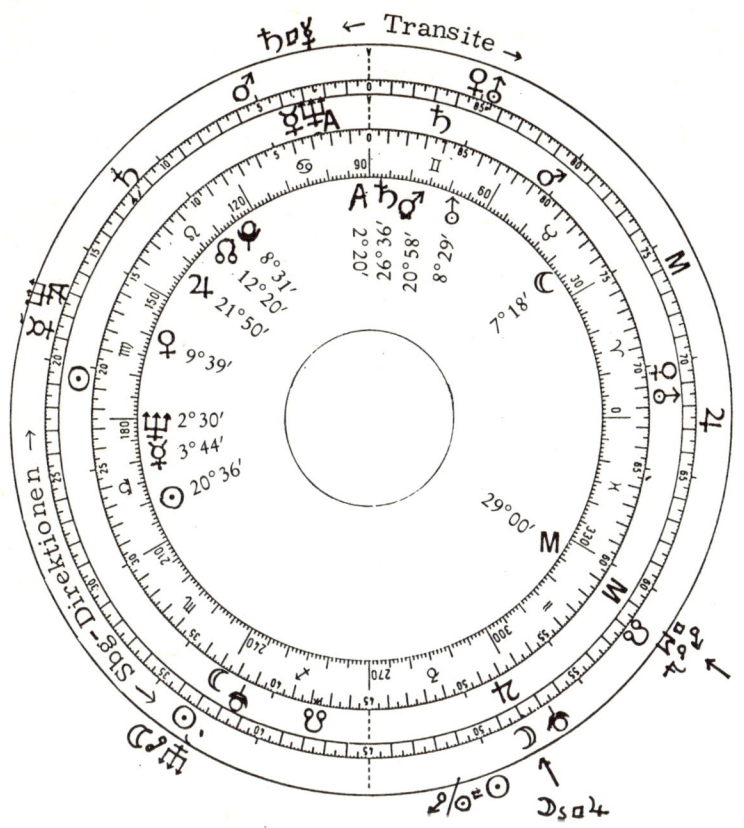

DEKLINATIONEN

☉ =	7°47'S	☽ =	6°00'N	☿ =	0°40'N	♀ =	5°18'N
♂ =	22°48'N	♃ =	14°53'N	♄ =	22°00'N	☊ =	21°37'N
♅ =	0°14'N	♇ =	23°13'N	M =	11°50'S	A =	23°26'N

Abb. 75: Kosmogramm für »Männliche Geburt«, geb. am 14. Oktober 1943.

Diese verschiedenen Einzelaussagen geben uns etwa folgende Richtlinien für die Berufswahl:

Ein wissenschaftlicher Beruf scheidet aus. Arbeitslust, Strebsamkeit und Durchsetzungskraft sind vorhanden, aber eine gleichmäßige Tätigkeit, die viel Ausdauer und Geduld erfordert, kommt weniger in Betracht. Der Beruf sollte vielmehr Abwechslung bringen. Da einzelne Anzeichen für Haltlosigkeit vorhanden sind, andererseits aber Anpassungsfähigkeit vorliegt, scheint eine Tätigkeit innerhalb einer Arbeitsgemeinschaft besser zu sein, um mit anderen gemeinsam Pläne und Ziele zu verwirklichen. Dabei liegt die Möglichkeit vor, andere Menschen seelisch zu erfassen und auf sie Einfluß zu nehmen.

Nun zum Tatbestand: Bereits während der ersten Schuljahre wurde das Geburtsbild des Kindes ausführlich untersucht. Im Jahre 1958 wurde das Kosmopsychogramm aufgestellt und in Verbindung damit bereits das Berufsproblem erörtert. Der Junge wollte einfach nicht mehr zur Schule gehen. Er wollte unbedingt Photograph werden und möglichst in der Filmbranche tätig sein. Die Eltern sahen ein, daß ein Zwang zwecklos ist. Sie nahmen Verbindung mit einem Filmstudio auf. Dabei wurde an mich die Frage gestellt, wann eine Vorstellung zwischen Ende Januar und Anfang März, möglichst an einem Freitag, im Jahre 1959 am besten wäre. Der Vater schreibt: »Für seine Zukunft hängt doch vom Erfolg dieser Vorstellung und Besprechung alles ab, denn er weigert sich nach wie vor, auch noch nächstes Jahr die Schulbank zu drücken.«

Aus unserer Abbildung ist aufgrund der Sonnenbogen-Direktionen zu ersehen, daß Mond s = Jupiter eine Wendung für den Jungen bringen könnte, die für ihn beglückend wäre. Aber die laufenden Gestirne waren keineswegs als günstig anzusehen, wie die folgenden Zeilen erläutern.

»Als bedeutsam erscheint der ›langsamlaufende‹ Jupiter im Quadrat zum MC, fällig am 10. Februar. Außerdem treten auch Mars, Sonne, Merkur und Venus in Beziehung zum MC, das ja die ›ich-bewußte Lenkung‹ andeutet. (In der Abbildung ist der Übersichtlichkeit halber nur der Jupiter mit Mars lfd eingesetzt worden.) Die angenäherte Opposition des Neptun zum Mond um den 7. Februar sollte besser vorüber sein, ebenso vielleicht auch Saturn Quadrat Merkur am 9. Februar. Andererseits sollte die Jupiterposition unbedingt ausgenutzt werden, denn es ist Jupiter = MC = Mars/Pluto = Jupiter/Uranus (lfd): Zielbewußtsein, Organisationsvermögen, ungewöhnliche Erfolge, Durchsetzungskraft.

Trotz der Saturnstellung würde ich den 9. Februar für den besten Tag halten, weil Sonne = Sonne/Mars die Leistungsfähigkeit erhöht, (falls irgendein Test vorgenommen wird), am 10. Sonne Opposition Jupiter fällig wird und am 11. Mars Quadrat MC hinzukommt, wobei Marstransite meist voraus wirken. Es ist also am 9. Februar, einem Montag, eine ›geballte Kraft‹ wirksam, wie sie hier eben benötigt wird. Freitag, der 6., steht zu sehr unter Neptun Opposition Mond, Freitag, der 13., ist etwas ›flau‹, am 20. ist auch nicht mehr viel los. Ich schlage daher den 9. oder 10. Februar als Vorstellungstag vor.« Am 20. Februar antwortete der Vater unter anderem: »Wir haben uns mit unserem Sohn am 9. Februar, wie von Ihnen vorgeschlagen, in B. vorgestellt. Ich habe zur Vorstellung die Jupiter-Mars-Opposition auf 29° Skorpion als Aszendent gewählt. (Es wurde also vom Vater auch noch das Kosmogramm für den Augenblick der Vorstellung gestellt.) Unser Sohn wurde angenommen, und der erhoffte Erfolg ist dadurch eingetreten . . .«

Es war wohl angebracht, eine solche Untersuchung so ausführlich zu schildern, da das Berufsproblem immer eine sehr große Rolle spielt.

Ein Schema für eine kosmobiologische Berufsberatung läßt sich nicht angeben, weil jeder Fall individuell gesehen werden muß. Kosmobiologische Berufsberatung heißt nicht, nur das Geburtsbild allein zu betrachten; vielmehr ist die Lebensgeschichte des Berufssuchenden notwendig; es sollten auch spezifische psychologische Tests eingesetzt werden. Zu denken ist zum Beispiel an den Berufsinteressen-Test von Dr. Irle. Hingewiesen werden darf auch auf den psychologischen Dienst der Arbeitsämter, der mit Diplom-Psychologen besetzt ist. Auf Wunsch können auch die Adressen von qualifizierten Kosmobiologen beim Verlag erfragt werden.

Gewinnkonstellationen

Immer wieder wird die Frage gestellt, ob man nicht mit Hilfe eines Kosmogramms auch errechnen könne, wann man im Fußballtoto oder im Lotteriespiel gewinnen könne. Wenn das so leicht möglich wäre, müßten ja alle, die sich mit diesem Wissensgebiet beschäftigen, bereits mehrfach gewonnen haben und reiche Leute sein. So einfach, wie man solche »Verfahren« in Zeitungsanzeigen dargestellt findet, ist es jedenfalls nicht. Ich habe selbst die »Probe aufs Exempel« gemacht und selbst bei den günstigsten Konstellationen nichts gewonnen.

In einer Wochenzeitung habe ich einmal Experimente durchgeführt. Bei 30 000 Abonnenten meldeten sich im Laufe mehrerer Monate drei Leser, die einen nennenswerten Gewinn erzielt hatten. Dabei handelte es sich aber auch um Personen, in deren Kosmogramm »Gewinne durch Spekulationen« angezeigt waren (Jupiter-Neptun-Konstellationen). Wenn an dieser Stelle ein Beispiel eingeschaltet wird, so soll daran gezeigt werden, welche kosmischen Entsprechungen sich bei einem Gewinn ergeben. Man erkennt dabei, daß es sich hier nicht um einen Fall handelt, bei dem »das Glück aus den Sternen« sofort ins Auge fällt. Ein Leser des *Kosmischen Beobachters* schrieb uns: »Mein Sohn gewann am 1. November 1957 in einem Preisausschreiben 1000 DM. Für einen Malergesellen gewiß ein willkommener und bedeutsamer Geldbetrag.« Der Sohn war am 8. September 1922 um 5.45 Uhr in Kamen geboren (siehe Abbildung 76 auf Seite 181). Berechnet man die Sonnenbogendirektionen, so ist durchaus eine Glücksmöglichkeit in dem betreffenden Jahre vorhanden durch

Sonne s Konjunktion Jupiter r
19° 12′ Waage 19° 46′ Waage

Setzen wir die laufenden Gestirne in den äußeren 90°-Kreis ein, erkennen wir, daß sich der Jupiter lfd auf den Geburtsjupiter zu bewegt und sich fast genau gegenüber der Pluto lfd be-

180

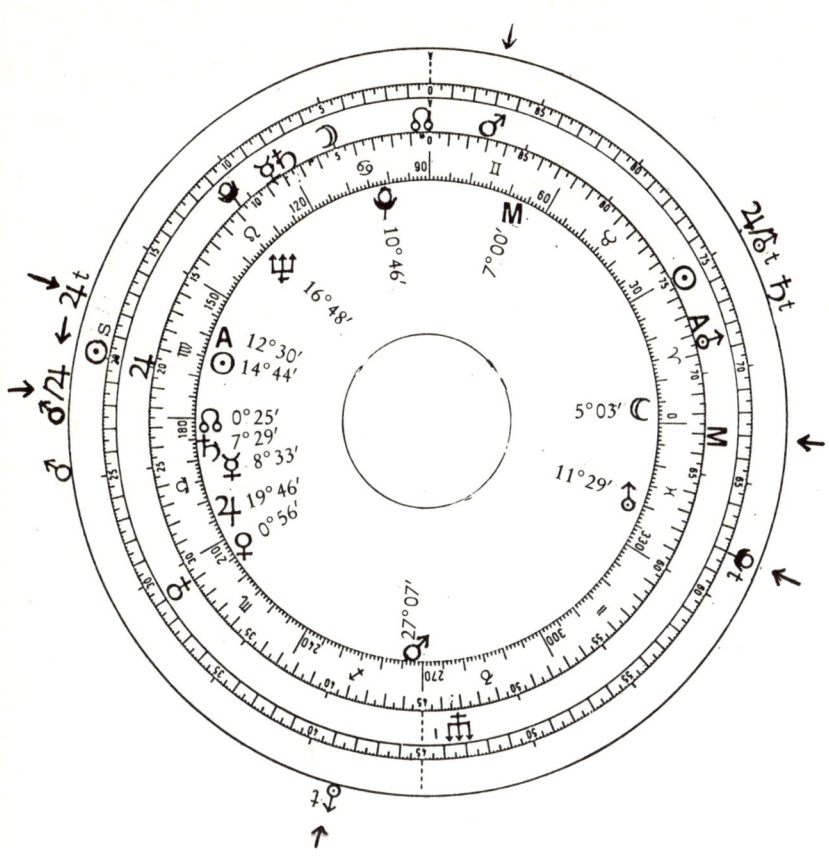

DEKLINATIONEN

$\odot$ = 6°01'N	$\mathbb{C}$ = 2°07'N	☿ = 4°14'S	♀ = 13°49'S
♂ = 26°44'S	♃ = 6°44'S	♄ = 0°56'S	↑ = 8°01'S
♅ = 15°57'N	♆ = 20°08'N	M = 21°29'N	A = 6°52'N

Abb. 76: Kosmogramm für »Gewinner«, geb. am 8. September 1922, 5.45 Uhr.

181

findet. Etwas schwerer ist zu erkennen, daß sich die Halbsumme der laufenden Planeten Mars und Jupiter auf der anderen Seite mit dem MC deckt. Schließlich sieht man Uranus t dem Mars gegenüber. Diese Konstellation kann man als Entsprechung zu einem plötzlichen überraschenden (Uranus) Ereignis (Mars) ansehen.

Macht man sich ein Bild von den Deklinationen der Geburt (siehe Abbildung 77 auf Seite 183), so sind Aussichten auf Erfolgs- oder Glücksfälle im Leben durch Sonne//Jupiter gegeben. Beide Gestirne sind im Kosmogramm nicht durch Winkel verbunden, doch löst Sonne p Konjunktion Jupiter den Gewinn aus. Aber auch in den Deklinationen wird diese Konstellation ausgelöst, denn es ist Jupiter r//Jupiter und Jupiter t//Sonne.

Man sieht daraus, daß die laufenden Konstellationen einen höheren Wert bekommen, wenn sie auch mit Parallelscheinen verbunden sind. Eine Glücks- oder Erfolgsmöglichkeit hätte man für das fünfunddreißigste Lebensjahr voraussehen können, nur wäre schwer feststellbar gewesen, daß es sich um einen Lotteriegewinn handeln würde. Hinsichtlich der Höhe des Gewinnes muß gesagt werden, daß 1000 DM im Jahre 1957 einen höheren Wert für die betreffende Person hatten als zwanzig oder dreißig Jahre später.

Aspekte und Lebensdiagramm

Als ich mich vor mehr als sechzig Jahren intensiver mit der Astrologie befaßte, wurden in den jährlichen Ephemeriden siebzehn Aspekte aufgeführt, um die Stellung eines Gestirns innerhalb des Tierkreises zu deuten. Wollte man heute die alte Aspektlehre anwenden, wie sie noch Brandler-Pracht[33] in seinen ersten astrologischen Büchern lehrte, müßten sich die verschiedenen Aspekte überschneiden, da zum Beispiel für die Sonne ein Orbis von 30 Grad, für den Mond von 15 Grad und für die anderen Gestirne von 8 bis 10 Grad (nach beiden Sei-

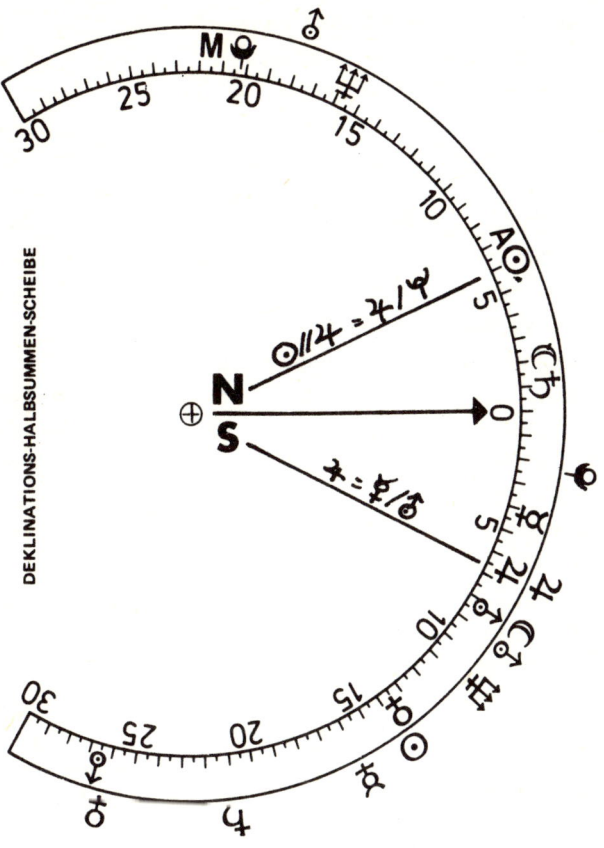

Abb. 77: Deklinationen am 1. November 1957 für »Gewinner«,
geb. am 8. September 1922, 5.45 Uhr.

ten!) möglich war. Später fand ich hierfür die Erklärung. In der
»Schicksals-Astrologie« wollte man bestimmte Lebensereignisse
mit erfassen. Ich habe den Orbis bei meinen Forschungen auf
5 Grad begrenzt. Aber auch das war noch zu viel. In *Die kosmischen Grundlagen unseres Lebens*[25] habe ich folgenden Schlüssel
herausgegeben:

Orbis bei persönlichen Punkten = 5 Grad.
bei schnellen Planeten = 2 Grad.
bei langsamen Planeten = 1 Grad.

Der Orbis wurde als größer angenommen, je individueller ein Deutungsfaktor anzusehen war, denn MC und AS bewegen sich innerhalb von vier Zeitminuten um ca. ein Grad. Der Mond bewegt sich innerhalb eines Tages 12 bis 15 Grad. Daher erhalten diese Punkte den größten Orbis. Die schnellen Planeten Merkur, Venus und Mars bewegen sich in ein bis drei Tagen um ein Grad; die langsamen Planeten können sich aber oft wochenlang in einem Grad des Tierkreises aufhalten. Ich habe mich im allgemeinen auf ein Grad Orbis beschränkt. Aber ist das immer richtig? Das soll an den Lebensdiagrammen untersucht werden.

Wie steht es nun mit der Anzahl der Aspekte? Ich habe immer den Grundsatz vertreten:

Im Kosmogramm sind die Faktoren wesentlich, die sich immer wieder in der Prognose bestätigen.

Seit es die Graphischen 45-Grad-Ephemeriden gibt, haben die Prognosen auf dieser Grundlage eine erhöhte Trefferzahl erreicht. Aber in diesen Ephemeriden, in die die persönlichen Positionen eingetragen werden, wird nur mit den Aspekten gearbeitet, die sich aus der fortlaufenden Teilung des Kreises ergeben. Bereits im Altertum legte man auch auf diese Winkel besonderen Wert, zumal sie sich aus dem Tages- und Jahresrhythmus ableiten lassen. Das sind die Winkel von 0, 45, 90, 135, 180 Grad. Schon früher habe ich festgestellt, daß Lebensereignisse immer diesen Aspekten entsprechen, keineswegs aber den Sextilen (60°) und Trigonen (120°). Die gleiche Erfahrung kann man auch bei den Lebensdiagrammen machen, die sich auch auf das 45-Grad-System stützen.

Ich habe auch noch einen wichtigen Grundsatz entdeckt, der für unsere Betrachtung wichtig ist:

Die Wirkung eines Gestirns erstreckt sich auf die Zeit, die das Gestirn braucht, um einen Grad zu durchlaufen. Die Wirksamkeit endet mit der Fälligkeit.

Demnach erstreckt sich die Wirkung des Mondes auf Stunden, die der Sonne auf einen Tag, des Mars auf etwa zwei Tage bis zur Fälligkeit, der langsamen Planeten bei Transiten oft auf Wochen und Monate vor der Fälligkeit; bei den Sekundärdirektionen kann sich die Wirkung auf viele Jahre, oft sogar auf Jahrzehnte erstrecken, wie ich in meinem Buch *Lebensdiagramme*[34] nachgewiesen habe. Betrachten wir einige Beispiele. Im Kosmogramm des Altbundeskanzlers *Helmut Schmidt* (siehe Abbildung 78 auf Seite 186 und Abbildung 79 auf Seite 187) sind Jupiter und Pluto fast sieben Grad voneinander entfernt. Nach den üblichen Regeln würde man wohl kaum von einer Konjunktion dieser Planeten sprechen. Im Lebensdiagramm wird deutlich, daß Jupiter p die Plutolinie um 1980 erreicht.

Als aber Jupiter p von der Plutolinie noch etwa ein Grad entfernt war, begann bereits der Aufstieg in der politischen Laufbahn, wobei auch Uranus p-135-Jupiter mit maßgebend ist. Durch den energischen Einsatz bei der verheerenden Wasserkatastrophe 1962 in Hamburg erlangte er große Popularität. Am 16. Mai 1974 wurde Schmidt zum Bundeskanzler gewählt. Im Mai 1982 (Jupiter p Konjunktion Pluto) wurde ihm von der Mehrheit des Bundestages das Vertrauen ausgesprochen. Schmidt erlebte gleichzeitig großes Ansehen im In- und Ausland und geriet dadurch immer mehr in Gegensatz zu seiner Partei.

Im Lebensdiagramm (siehe Abbildung 80 auf Seite 188) sieht man, wie sich Uranus p der Opposition zum Saturn näherte, was 1982 zu seiner Abwahl führte. Demnach kann ein Kosmogramm nur mit Hilfe des Lebensdiagramms vollständig beurteilt werden. Es kommt immer darauf an, ob zu einer bestimmten Zeit Aspekte im Kosmogramm durch die progressive Bewegung exakt fällig werden.

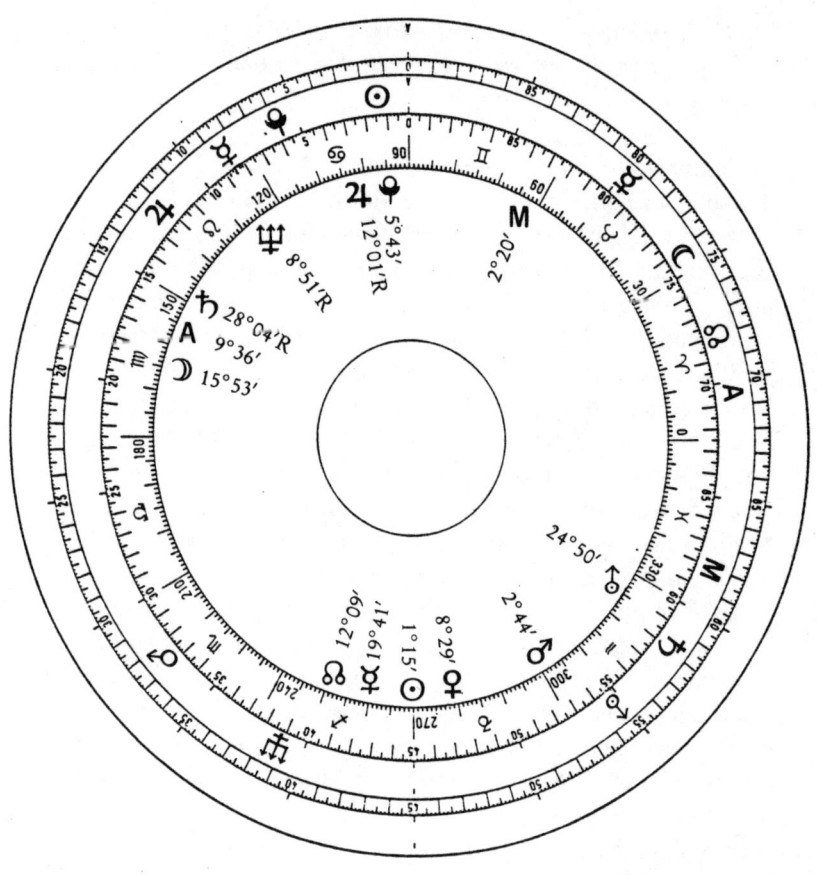

DEKLINATIONEN

☉ = 23°22'S	☽ = 0°43'N	☿ = 20°08'S	♀ = 23°57'S
♂ = 20°43'S	♃ = 22°55'N	♄ = 13°24'N	♁ = 13°55'S
♅ = 17°57'N	♆ = 19°05'N	M = 20°38'N	A = 8°22'N

Abb. 78: Kosmogramm für den ehemaligen Bundeskanzler Helmut Schmidt, geb. am 23. Dezember 1918, 22.15 Uhr.

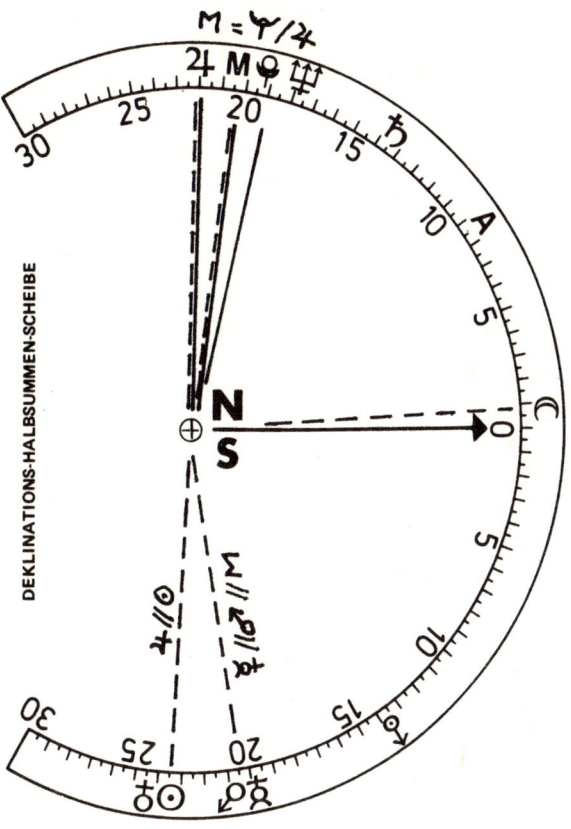

Abb. 79: Deklinationen aus dem Kosmogramm von Helmut Schmidt.

Für den Aufstieg im Leben ist es immer wichtig, ob sich auch im Deklinationsdiagramm (siehe Abbildung 81 auf Seite 189) Bestätigungen dafür ergeben. Bei Helmut Schmidt erkennt man MC//Jupiter/Pluto und Jupiter//Sonne. Der Ausschnitt aus dem Deklinations-Lebensdiagramm zeigt, wie sich Jupiter p auf die Sonnenlinie zu bewegt und bei der Ernennung zum Bundeskanzler Jupiter p//Sonne exakt wird. Dem Redetalent des Bundestagsabgeordneten, genannt »Schmidt-Schnauze«, entsprechen die Bewegungen des Merkur zu Merkur//Sonne//Jupiter und Sonne//Merkur und Sonne//Pluto.

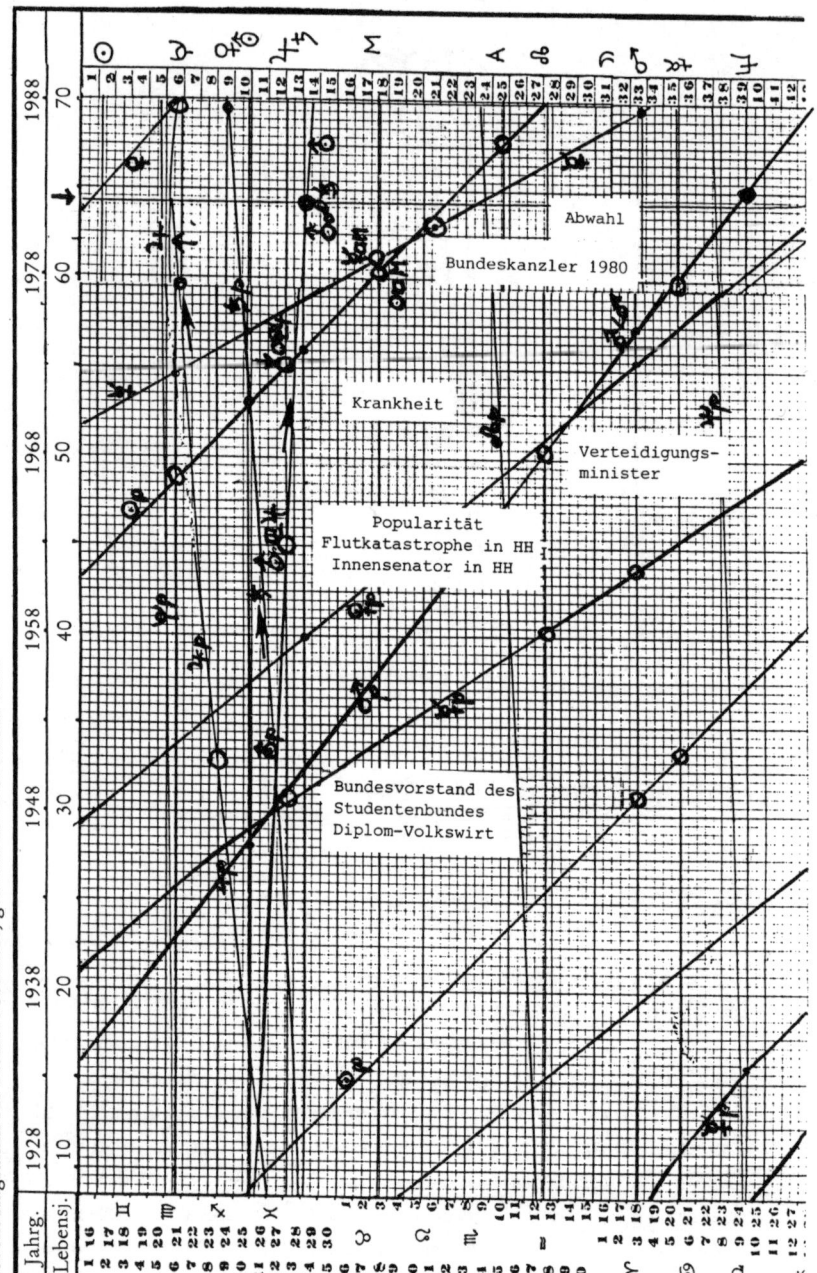

Lebensdiagramm für Helmut Schmidt, geb. am 23. Dezember 1918

Abwahl

Bundeskanzler 1980

Krankheit

Verteidigungs-
minister

Popularität
Flutkatastrophe in HH
Innensenator in HH

Bundesvorstand des
Studentenbundes
Diplom-Volkswirt

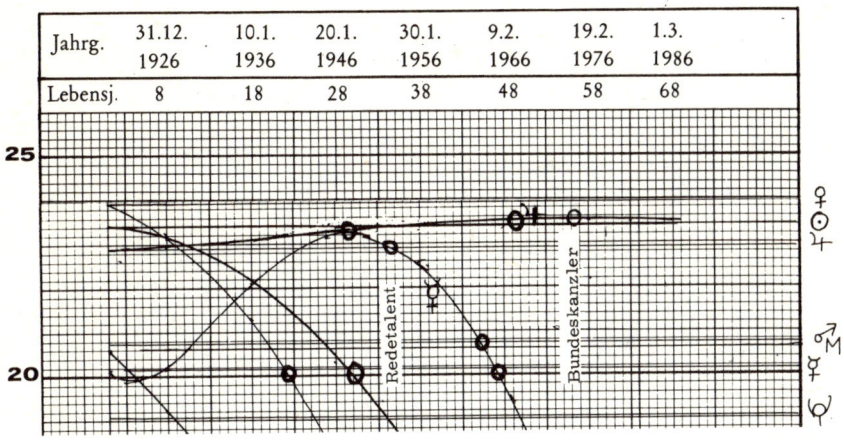

Jahrg.
31.12. 1926
10.1. 1936
20.1. 1946
30.1. 1956
9.2. 1966
19.2. 1976
1.3. 1986
Lebensj.
8
18
28
38
48
58
68
25
20
Redetalent
Bundeskanzler

Abb. 81: Ausschnitt aus dem Lebensdiagramm aufgrund der Deklinationen für Helmut Schmidt, geb. am 23. Dezember 1918, 22.15 Uhr.

Man vergleiche hierzu auch die Beispiele in dem Buch *Lebensdiagramme*[34]. Im Kosmogramm des US-Präsidenten Johnson befinden sich MC in 7° 40′ Zwillinge und Jupiter in 26° 35′ Löwe. Von einem Quadrat im Kosmogramm kann keine Rede sein. Als aber Jupiter p das exakte Quadrat zu MC erreichte, wurde Johnson Präsident der USA.

Ein sehr interessantes Beispiel ist das Kosmogramm von *Friedrich Flick*, geboren am 10. Juli 1883 gegen 23 Uhr in Ernstdorf-Kreuztal im Siegerland. Trotz Demontage und Enteignung nach dem zweiten Weltkrieg hat er in wenigen Jahren ein größeres Vermögen erworben, als er jemals vorher besaß.

In seinem Geburtsbild (siehe Abbildung 82 auf Seite 190) stehen Mars und Pluto in Konjunktion und im Halbquadrat zum Jupiter. Im 90-Grad-Kreis stehen sich Mars, Pluto und Jupiter

Abb. 80: Lebensdiagramm für Helmut Schmidt, geb. am 23. Dezember 1918.

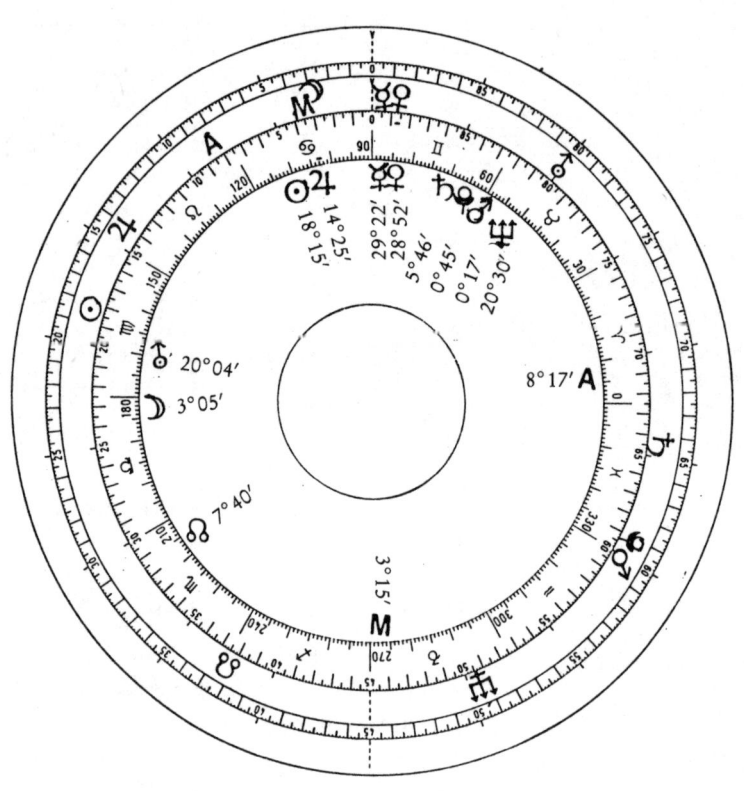

DEKLINATIONEN

⊙ = 22°13'N	☾ = 3°50'S	☿ = 22°13'N	♀ = 23°05'N
♂ = 19°52'N	♃ = 22°44'N	♄ = 19°31'N	☊ = 4°37'N
♅ = 16°14'N	♇ = 7°40'N	M = 23°24'S	A = 3°16'N

Abb. 82: Kosmogramm für Friedrich Flick,
geb. am 10. Juli 1883, 23 Uhr.

gegenüber. Das heißt also »ungewöhnliche Energie (MA, PL) mit Erfolg (JU) einsetzen«. Aber in diesem Falle lösen sich die Planeten durch progressive Bewegungen nicht selbst aus, sondern die Übergänge anderer Gestirne über diesen Komplex spielen eine große Rolle.

Friedrich Flick war der Sohn eines Landwirts, der nebenbei einen Grubenholzhandel betrieb. Sein Sohn konnte studieren und bestand 1906 die Prüfung als Diplomkaufmann. Er kehrte in die Bremer Hütte zurück, wo er bereits früher eine kaufmännische Lehre absolviert hatte. Im Alter von vierundzwanzig Jahren wurde er Prokurist und im folgenden Jahr in den Vorstand der Charlottenhütte berufen. Der Mars überschritt zu jener Zeit die Positionslinie des Uranus, wie im Lebensdiagramm (siehe Abbildung 83 auf Seite 192) zu sehen ist. Flick entdeckte damals ein Verfahren, mit dem er die Hochöfen mit Eisenspänen statt mit Erz »fütterte«. Er verwandelte dadurch das Unternehmen in eine »Goldgrube« und wurde selbst Aktionär der Hütte. Zu dieser Zeit überschritt der Merkur den »Erfolgskomplex« Jupiter–Mars–Pluto. Flick war es gelungen, die schwierige Inflationszeit nicht nur zu überstehen, sondern sie sogar zu seinem Vorteil zu verwenden. Da das Ruhrgebiet keine Expansion zuließ, erwarb er die Bismarckhütte in Oberschlesien, erlangte die Majorität in einer weiteren Hütte und faßte die verschiedenen Unternehmen 1926 in den »Vereinigten Stahlwerken« zusammen. Zu dieser Zeit überschritt die Sonne den »Erfolgskomplex«. Im Dritten Reich hielt er sich von allen Ämtern zurück, übte aber maßgeblichen Einfluß auf die Rüstungsindustrie aus.

Mitte November 1946 wurde er verhaftet (Neptun t Opposition AS) und zu sieben Jahren Gefängnis verurteilt. Zu dieser Zeit erwies sich der Übergang des Merkur über die Plutolinie nachteilig, aber der Mars richtete sich jetzt auf den »Erfolgskomplex«. Flick wurde bereits 1950 vorzeitig aus dem Gefängnis entlassen. Nachdem er durch Enteignung und Demontage seinem mitteldeutschen Besitz, 75 Prozent seines Konzerns, verloren hatte, wurde ihm die Auflage gemacht, sich von einem Teil seines Besitzes zu trennen. Er entschied sich für eine Entflechtung und bekam dafür 250 Millionen DM. Damit baute er

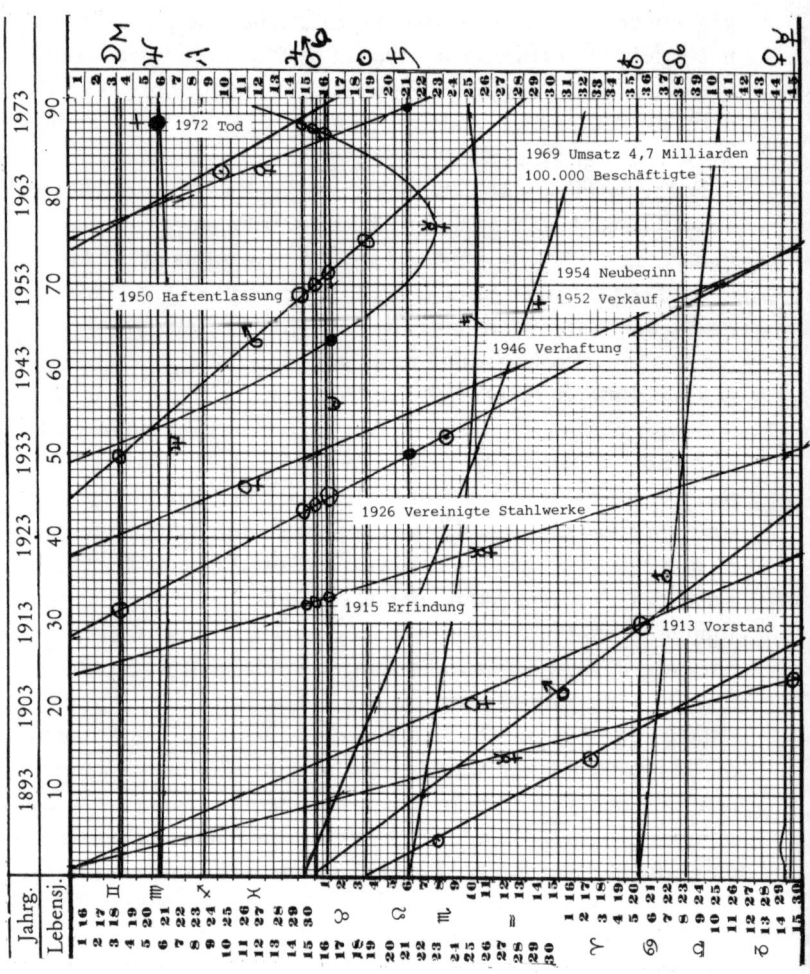

Abb. 83: Lebensdiagramm für Friedrich Flick, geb. am 10. Juli 1883.

unter der Direktion des Mars über den »Erfolgskomplex« ein neues Unternehmen auf, erwarb eine Beteiligung von ca. 40 Prozent an Daimler-Benz und einer Anzahl weiterer Unternehmen. Innerhalb von zwanzig Jahren entstand das mächtigste Industrie-Imperium der Bundesrepublik in privater Hand. 1969, als der Merkur wieder den »Erfolgskomplex« überschritt, er-

192

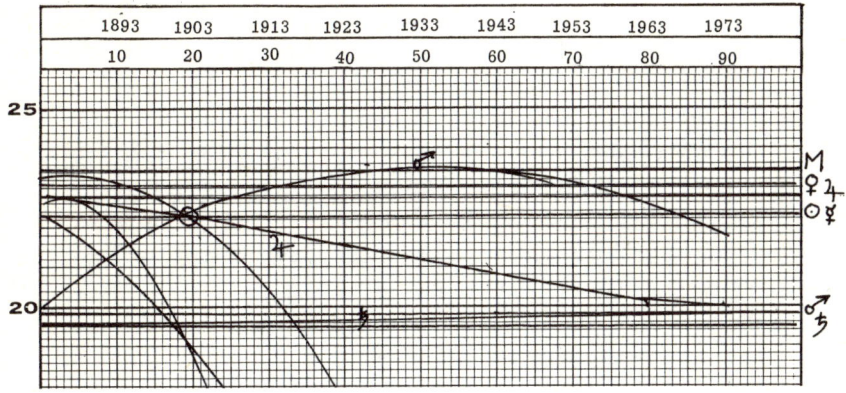

Abb. 84: Ausschnitt aus dem Deklinations-Lebensdiagramm für Friedrich Flick.

wirtschaftete das Unternehmen mit 100 000 Beschäftigten einen Umsatz von 4,7 Milliarden DM.

Bis ins hohe Alter leitete Flick das Unternehmen vorwiegend selbst. Er starb am 20. Juli 1972, nachdem der laufende Neptun seine »Erfolgskonstellation« überschritten hatte, Pluto im Quadrat zum Merkur stand und Uranus Quadrat Jupiter sein Erdendasein rasch beendete. Der Großindustrielle hatte immer einfach gelebt. So brachte er zum Beispiel seinen Erbseneintopf mit ins Büro und fuhr mit der Eisenbahn nur Dritter Klasse. Ein Blick auf das Deklinationslebensdiagramm (siehe Abbildung 84, oben) zeigt auch hier eine ungewöhnliche Erfolgskonstellation durch MC//Venus//Sonne//Jupiter//Merkur.

Zu den ungewöhnlichen Erfolgsmenschen gehört auch der amerikanische Hotelier *Conrad N. Hilton*, der nach einer privaten Mitteilung aus den USA am 25. Dezember 1887 um 5.20 Uhr in San Antonio, New Mexico, geboren worden sein soll (siehe Abbildung 85 auf Seite 195).

Schon sein Vater war sehr unternehmend. Er unterhielt einen Laden, vermietete Zimmer und Pferdeställe an Durchreisende, war Postmeister, in späteren Jahren Garagenbesitzer, und stieg als solcher auch in das Bankwesen ein. Nach dem Schulbesuch und dem abgeschlossenen Studium arbeitete Conrad Hilton für seinen Vater; er leitete eine kleine Privatpension und war gleichzeitig im Bankgeschäft tätig. Im Jahre 1913 gründeten Vater und Sohn eine Bank mit Conrad Hilton als Kassierer. Nach zwei Jahren wurde er Präsident und Teilhaber der anderen Unternehmungen seines Vaters. Nach politischer Tätigkeit und Teilnahme am Ersten Weltkrieg wollte Conrad Hilton seine Bankgeschäfte wieder aufnehmen. Da ihm dies mißlang, stieg er kurz entschlossen in das Hotelfach ein. Die Geschäfte gingen normal, und bis zum Beginn des Zweiten Weltkrieges ahnte noch kein Mensch, daß Conrad Hilton innerhalb eines Jahrzehnts zum mächtigsten Hotelier der Welt aufsteigen würde. Die Entwicklung hierzu begann 1946. Die Hotels, die sich oft durch ganz besondere Eigenarten auszeichnen, sind in den meisten großen Städten der ganzen Welt zu finden.

Es ist sehr wahrscheinlich, daß die Angaben über die Geburt richtig sind, denn MC, Merkur und Saturn liegen im 90°-Kreis in der Achse Sonne/Pluto und in Mars/Jupiter, im negativen Sinne auch in Mars/Neptun. Hieraus können wir folgende Schlüsse ziehen:

Sonne/Pluto = MC: Machtstreben, Zielbewußtsein, Führereigenschaften.

Sonne/Pluto = Merkur: Streben nach geistiger Vorherrschaft, Umsicht, Organisationstalent, Zielbewußtsein, ruheloses Schaffen, suggestiv wirkender Redner.

Sonne/Pluto = Saturn: Rücksichtslose Überwindung von Hemmungen und Schwierigkeiten.

Eine starke Stellung nimmt auch die Sonne ein. Sie ist Venus = Uranus/MC = Merkur/Uranus = Jupiter/Mondknoten = Mond/Jupiter, worin besonders das Erfassen der Lage, die immer vorhandene Handlungsbereitschaft, aber auch eine gute Zusammenarbeit und eine soziale Einstellung zum Ausdruck kommen. Im Pluto in Verbindung mit Uranus drückt sich der Revolutionär aus, der etwas Neues schaffen und Pionierleistungen vollbringen will, und das auf einem Gebiet, das den An-

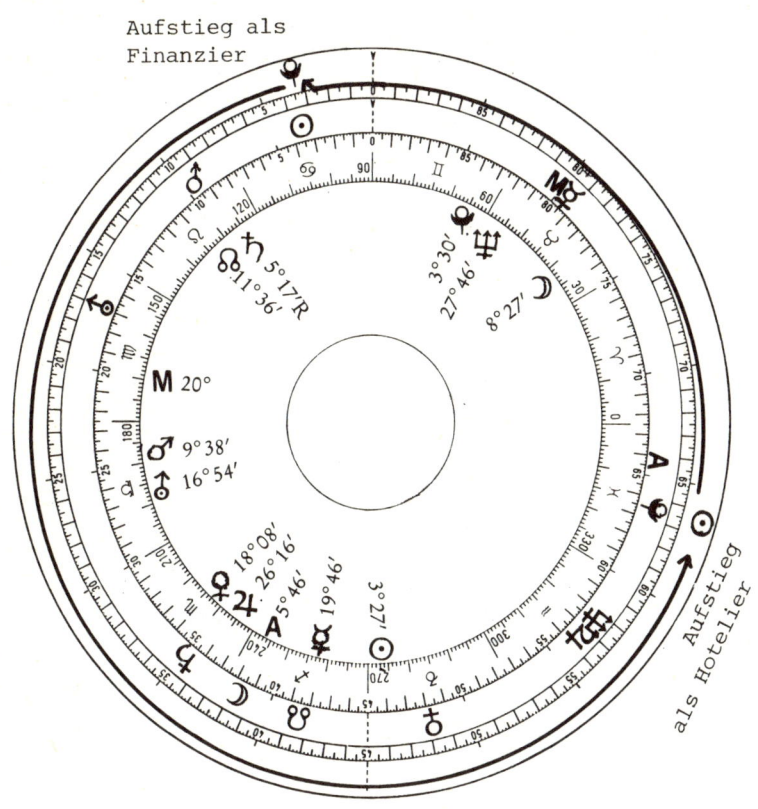

Aufstieg als
Finanzier

Aufstieg als Hotelier

DEKLINATIONEN

☉ = 23°21'S	☽ = 7°49'N	☿ = 23°13'S	♀ = 14°43'S
♂ = 2°00'S	♃ = 18°30'S	♄ = 19°24'N	☋ = 6°02'S
♅ = 17°59'N	♇ = 8°37'N	M = 3°58'N	A = 21°15'S

Abb. 85: Kosmogramm für Conrad N. Hilton,
        geb. am 25. Dezember 1887, 5.20 Uhr.

195

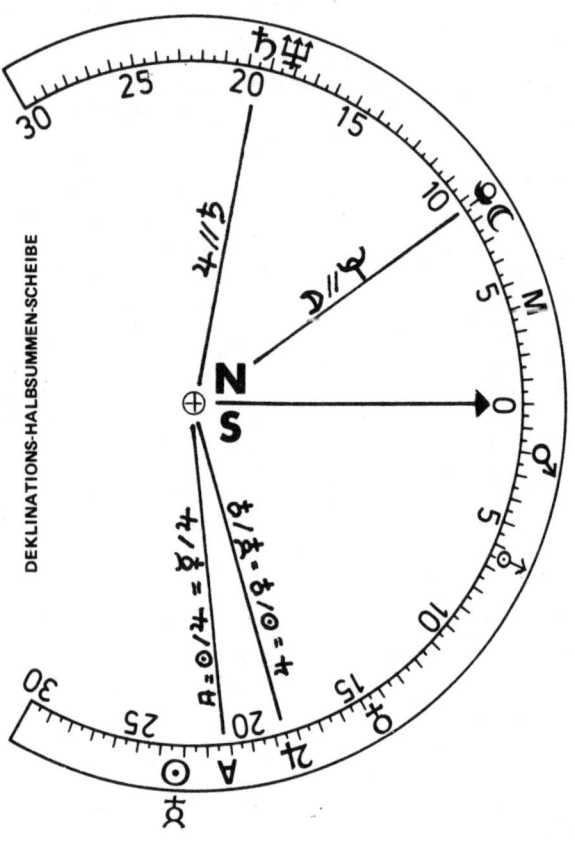

Abb. 86: Deklinations-Diagramm für Conrad Hilton.

nehmlichkeiten des Lebens ebenso dient wie beruflichen Dingen, das sowohl »der Venus als auch dem Merkur« gewidmet sein kann. Pluto befindet sich in den Achsen von Merkur/Venus und Venus/MC. Außerdem kommt darin eine gewaltige schöpferische Kraft zum Ausdruck. Der fortschrittliche Geist und der Erfolg auf neuen Gebieten wird auch in Mars = Jupiter = Sonne/Uranus bestätigt.

In diesem Lebensablauf ergeben sich zwei einschneidende Zeitpunkte für den Beginn einer erfolgreichen Entwicklung: um

196

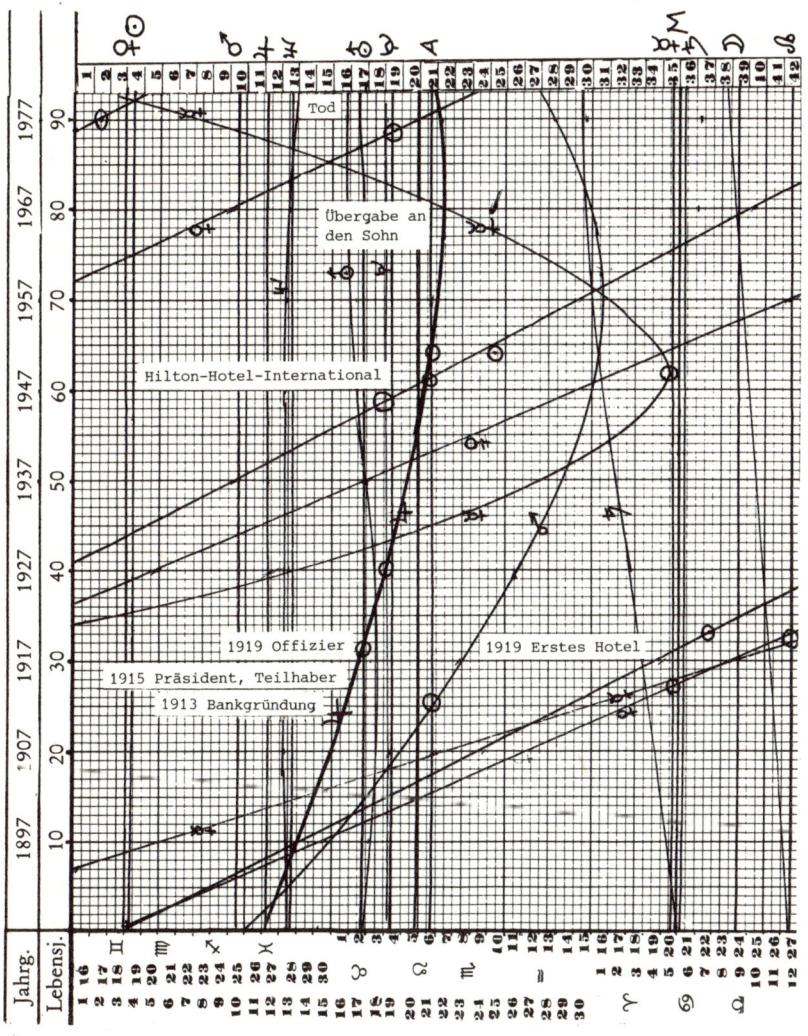

Abb. 87: Lebensdiagramm für Conrad Hilton, geb. am 25. Dezember 1887.

das 28. Lebensjahr, als Conrad Hilton Präsident im Bankgeschäft und Teilhaber an den Unternehmen seines Vaters wurde, und um das 59. Lebensjahr, als sich der gewaltige Hotelkonzern zu entwickeln begann.

Es wurde schon mehrfach gesagt, daß sich wichtige Planetenbilder in sich selbst auslösen, indem ein Faktor den anderen erreicht und umgekehrt. Das ist hier der Fall. Der Aufstieg des Finanziers verbindet sich mit Pluto s = Sonne, der Aufstieg des Hoteliers mit Sonne s = Pluto.

Um 1920 hatte er einen Mißerfolg, als es ihm nicht gelang, seine Bankgeschäfte weiter auszudehnen. Im Alter von 32 Jahren erreichte Sonne s die Opposition zu Saturn, das bedeutet, daß er in seiner Entwicklung gehemmt war.

Im Deklinationsdiagramm (siehe Abbildung 86 auf Seite 196) ist die Sonne//Merkur und AS in der Halbsumme Sonne, Merkur/Jupiter maßgebend für Intelligenz und Erfolg, Mond// Pluto für die fanatische Zielstrebigkeit und Saturn//Neptun für Krankheiten, wofür mir allerdings keine Unterlagen vorliegen. Betrachten wir das Lebensdiagramm (siehe Abbildung 87 auf Seite 197), das die gesamte Lebensentwicklung besser zeigt als die Sonnenbogendirektionen, die sich immer nur auf ein Jahr beziehen, so ist wieder die Bewegung des Jupiter p bezeichnend, der den Komplex Uranus, Pluto, Aszendent durchläuft, den Erfolg als Bankier und danach die Entwicklung zum größten Hotelindustriellen der Welt andeutend. In den USA besaß er am Schluß hundertfünfundachtzig Hotels, die zur Hilton-Corporation gehörten. Weiterhin gründete er Hotels in vierundfünfzig Ländern.

Erfolgskonstellationen

Man könnte annehmen, daß ich die Beispiele besonders ausgesucht hätte. Mit der vorgeführten Arbeitsweise kann man aber jedes beliebige Beispiel durcharbeiten und wird immer zu ähnlichen Ergebnissen kommen. Für den Erfolg im Leben sind immer im Geburtsbild Verbindungen maßgebend zwischen Jupiter, Pluto, Mars, MC. Zahlreiche Beispiele findet man in den Büchern *Direktionen – Mitgestalter des Schicksals*[35] und *Lebensdiagramme*[34].

Für einzelne Aspekte im Kosmogramm füge ich noch einige Beispiele an. Es handelt sich bei dieser kleinen Auswahl aus meinem Archiv immer um Aspekte von Konjunktion, Halbquadrat, Quadrat, Anderthalbquadrat, Opposition. Sonne – Pluto-Verbindungen

Großunternehmer: Onassis, Berthold Beitz.

Politiker: Stresemann, Carlo Schmid, Kubitschek.

Künstler, Schauspieler: Max Liebermann, Walt Disney, Robert Schumann, Hermann Hesse, Catharina Valente, Lilo Pulver, Zarah Leander, Götz George, Greta Garbo, Theo Lingen, Michelangelo, Paul Klinger, Viktor de Kowa, Maria Schell.

Wissenschaftler: Guardini, Dr. Stuhlinger, Sikorsky, Max Planck, Oppenheimer, Madame Curie.

Merkur-Pluto-Verbindungen

Wissenschaftler, Forscher: Dornier, Daimler, Lise Meitner, Prof. Oberth, Sven Hedin.

Politiker: Earl of Home, Wolfgang Leonhard, F. J. Strauß.

Dichter, Schriftsteller: Ernst Jünger, Sartre, Husserl, Goethe, W. Raabe, Ina Seidel, Doyle-Sherlok Holmes.

Jupiter-Pluto-Verbindungen

Großunternehmer: Friedrich Flick, Kurt Forberg, Erich Schott, Heinkel.

Wissenschaftler: Dr. A. Adler, W. Groth, Burkhard Heim.

Dichter, Schriftsteller: Andersen, Dr. Cronin, Hanns Johst, Friedrich Schnack, Prof. Küng, Einstein.

Wer sich das Kosmogramm des Philosophen *Karl Jaspers* betrachtet, wird kaum glauben, daß es sich hier um einen Philosophen handelt, der zu den bedeutendsten Gelehrten der Gegenwart gehörte. Die Sonne im Zeichen Fische soll die Besinnlichkeit andeuten, wie sie einem Philosophen eigen ist – aber wieviele Menschen haben die Sonne in diesem Zeichen, ohne nur einen Hang zur Philosophie zu haben? Der Mond in Konjunktion mit Uranus soll einer ständigen Unruhe entsprechen, Mars-90-Neptun gilt sowohl für die körperliche als auch geistige Verfassung als nachteilig.

Wo findet man die Konstellation, die für die geistige Größe und den Erfolg dieses Mannes maßgebend ist? Kann Mars Trigon Jupiter dafür in Frage kommen? Um klarer zu sehen, müssen wir die einzelnen Konstellationen näher untersuchen (siehe Abbildung 88 auf Seite 201).

Die Sonne sehen wir im 90°-Kreis in der Mitte zwischen zwei Komplexen: Uranus-Mond-Jupiter und Mars-Mondknoten-Neptun. Daraus gewinnen wir folgende Aussagen: Schaffenskraft, Unternehmungslust, Organisationstalent, Stolz, Ehrgefühl, Erfolg (Mars/Jupiter), Durchsetzungskraft, Unabhängigkeitsstreben, Zielbewußtsein (Mond/Mars), zu energischem und plötzlichem Handeln fähig sein (Mars/Uranus), empfindlicher Körper (Uranus/Neptun), Erregbarkeit (Uranus/Mondknoten), Kameradschaftlichkeit, soziales Empfinden (Jupiter/Mondknoten), Spekulationen (Jupiter/Neptun), Empfänglichkeit für Eindrücke (Mond/Neptun), seelische Einstellung zu anderen Menschen (Mond/Mondknoten).

Diese Zusammenstellung zeigt uns, daß man diese Gestirnverbindungen doch ziemlich positiv betrachten kann, denn es treten vornehmlich Eigenschaften des Willens hervor, die zum Vorwärtskommen im Leben notwendig sind.

Die einzelnen Komplexe führen zu folgenden Aussagen:

Jupiter = Mond = Uranus = Sonne/MC = Merkur/AS ist eine Konstellation, in der sich alle »persönlichen Punkte« ein Stelldichein geben und die daher besonders wichtig und charakteristisch sein dürfte. Positives Gefühlsleben und soziale Einstellung (Mond = Jupiter), Spannungen im Gefühlsleben, Hervor-

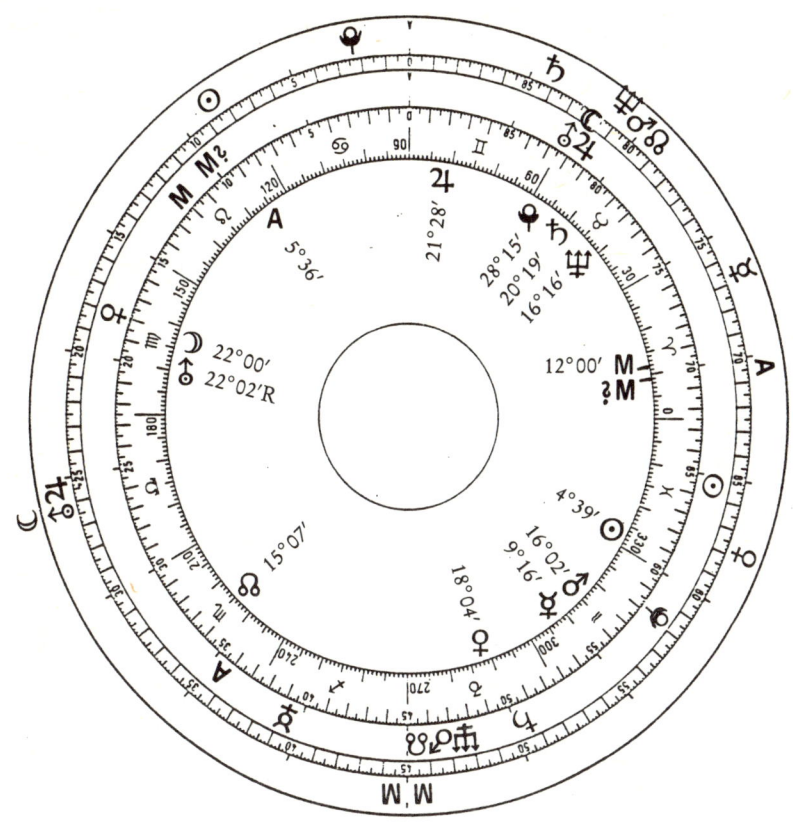

DEKLINATIONEN

☉ = 9°48'S	☽ = 0°28'S	☿ = 16°49'S	♀ = 19°35'S
♂ = 17°04'S	♃ = 23°00'N	♄ = 15°53'N	☊ = 3°54'N
♅ = 15°01'N	♇ = 6°59'N	M = 4°45'N	A = 18°54'N

Abb. 88: Kosmogramm für Karl Jaspers, geb. am 23. Februar 1883, 14.30 Uhr.

treten unterbewußter Kräfte, Eigenwilligkeit, Zielstrebigkeit, Verfolgen der eigenen Überzeugung (Mond = Uranus), Optimismus, Wissensdrang, weltanschauliche Interessen (Jupiter = Uranus), bei positiver Lebenseinstellung sein Ziel erreichen (Sonne/MC = Jupiter), ein »unruhiger Geist« bedingt Zieländerungen (Sonne/MC = Uranus), gefühlsmäßig richtiges Erkennen der Lebensziele (Sonne/MC = Mond), seelischen Kontakt mit anderen suchen (Merkur/AS = Mond), ohne dabei Aussprachen und Auseinandersetzungen zu scheuen (Merkur/AS = Uranus), in Besprechungen und Verhandlungen erfolgreich sein (Merkur/AS = Jupiter). Auch aus diesen Aussagen sprechen positive Lebensauffassung, Aktivität, Erfolgsstreben, ohne dabei die eigene Überzeugung unterzuordnen.

Aus dem anderen Komplex ergeben sich folgende Hinweise: Gefühle und Leidenschaften werden durch die geistige Haltung und inneres Höherstreben beherrscht (Mars = Neptun), wobei auch Fehlschläge durch Planlosigkeit auftreten können, Zusammenarbeit mit anderen (Mars = Mondknoten), gern mit anderen Menschen philosophieren (Merkur/Saturn = Mondknoten), seelische Hemmungen haben (Merkur/Saturn = Neptun), Auseinandersetzungen (Merkur/Saturn = Mars).

Wenn wir auch in diesem Komplex einen Hinweis auf die Philosophie erhalten, so darf man sich durch solche einzelne Aussagen nicht irreführen lassen, sondern muß untersuchen, ob eine solche einzelne Aussage auch durch andere Konstellationen bestätigt wird.

Als negativ könnte man MC = Pluto = Sonne/Saturn sehen, denn darin liegen sehr starke Hemmungen und Schwierigkeiten in der Entfaltung der eigenen Persönlichkeit. Solche Konstellationen sollte man aber keineswegs tragisch auffassen, sondern vielmehr als eine Aufgabe, sie zu überwinden. Ist es einem Menschen möglich, eine solche Aufgabe durchzuführen, so kann er sehr groß werden, schafft er es aber nicht, dann kommt er über den Durchschnitt nicht hinaus.

ist vielleicht die wichtigste Zielsetzung, die dem Menschen durch Betrachtung seines Kosmogramms gestellt wird und worin auch ihr größter Wert liegt. Wer nur die negativen Seiten seiner Geburtsfigur sieht und dadurch Angst vor der Zukunft bekommt, sollte sich lieber nicht mit diesem Wissensgebiet befassen. Wenn aber ein Berater seinem Klienten nur die kritischen Punkte aufzeigt und ihm nur angst macht – womöglich, um ihn als Dauerkunden zu behalten –, so begeht er ein Verbrechen, denn er trägt dazu bei, daß der betreffende Mensch Minderwertigkeitsgefühle entwickelt und unter Umständen sogar versagt und lebensuntüchtig wird.

In unserem Beispiel wird uns die Merkurposition noch Wesentliches zu sagen haben, denn es ist Merkur = Sonne/MC = Venus/Pluto = Mondknoten/AS. Daraus ergibt sich eine individuelle Einstellung des Menschen zur Außenwelt sowie ein Nachdenken über sich selbst (Sonne/MC), das Suchen nach geistigen Anregungen durch andere, ein vielseitiges Interesse und die Aufnahmebereitschaft für die Gedanken anderer, die Freude am Lernen und Forschen (Mondknoten/AS), künstlerische Begabung (Venus/Pluto).

Ein Überblick über diese wesentlichen Konstellationen führt in der Auswahl der Berufsart zu folgenden Hinweisen: Wenn es auch die sonstigen Verhältnisse gestatten (der Vater war in diesem Falle ein Bankdirektor), so wird ein wissenschaftlicher Beruf vorzuziehen sein, der auch eigenwilligen Bestrebungen und der Vertretung einer eigenen Überzeugung Raum läßt. Dabei ist es durchaus möglich, daß zuweilen Zieländerungen eintreten und auch ungewöhnliche Schwierigkeiten überwunden werden müssen. Das Leben kann zuweilen etwas wechselvoll verlaufen, aber es dürfte erfolgreich sein und die volle Entfaltung der eigenen Persönlichkeit ermöglichen.

Auf der Seite 100 habe ich gezeigt, wie das Wesen eines Menschen in großen Zügen durch die Typenkomposition zu erfassen ist. In der folgenden Grafik ist die Typenkomposition von Jaspers im Vergleich mit anderen Philosophen wiedergegeben. C. G. Jung war der Begründer einer psychologischen Richtung; er schloß auch die Astrologie in sein Weltbild mit ein; Oswald Spengler war der bekannte »Philosoph des Abendlandes«, und Albert Schweitzer war Mediziner und Religionsphilosoph. In allen Fällen überwiegt der gespannte Innenmensch.

Der Innenmensch oder Introvertierte (nach C. G. Jung) zeigt ein zögerndes, reflexives Wesen und scheint sich immer etwas in der Defensive zu befinden. Der gespannte Innenmensch zeigt die gleiche Gespanntheit wie der SA-Typ, richtet sie aber nicht nach außen, sondern nach innen. Er versucht nicht gleich, mit seinem Willen auf andere Menschen einzuwirken, sondern er schließt sich von der Außenwelt ab, verbraucht seine Energie, um in sich selbst etwas zu durchdenken, zu formen. Erst wenn eine Idee in ihm selbst Gestalt angenommen hat, versucht er, sie planmäßig und systematisch zu verwirklichen. Der SA-Typ schafft mit und durch andere, der SI-Typ wirkt durch seine geschlossene Haltung, ist oft sogar schüchtern und verlegen, läßt sich aber weder beeinflussen noch von seiner einmal gewonnenen Überzeugung abbringen, um sich konsequent durchzusetzen. Ich habe mich in meinen Aussagen niemals auf einzelne Beispiele verlassen, sondern ich habe immer versucht, Vergleiche anzustellen und auch diese Vergleiche durch Zeichnungen zu erläutern.

Um einen Überblick über das Leben von Karl Jaspers zu gewinnen, betrachten wir zunächst das Lebensdiagramm auf progressiver Grundlage (siehe Abbildung 89 auf Seite 207). Den Ablauf erkennt man immer zunächst durch die langsamen Planeten, die sich auf andere Positionslinien zu bewegen. Demnach bewegt sich Neptun p langsam auf die Saturnlinie zu, würde diese aber erst in hohem Alter erreichen, könnte also einer Alterskrankheit entsprechen. Der Saturn bildet nach dem fünfzigsten Lebensjahr ein Halbquadrat zum MC. Demnach könnte man in den mittleren Lebensjahren oder kurz danach mit einer persönlichen oder beruflichen Krise rechnen.

Der Jupiter bewegt sich bereits in der Kindheit über die Linien von Uranus und Mond, was für die geistige Entwicklung günstig sein kann. Zwischen dem dreißigsten und vierzigsten

SA

SI

LA

LI

Karl Jaspers

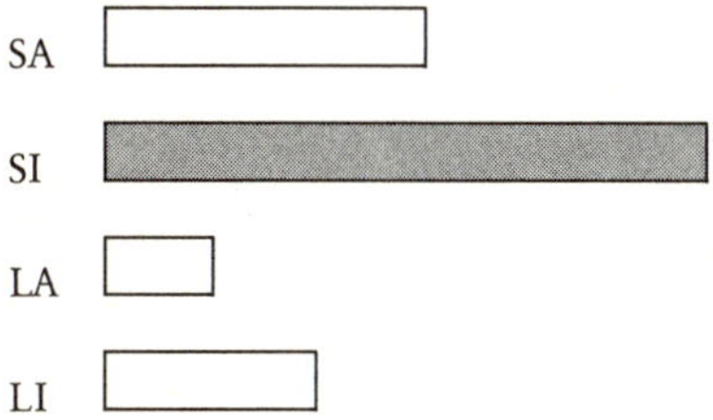

SA

SI

LA

LI

C. G. Jung

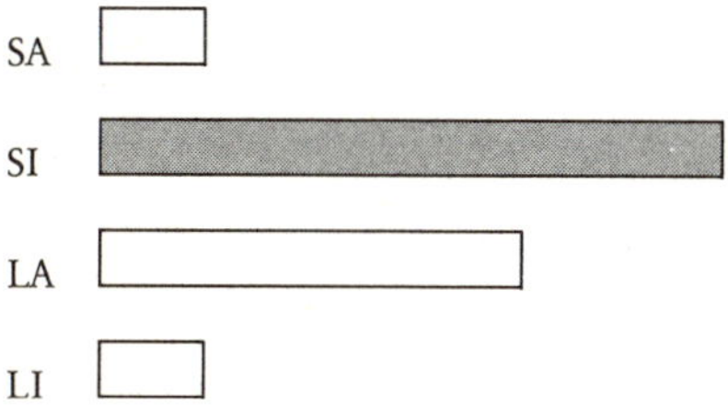

SA

SI

LA

LI

Oswald Spengler

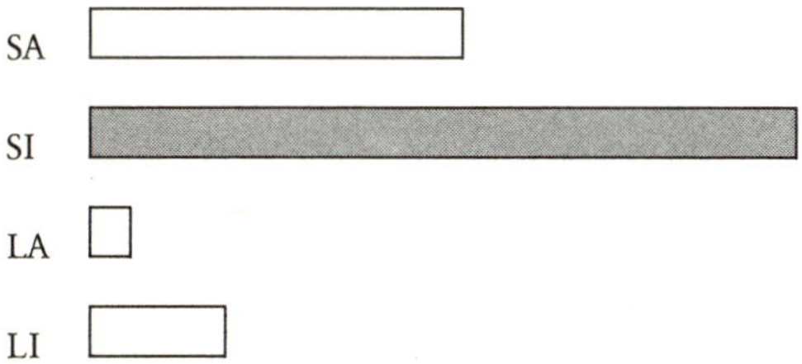

SA

SI

LA

LI

Albert Schweitzer

Lebensjahr könnte der Jupiter in Verbindung mit der Merkurlinie einen besonderen Erfolg bringen, wahrscheinlich auf
wissenschaftlichem Gebiet (Merkur). Diese Vorschau auf das
ganze Leben hat sich bestätigt, ohne irgendwelchen Deutungs-
spekulationen oder Symbolauslegungen verfallen zu sein.

Schulzeit und Universitätsstudium dürften ohne große Störungen verlaufen sein. Jaspers wollte zunächst Jura und Medizin studieren, wechselte mehrfach die Universität und wurde
nach der Promotion 1908 als wissenschaftlicher Assistent an der
Psychiatrischen Klinik angestellt. Der erste Erfolg stand unter
Mars Konjunktion Sonne (= Mars/Jupiter). Mit der Bewegung des Jupiter in Richtung zum Merkur konnte mit einer
erfolgreichen Entwicklung in der nächsten Zeit gerechnet werden, zumal auch weitere positive Konstellationen gebildet wurden. Er habilitierte 1913, als die Sonne p das Halbquadrat zum
Saturn überschritten hatte. Es ist nicht bekannt, ob sich in dieser Zeit irgendwelche Schwierigkeiten ergeben haben. Wahrscheinlich hat ihn das Gebiet der Medizin nicht ganz befriedigt,
so daß er immer mehr den Weg zur Philosophie beschritt. Dort
lagen auch die großen Erfolge. In diesen Jahren überschritt
wahrscheinlich die Sonne das MC, wodurch eine Änderung in
der persönlichen Einstellung (MC) und der beruflichen Zielsetzung eintrat. Es hat sich auch weiterhin bestätigt, daß das MC
in etwa 10 Grad und nicht 12 Grad Widder zu suchen ist. Das
MC in 10 Grad liegt in der Achse Sonne/Neptun, Mars, Mondknoten und Saturn/Pluto. (Mit Lust und Liebe arbeiten, sich
durchsetzen; Enttäuschungen erleben; Verbindungen zur Öffentlichkeit; sich in schwierigen Verhältnissen emporarbeiten.)
Mit dem Übergang der Sonne über Pluto wurde auch der beruf-
liche Höhepunkt erreicht durch die Ernennung zum Ordina-
rius. Um 1932 erlangte Jaspers durch das Buch *Philosophische
Weltorientierung* und weitere Werke Weltruf.

Aber der Saturn bewegte sich in Richtung auf das MC. Er erreichte das neu ermittelte MC um 1937. 1933 hatte Hitler die
Macht ergriffen; alle Deutschen mußten den Ariernachweis
erbringen. Bei Karl Jaspers stellte sich heraus, daß er mit einer
jüdischen Frau seit 1910 verheiratet war. Aus diesem Grunde

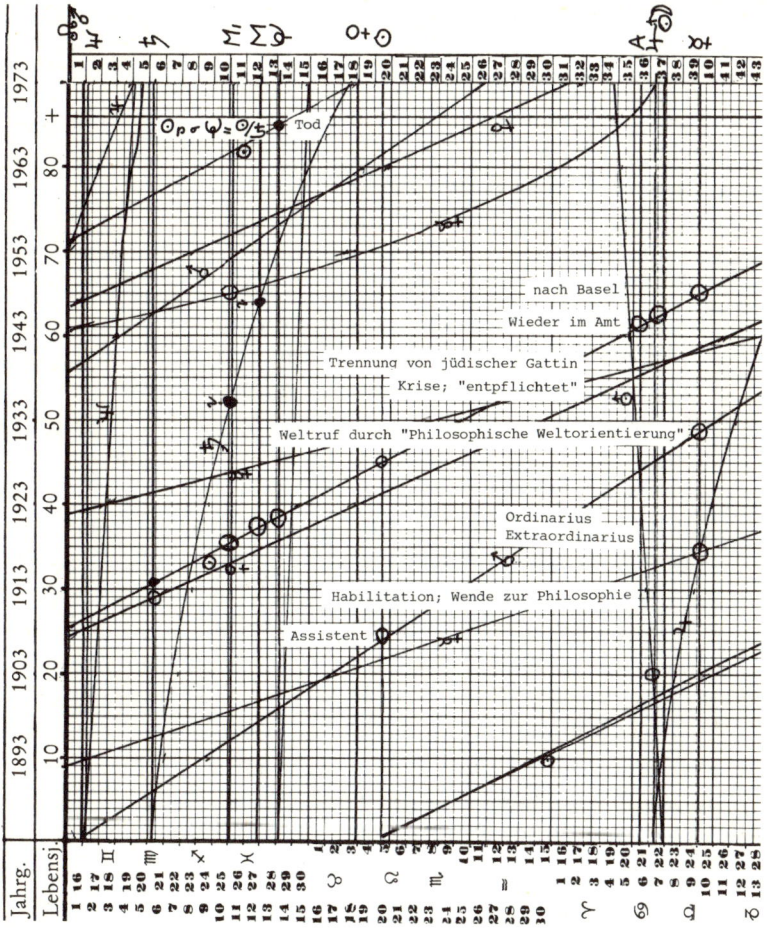

Abb. 89: Lebensdiagramm für Karl Jaspers, geb. am 23. Februar 1883.

wurde Jaspers am 30. Juni 1937 »entpflichtet«, das heißt, er mußte seinen Lehrstuhl aufgeben. Aber er hatte dabei noch Glück, daß er sich weiter schriftstellerisch betätigen durfte. Würde man die alte Position von MC beibehalten, so wäre diese Lebenskrise im Lebensdiagramm nicht sichtbar. Als der Merkur wieder über das neu ermittelte MC ging, konnte Jaspers seine Lehrtätigkeit wieder ausüben. Es wäre ein Widerspruch, wenn man annehmen wollte, daß zu dieser Zeit der Übergang des Saturn über das ursprüngliche MC richtig wäre.

Der Tod erfolgte, als die Sonne p über Pluto ging, der sich in Sonne/Saturn befindet.

Während das Lebensdiagramm in großen Zügen einen Überblick über das Leben gestattet, beziehen sich die Sonnenbogendirektionen immer nur auf ein bestimmtes Lebensjahr.

Betrachten wir zunächst das vierunddreißigste Lebensjahr, in dem er nach und nach mehr zur Philosophie neigte als zur Medizin. Die Sonne s kommt in die Nähe von MC 1 = Sonne/Mars, Neptun, Mondknoten = Saturn/Pluto, worin wohl der Wille liegt, einen inneren Zwiespalt zu überwinden. Wesentlich ist aber die Bewegung von MC 1 auf den Mondknoten zu, der sich in Merkur/Saturn befindet.

Wie man in *Kombination der Gestirneinflüsse* nachlesen kann, bezeichnet Merkur/Saturn den Denker und Philosophen; unter Mondknoten = Merkur/Saturn (Nr. 0503) kann man nachlesen: »Gern mit anderen Menschen philosophieren.« Eine bessere Aussage zu dieser Konstellation und der Lebenswende ist wohl kaum möglich. Wäre aber MC in seiner ursprünglichen Stellung richtig, dann würde sich MC mit Neptun decken, das hieße »in die Irre gehen«. Das andere wesentliche Ereignis war die »Entpflichtung« am 30. Juni 1937.

Stellt man auf dem Arbeitsgerät das Geburtsbild mit den vorgeschobenen Sonnenbogen-Positionen ein (siehe Abbildung 90 auf Seite 209), so fallen wieder zwei markante Konstellationen auf. Der Komplex Mondknoten, Mars, Neptun fällt auf M 1, also wieder eine Bestätigung dafür, daß die Geburtszeit etwa acht Zeitminuten früher liegen dürfte. Eine weitere Bestätigung ergibt, daß M 1 s sich mit der Sonne deckt. Die Krise wurde aber besonders dadurch ausgelöst, daß sich der Komplex Uranus, Mond, Jupiter mit dem Komplex Mondknoten, Mars, Neptun deckt, wobei der Neptun als Enttäuschungsfaktor anzusehen ist.

Karl Jaspers hat noch Glück gehabt; der Philosoph Albert Einstein, der selbst Jude war, mußte nach den USA auswan-

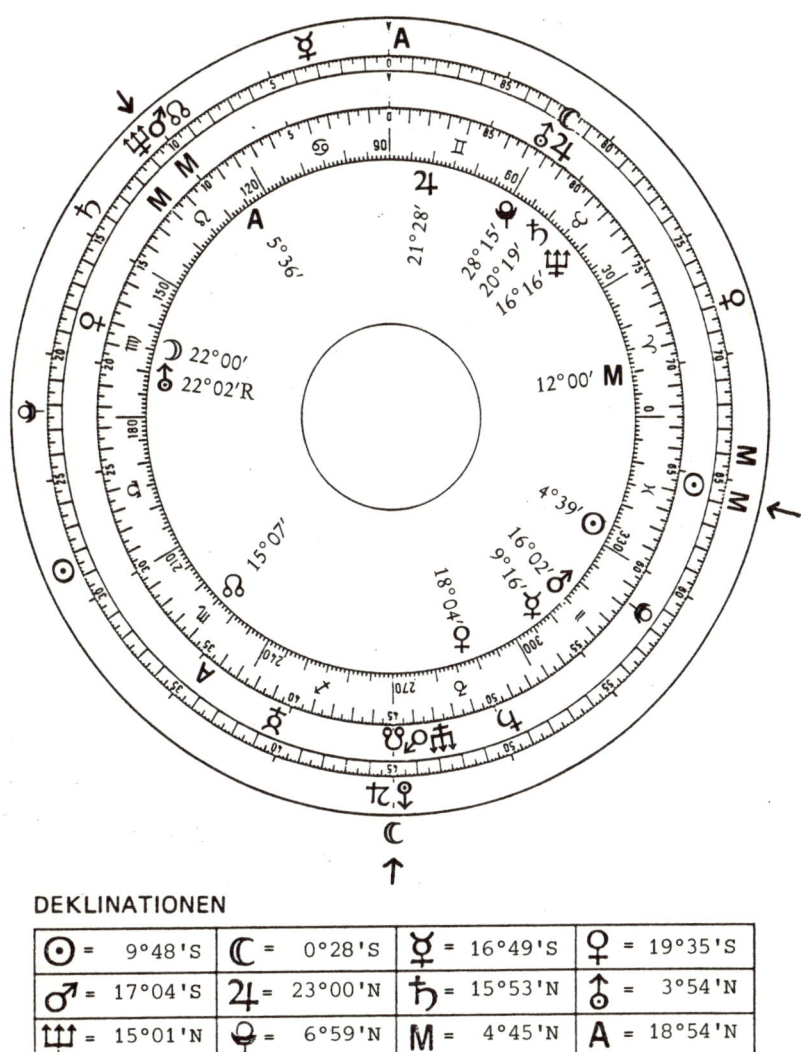

DEKLINATIONEN

☉ = 9°48'S	☾ = 0°28'S	☿ = 16°49'S	♀ = 19°35'S
♂ = 17°04'S	♃ = 23°00'N	♄ = 15°53'N	⚷ = 3°54'N
♅ = 15°01'N	♆ = 6°59'N	M = 4°45'N	A = 18°54'N

Abb. 90: Kosmogramm für Karl Jaspers, geb. am 23. Februar 1883, für das 34. Lebensjahr mit den vorgeschobenen Sonnenbogen-Positionen.

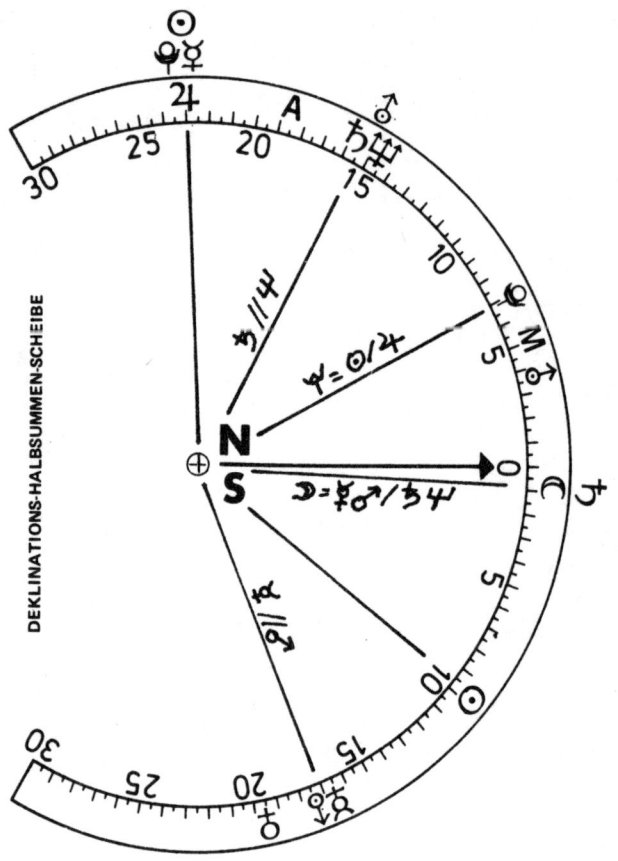

Abb. 91: Deklinations-Diagramm für Karl Jaspers.

dern. Mond und Uranus s decken sich dabei mit der »Philosophenkonstellation« Merkur/Saturn. Übrigens ist diese Konstellation auch in den Deklinationen (siehe Abbildung 91) durch Merkur//Saturn enthalten.

Ich bitte zu verstehen, daß ich nicht jedes Beispiel in allen Einzelheiten behandeln kann; dafür habe ich versucht, die einzelnen Fälle immer wieder von einer anderen Seite anzugehen. Hinsichtlich der von Jaspers vertretenen Existenzphilosophie sei es gestattet, einige Sätze von Arthur Hübscher über den Philosophen Karl Jaspers zu zitieren:

»Seine Haltung wurzelt im ursprünglichen Wissenwollen (Jupiter = Uranus), sein Denken ist ein ›Tun (Mars) im inneren Handeln‹ (Neptun), ob es erhellend, erweckend, verwandelnd (Mond = Uranus) wirkt. Immer wieder führt es zu einem Existenzbewußtsein, das sich als etwas Unbedingtes, Unübersteigliches erweist, als Krankheit, als Kampf, als Schuld, als Tod – als eine jener Grenzsituationen, vor denen sich das (echte) existierende Sein, das Vorhandensein in der Welt, von einem transzendentalen An-Sich-Sein scheidet (Mars-Neptun). Er sucht die Ruhe durch ständiges Erwecken unserer Unruhe (Mond-Uranus). Alle Unwahrheit, so sagte er, kommt aus der Festsetzung von Glaubensinhalten. Mit Glaubenskämpfern ist nicht zu reden. Alle Wahrheit aber ist nur in der immer neuen Gegenwärtigkeit des ›Umgreifenden‹ gegeben, in einem steten Vordringen zum andern (Mond = Uranus = Jupiter). Und wenn wir wissen, daß der Mensch gerade im Höchsten und Besten immer wieder scheitern muß, so hat eben doch dieses Scheitern seinen Sinn.«

Der Mensch im Weltgeschehen

Geozentrische und heliozentrische Betrachtung

Der einzelne Mensch bleibt bis zu einem gewissen Grad immer mit dem Gesamtgeschehen verbunden: sei es, daß die Witterung seine Stimmung beeinflußt, daß er von seinem Wohnklima abhängig ist, daß er vom Geschehen in der Luft oder auf der Erde aus seinen Gedanken gerissen wird oder auch von den Mitmenschen seiner privaten oder beruflichen Umwelt beeindruckt wird. Aus diesem Grund sollte man möglichst vielseitige Betrachtungen anstellen, um die vielen Fäden zu erkennen, mit denen Kosmos, Erde und Mensch miteinander verknüpft sind. Diese Fäden sind unsichtbar wie viele Strahlen, aber man spürt sie; teilweise sind sie sogar im voraus berechenbar. Diese Tatsachen überschreiten oft unser Vorstellungsvermögen, so daß man sie sich an primitiven Beispielen veranschaulichen muß.

Legen wir ein Hühnerei auf die Erde, dann können wir uns vorstellen, daß Ei und Erde in einem ähnlichen Verhältnis stehen wie Erde und Sonnensystem. In dem Hühnerei ist Leben; es kann ausgebrütet werden. Vielfältig aber sind die Einwirkungen, denen das Ei ausgesetzt sein kann, ohne daß sich das darin befindliche Leben wehren kann. Das Ei kann durch einen Stoß, durch Hitze oder Kälte gefährdet sein, ein Vogel kann es anpikken, ein größeres Tier auffressen oder der Mensch kann es zu seiner Ernährung verwenden. Ebenso wie das Ei auf der Erde zahlreichen Einwirkungen ausgesetzt ist, ist auch die Erde dem kosmischen Geschehen gegenüber zahlreichen Einflüssen unterworfen, ohne sich dagegen wehren zu können. Der Mensch auf der Erde kann sich nur aufgrund seiner Fähigkeiten den verschiedenen Einwirkungen anpassen oder sie auch für seine Zwecke ausnützen.

Solange der Mensch die Erde als eine Welt für sich betrachtete, konnte er das gesamte Geschehen auch nur von der Erde aus ansehen, was er mit seinen Augen zu erfassen vermochte. Er konnte gar nicht anders als »erdhaft« denken und sehen. Der

Blick öffnete sich in unermeßliche Weite, als erkannt wurde, daß nicht die Erde die Welt ist, sondern nur ein Teil des Sonnensystems innerhalb des Alls mit vielen weiteren Fixsternwelten.

Jedes Gestirn ist aber nicht als ein toter Körper anzusehen, sondern auch als ein Wirkungsfaktor, der sich nicht nur durch seine Bewegung im Verhältnis zu anderen Gestirnen verändert, sondern auch im Zusammenwirken mit anderen Gestirnen. Es wurde immer wieder durch Beobachtung festgestellt, daß hierbei bestimmte Winkelbeziehungen eine Rolle spielen, die aber ein ganz anderes Bild ergeben, je nachdem, ob wir die Erde oder die Sonne als Winkelpunkt wählen, ob wir die Gestirne in ihrem Zusammenspiel geozentrisch oder heliozentrisch betrachten.

In dem Ausschnitt aus der graphischen geozentrischen 45°-Ephemeride für die Jahre 1985 bis 1990 (siehe Abbildung 92) sind die geozentrischen und die heliozentrischen Bahnen der Gestirne aufgezeichnet. Die Bahnen der langsam laufenden Planeten habe ich verstärkt, so daß man sie besser unterscheiden kann. Die gradlinigen Bahnen betreffen die heliozentrischen Bewegungen, die Kurven sind die geozentrischen Bewegungen. Man muß sich vorstellen, daß die Gestirne um die Sonne kreisen. Von der Erde aus gesehen kommen sie daher in ihrem direkten Lauf auf die Erde zu, bleiben dann scheinbar stehen und bewegen sich dann um die Sonne in ihrer Bahn zurück, haben dann jenseits der Sonne wieder von der Erde aus gesehen ihren scheinbaren Stillstand und laufen dann wieder direkt auf die Erde zu. In Abbildung 92 sind die heliozentrischen Bahnen beschriftet und mit einem »h« versehen. Man sieht, wie sich die geozentrischen Bewegungen in einer Schlangenlinie um die heliozentrischen Bahnen bewegen. Im oberen Teil laufen Neptun

Abb. 92: Ausschnitt aus der graphischen geozentrischen 45°-Ephemeride für die Jahre 1985 bis 1990. Zusätzlich zum Verlauf der geozentrischen Bahnen (Kurvenlinien) sind die heliozentrischen Bahnen (gerade Linien) eingezeichnet.

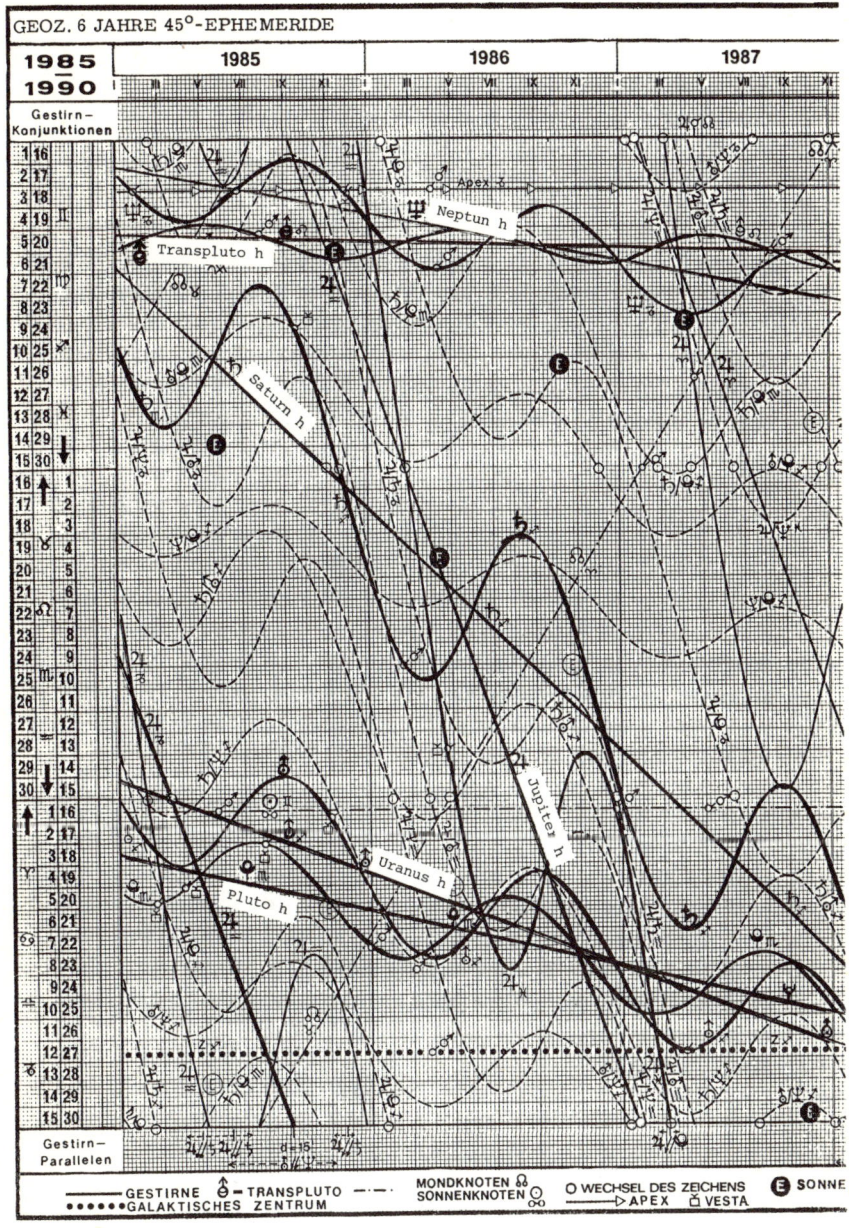

und Transpluto aufeinander zu; sie bilden 1986 ein Andert-halbquadrat. Heliozentrisch ist der Aspekt nur einmal, geozen-trisch aber dreimal fällig.

Von größerer Bedeutung ist im unteren Teil der graphischen Ephemeride die Verbindung von Uranus und Pluto in ein Halb-quadrat. Heliozentrisch ist dieser Aspekt Ende 1986 fällig, geo-zentrisch das erstemal bereits im Frühjahr, dann im Sommer und zuletzt Anfang 1987. Diese Konstellation wird voraussicht-lich auf vielen Gebieten eine große Wende auf wissenschaft-lichem und technischem Gebiet bringen, aber auch in politi-scher und wirtschaftlicher Beziehung. Hierzu ist es notwendig, auch die Deklinations-Ephemeride hinzuzuziehen. Wer sich für die heliozentrische Weltbetrachtung interessiert, findet eine ausführliche Anleitung und reiches Anschauungsmaterial in meinem Buch *Das Doppelgesicht des Kosmos*. Gerade in der Kos-mospolitik und in der Wetterbeobachtung ist die heliozentri-sche Arbeitsmethode unbedingt notwendig.

Wer sein eigenes Geburtsbild auch heliozentrisch beobachten will, muß natürlich auch das Kosmogramm aufgrund der helio-zentrischen Ephemeride berechnen. Das war früher sehr um-ständlich, da man hierzu jeweils das Astronomische Jahrbuch seines Geburtsjahres einsehen mußte. Ich habe im Jahre 1960 ei-ne heliozentrische Ephemeride herausgebracht, die aber längst vergriffen ist. Dafür ist jetzt eine heliozentrische Ephemeride[38] in Amerika erschienen, in der auch die täglichen Aspekte ange-führt sind.

In der graphischen heliozentrischen 45°-Ephemeride für die Jahre 1981 bis 1990 (siehe Abbildung 93) erkennt man die Ver-bindung von Uranus und Pluto im Jahre 1986; Ende 1985 kreu-zen sich die Bahnen von Jupiter und Neptun; Jupiter kreuzt genau das Halbquadrat von Uranus mit Pluto. Anfang 1988 er-geben sich nacheinander Kreuzungspunkte von Jupiter mit Plu-

Abb. 93: Graphische heliozentrische 45°-Ephemeride für die Jahre 1981 bis 1990.

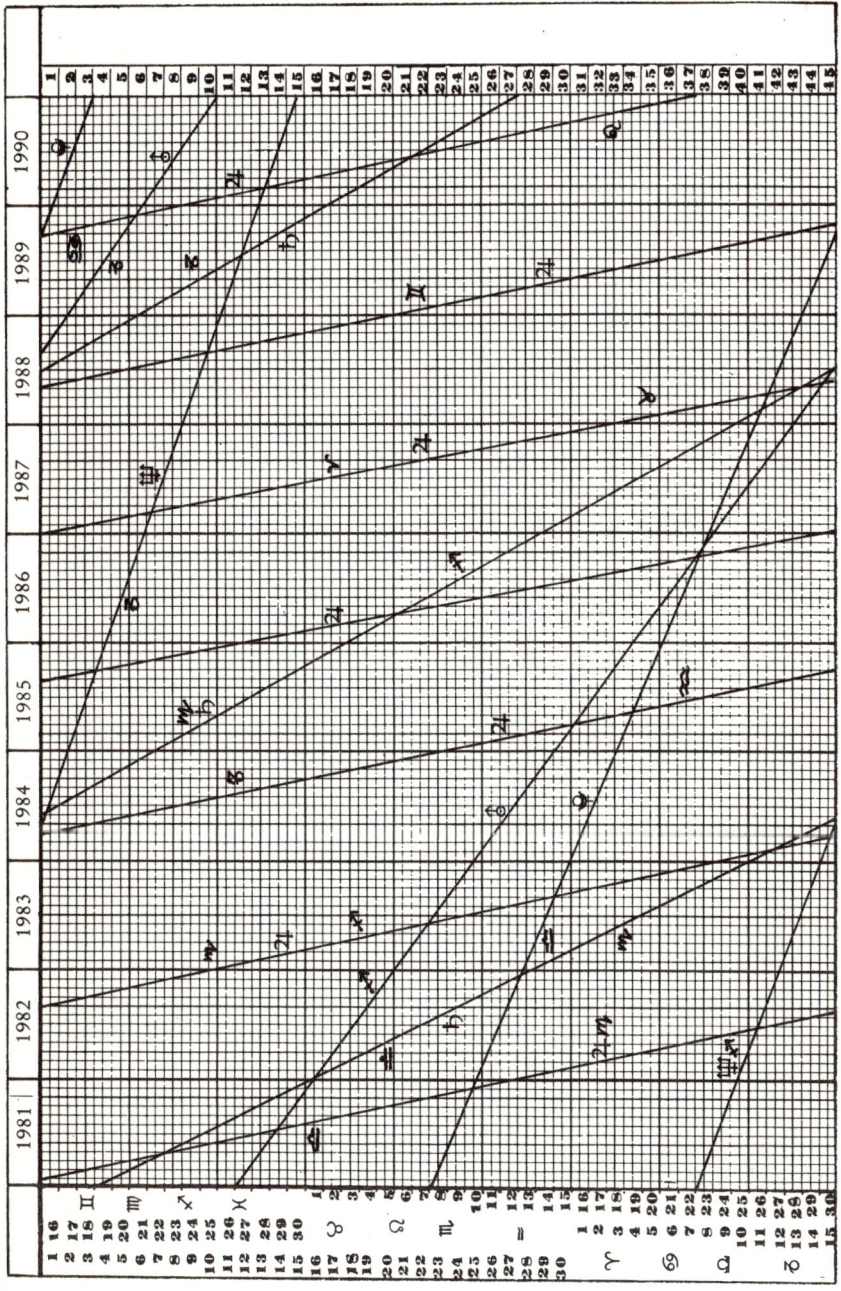

217

to und Uranus, aber auch Saturn mit Pluto und Uranus, so daß sich hier eine Häufung kritischer Aspekte ergibt. Im Hochsommer 1988 kreuzt Jupiter und Mitte 1989 Saturn die Neptunbahn.

Bei genauer Betrachtung wird man zugeben, daß das heliozentrische Bild klarer und übersichtlicher ist, wenn man längere Zeiträume erfassen will. Allerdings sollte man nicht versäumen, auch die Deklinationen in die Betrachtungen mit einzubeziehen. Es ist bisher meistens übersehen worden, daß es sich bei den Deklinationen um langfristige Konstellationen handelt. Untersucht man die Deklinationen in Verbindung mit dem Weltgeschehen, kann man feststellen, daß sich Kriege und Wirtschaftskrisen immer dann ergaben, wenn sich die Deklinationsparallelen häuften. Ebenso, wie sich gerade in den nächsten Jahren große kritische Konstellationen ergeben, ergibt sich auch in den Parallelen eine Konzentration in den nächsten Jahren. Neptun und Uranus bewegen sich um 22° und 23°. Der Saturn bewegt sich auf Neptun zu, und 1989 kommt auch noch Jupiter hinzu. Während in den bisherigen Häufungen von Parallelen bei Weltkriegen und Wirtschaftskrisen auch Pluto beteiligt war, ist das diesmal nicht der Fall.

Ich empfehle allen Lesern, sich mit den Graphischen Ephemeriden zu befassen. Sie sind ein vorzügliches Mittel, um die Gestirnbewegungen für ein Jahr oder für mehrere Jahre zu erfassen und sie zueinander in Beziehung zu setzen. Wenn man die Geburtspositionen einer Person in die Graphischen Ephemeriden überträgt, dann zeigen die Kreuzungspunkte zwischen den Planetenbahnen und den Radixpositionen in Form waagrechter Linien die wichtigsten Transite für ein Jahr oder für mehrere Jahre. Das kosmische Kräftespiel als solches sowie seine Beziehungen zu einem individuellen Geburtsbild lassen sich schnell überblicken.

Darüber hinaus lassen sich die Graphischen Ephemeriden in besonderer Weise sowohl für die Prognostik im Welt- und Wirtschaftsgeschehen als auch auf der individuellen Ebene einsetzen. Fast alle Voraussagen in der letzten Zeit, die sich auch bestätigt haben, wurden mit den Graphischen 45°-Ephemeriden vorgenommen. Mit ihrer Hilfe ist auch eine Vorschau für Familienmitglieder oder Mitarbeiter möglich. Legt man die graphischen Unterlagen nebeneinander, so kann man auch leicht feststellen, wann sich gemeinsame Erlebnisse ergeben können.

Schlußwort

Trotz der Vielzahl der Beispiele aus den verschiedenen Lebensgebieten sind die Anwendungsmöglichkeiten der Kosmobiologie und des 90°-Arbeitsgerätes keineswegs erschöpft. Ich hoffe aber, mit diesem Buch allen Freunden der Kosmobiologie Anregungen gegeben zu haben, auf denen weiter aufgebaut werden kann. Wenn noch verschiedene Fragen offenbleiben, so bin ich für alle Hinweise dankbar.

Bei der Abfassung des Manuskriptes habe ich wertvolle Anregungen von Hans Hausmann und von meinem Sohn, Baldur R. Ebertin, erhalten, wofür ich besonders danke. Mit der Übergabe dieses Buches an unseren Interessentenkreis sage ich auch all denen Dank, die dazu beigetragen haben, meine Forschungsarbeiten zu fördern, weiter auszubauen und durch neue Gedanken und Untersuchungen eine breite Grundlage für das gesamte Gebiet der Kosmobiologie zu schaffen. Trotz der unermüdlichen Tätigkeit eines kleinen Forschungsgremiums stehen wir erst am Anfang einer »neuen Kosmobiologie«, können uns aber dessen bewußt sein, daß der einmal beschrittene Weg zum »Werden einer neuen Wissenschaft« beitragen wird.

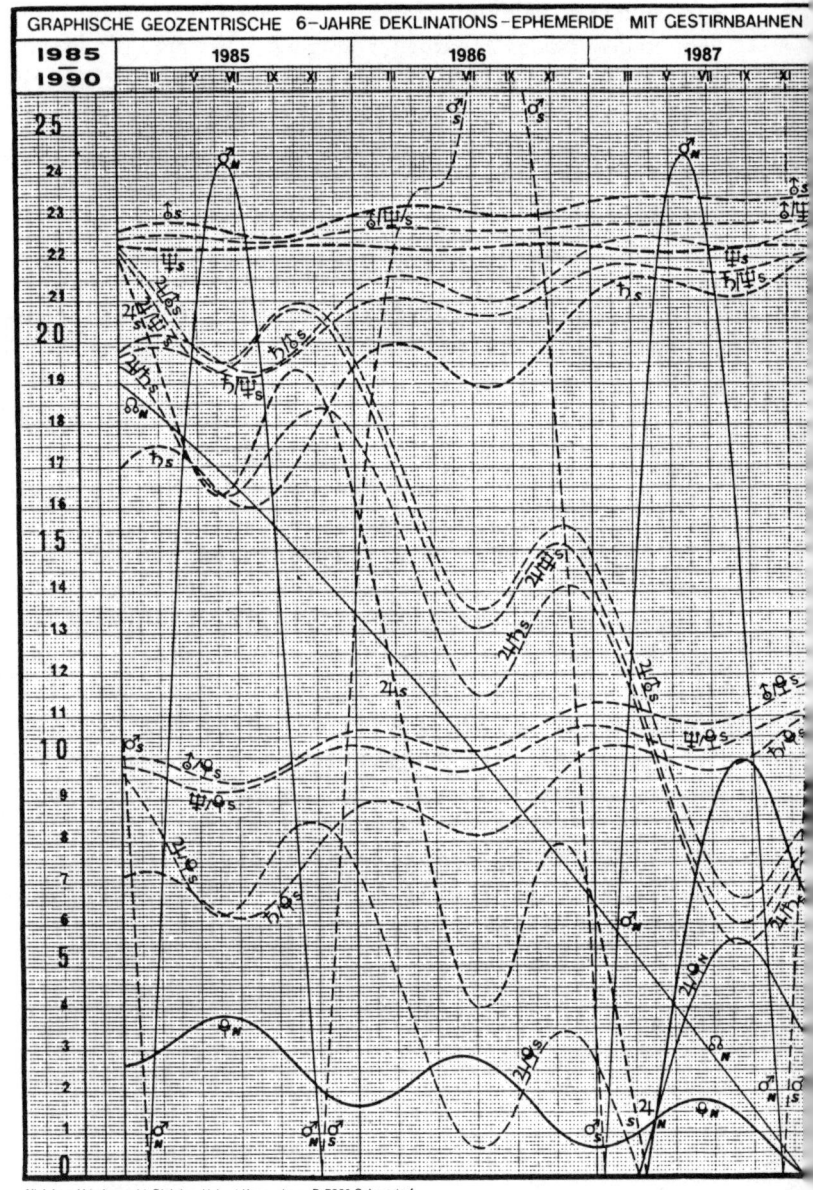

GRAPHISCHE GEOZENTRISCHE 6–JAHRE DEKLINATIONS–EPHEMERIDE MIT GESTIRNBAHNEN

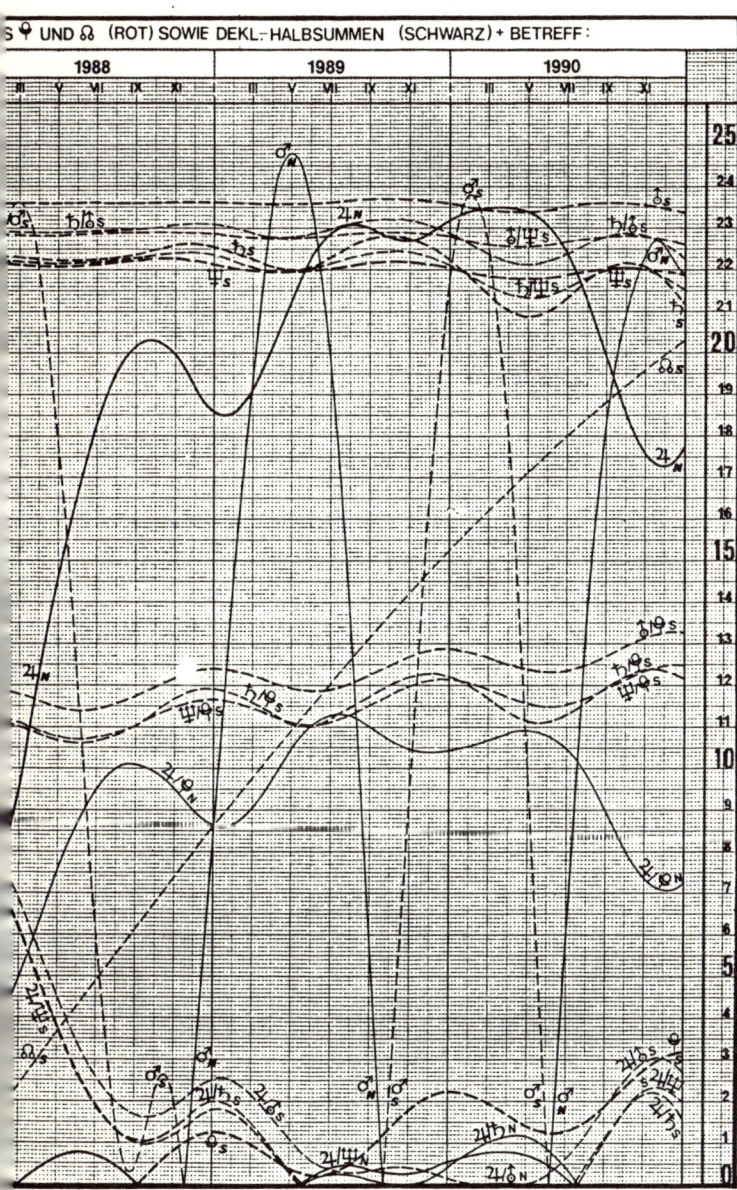

Anhang

Erläuterungen und Abkürzungen

A = AS = Aszendent bezeichnet den Aufgangspunkt als Schnittpunkt zwischen Osthorizont und Ekliptik. Innerhalb der Zeichnungen genügt als Bezeichnung der Buchstabe A. Als Abkürzung im Text ist AS vorzuziehen, um Verwechslungen zu vermeiden.

Aspekt (Blickwinkel, Betrachtungsweise) bezeichnet eine bestimmte Stellung von Sonne, Mond und Planeten zueinander und zur Erde.

Auslösungen: Wenn man im Kosmogramm bestimmte Konstellationen oder Strukturen gefunden hat, sucht man auch nach dem Zeitpunkt, an dem sich die »Anlagen« in der Geburtskonstellation bestätigen oder auslösen können.

Direktionen kann man als Bewegungen innerhalb des Kosmogramms bezeichnen, um aus dem Ablauf der Bewegung zwischen zwei Faktoren die Zeit und die Möglichkeit der Auslösung eines Erlebnisses zu ermitteln. Im Gegensatz zu den Transiten entsprechen die Direktionen keiner tatsächlichen Bewegung.

Entsprechungen kann man als bis jetzt unerklärbare Beziehungen zwischen Gestirnkonstellationen und Vorgängen auf der Erde auffassen. »Entsprechungen« wendet man dort an, wo man nicht von einem Einfluß der Gestirne sprechen will.

Faktor bezeichnet eine mitbestimmende Ursache oder ein mitbestimmendes Glied von mehreren Faktoren. In unserem Sinne bezeichnen die Faktoren alle »mitbestimmenden« Elemente, worunter zum Beispiel Gestirne, Mondknoten, AS, MC zu verstehen sind.

Fixsterne sind die scheinbar feststehenden Sterne, deren Eigenbewegung so minimal ist, daß sie mit dem Auge nicht feststellbar ist, aber doch berechnet werden kann.

Gestirne ist der Sammelbegriff für Sonne, Mond und Planeten. Wenn in der Astrologie Sonne und Mond auch unter Planeten gezählt werden, so ist das astronomisch gesehen falsch, denn die Sonne ist kein Planet, sondern ein Fixstern; der Mond ist kein Planet, sondern ein Trabant der Erde.

Grad-Direktionen beruhen auf der Hypothese, daß die Bewegung oder Verschiebung der einzelnen Faktoren im Kosmogramm um ein Grad einem Lebensjahr entspricht.

Halbsummen sind Winkelbeziehungen, bei denen ein Faktor, der die »Achse« bildet, nach beiden Seiten von zwei anderen Faktoren – auf dem Gradkreis gemessen – gleichweit entfernt ist. Rechnerisch steht der mittlere Faktor in der halben Summe der innerhalb des Gradkreises addierten Positionen der anderen beiden.

Kontakt-Kosmogramme sind konzentrisch verbundene 90°-Kreise, die die Eintragung von mehreren Kosmogrammen ermöglichen, um den gegenseitigen guten oder schlechten Kontakt festzustellen und auch die Zeiten zu ermitteln, wann eine Begünstigung oder Gefährdung der Partnerschaften (zum Beispiel Ehe, Arbeitsgemeinschaften) vorliegen könnte.

Kosmobiologie siehe Erläuterung in der »Einführung«.

lfd = *laufend:* Diese Abkürzung ist die Bezeichnung für das sich bewegende Gestirn (nach der Feststellung in einer Tagesephemeride) gegenüber den für den Geburtsaugenblick fixierten Positionen. Man spricht auch von *Transiten* als den Übergängen der laufenden Gestirne über die Geburtspositionen und deren Winkelpunkte.

M = *MC* = *Medium coeli* bezeichnet den Kulminationspunkt oder auch den Meridian, der im Augenblick der Geburt oder eines Ereignisses senkrecht über dem (Geburts-)Ort steht. Innerhalb des Kosmogramms ist die Bezeichnung M vorzuziehen, im Text dagegen MC (ähnlich wie bei A = AS), um Verwechslungen zu vermeiden.

Naibod-Bogen ist der durchschnittliche Tagesbogen der Sonne,

224

deren tägliche Bewegung zwischen ca. 57′ und 1°01′ schwankt.

Natur der Gestirne: Ohne sich auf die Götternamen für die einzelnen Gestirne zu beziehen, hat die Erfahrung gezeigt, daß jedem Gestirn andere Eigenschaften zukommen oder sie sich in einer anderen Art »offenbaren«. Sogar der Volksmund nennt zum Beispiel den Mars feurig, den Saturn kalt, die Venus lieblich. Unter »Natur der Gestirne« versteht man die erfahrungsgemäß festgelegten Eigenschaften.

Orbis = Umkreis: Die Winkelbeziehungen der Gestirne untereinander gelten minutengenau; man billigt ihnen jedoch einen Orbis oder Umkreis nach beiden Seiten zu: bei Aspekten 3°, 4° und 5°, bei Halbsummen 1 ½°. Der in der traditionellen Astrologie gültige Orbis bis zu 15° ist nicht haltbar.

pr = progressiv: Berechnet man die Bewegung der Gestirne (als Direktion) nach dem Schlüssel ein Tag nach der Geburt = ein Lebensjahr, so bezeichnet man diese Direktionsart als Progression und verwendet die Abkürzung pr.

r = Radix = Wurzel: Damit bezeichnet man das Geburtskosmogramm gegenüber anderen Aufzeichnungen von Gestirnkonstellationen (lfd, pr, s).

s: Anstelle der bisher verwandten Abkürzung »v« für »vorgeschoben« verwenden wir besser ein »s« für die mit dem Sonnenbogen vorgeschobenen Faktoren.

Sonnenbogen bezeichnet den Abschnitt des Tierkreises, den die Sonne in einer bestimmten Zeit durchmißt. Der tägliche Sonnenlauf entspricht jeweils einem Lebensjahr. Um diesen Sonnenbogen verschiebt man aber auch die anderen Faktoren des Geburtsbildes.

Strukturbild könnte man als eine Art Ganzheitsbild bezeichnen, das sich aus den verschiedenen Strukturelementen zusammensetzt, die sich aus dem »kosmischen Zustand« der einzelnen Faktoren ergeben (Merkmalsprotokoll).

Symbole sind als Zeichen für Gestirne zu verstehen; zum Beispiel der Kreis mit einem Punkt in der Mitte bezeichnet die Sonne, der Halbkreis den Mond und so weiter. Die Symbole sind heute nicht mehr als »Sinnbilder« zu bezeichnen, denn die Planetenzeichen sind von griechischen Buchstaben abgeleitet worden.

Übeltäter nannte man früher die Gestirne, denen man eine nachteilige Wirkung zuschrieb (Mars, Saturn), im Gegensatz zu den *Wohltätern,* von denen man – nach dem alten Sternglauben – annahm, daß sie dem Menschen »günstig gesinnt« seien. Für uns sind diese fatalistischen Begriffe überholt. Nur ist es schwer, treffende Ersatzbezeichnungen zu finden. Man spricht besser von positiv und negativ, obwohl wir feststellen müssen, daß in der »Natur« positive und negative Seiten in einem verschiedenen Mischungsverhältnis enthalten sind.

v = vorgeschoben, siehe unter »s«.

Winkel siehe unter *Aspekte.*

Entsprechungen der Rechensysteme

Widder					Stier			
	45°	90°	360°			45°	90°	360°
					0°	30°	30°	30°
1°	1°	1°	1°		1	31	31	31
2	2	2	2		2	32	32	32
3	3	3	3		3	33	33	33
4	4	4	4		4	34	34	34
5	5	5	5		5	35	35	35
6	6	6	6		6	36	36	36
7	7	7	7		7	37	37	37
8	8	8	8		8	38	38	38
9	9	9	9		9	39	39	39
10	10	10	10		10	40	40	40
11	11	11	11		11	41	41	41
12	12	12	12		12	42	42	42
13	13	13	13		13	43	43	43
14	14	14	14		14	44	44	44
15	15	15	15		15	0	45	45
16	16	16	16		16	1	46	46
17	17	17	17		17	2	47	47
18	18	18	18		18	3	48	48
19	19	19	19		19	4	49	49
20	20	20	20		20	5	50	50
21	21	21	21		21	6	51	51
22	22	22	22		22	7	52	52
23	23	23	23		23	8	53	53
24	24	24	24		24	9	54	54
25	25	25	25		25	10	55	55
26	26	26	26		26	11	56	56
27	27	27	27		27	12	57	57
28	28	28	28		28	13	58	58
29	29	29	29		29	14	59	59

Zwillinge

0°	45°	90°	360°
0°	15°	60°	60
1	16	61	61
2	17	62	62
3	18	63	63
4	19	64	64
5	20	65	65
6	21	66	66
7	22	67	67
8	23	68	68
9	24	69	69
10	25	70	70
11	26	71	71
12	27	72	72
13	28	73	73
14	29	74	74
15	30	75	75
16	31	76	76
17	32	77	77
18	33	78	78
19	34	79	79
20	35	80	80
21	36	81	81
22	37	82	82
23	38	83	83
24	39	84	84
25	40	85	85
26	41	86	86
27	42	87	87
28	43	88	88
29	44	89	89

Krebs

0°	45°	90°	360°
0°	0°	0°	90°
1	1	1	91
2	2	2	92
3	3	3	93
4	4	4	94
5	5	5	95
6	6	6	96
7	7	7	97
8	8	8	98
9	9	9	99
10	10	10	10
11	11	11	101
12	12	12	102
13	13	13	103
14	14	14	104
15	15	15	105
16	16	16	106
17	17	17	107
18	18	18	108
19	19	19	109
20	20	20	110
21	21	21	111
22	22	22	112
23	23	23	113
24	24	24	114
25	25	25	115
26	26	26	116
27	27	27	117
28	28	28	118
29	29	29	119

Löwe				Jungfrau			
	45°	90°	360°		45°	90°	360°
0°	30°	30°	120°	0°	15°	60°	150°
1	31	31	121	1	16	61	151
2	32	32	122	2	17	62	152
3	33	33	123	3	18	63	153
4	34	34	124	4	19	64	154
5	35	35	125	5	20	65	155
6	36	36	126	6	21	66	156
7	37	37	127	7	22	67	157
8	38	38	128	8	23	68	158
9	39	39	129	9	24	69	159
10	40	40	130	10	25	70	160
11	41	41	131	11	26	71	161
12	42	42	132	12	27	72	162
13	43	43	133	13	28	73	163
14	44	44	134	14	29	74	164
15	0	45	135	15	30	75	165
16	1	46	136	16	31	76	166
17	2	47	137	17	32	77	167
18	3	48	138	18	33	78	168
19	4	49	139	19	34	79	169
20	5	50	140	20	35	80	170
21	6	51	141	21	36	81	171
22	7	52	142	22	37	82	172
23	8	53	143	23	38	83	173
24	9	54	144	24	39	84	174
25	10	55	145	25	40	85	175
26	11	56	146	26	41	86	176
27	12	57	147	27	42	87	177
28	13	58	148	28	43	88	178
29	14	59	149	29	44	89	179

Waage					Skorpion		
	45°	90°	360°		45°	90°	360°
0°	0°	0°	180°	0°	30°	30°	210°
1	1	1	181	1	31	31	211
2	2	2	182	2	32	32	212
3	3	3	183	3	33	33	213
4	4	4	184	4	34	34	214
5	5	5	185	5	35	35	215
6	6	6	186	6	36	36	216
7	7	7	187	7	37	37	217
8	8	8	188	8	38	38	218
9	9	9	189	9	39	39	219
10	10	10	190	10	40	40	220
11	11	11	191	11	41	41	221
12	12	12	192	12	42	42	222
13	13	13	193	13	43	43	223
14	14	14	194	14	44	44	224
15	15	15	195	15	0	45	225
16	16	16	196	16	1	46	226
17	17	17	197	17	2	47	227
18	18	18	198	18	3	48	228
19	19	19	199	19	4	49	229
20	20	20	200	20	5	50	230
21	21	21	201	21	6	51	231
22	22	22	202	22	7	52	232
23	23	23	203	23	8	53	233
24	24	24	204	24	9	54	234
25	25	25	205	25	10	55	235
26	26	26	206	26	11	56	236
27	27	27	207	27	12	57	237
28	28	28	208	28	13	58	238
29	29	29	209	29	14	59	239

Schütze

	45°	90°	360°
0°	15°	60°	240°
1	16	61	241
2	17	62	242
3	18	63	243
4	19	64	244
5	20	65	245
6	21	66	246
7	22	67	247
8	23	68	248
9	24	69	249
10	25	70	250
11	26	71	251
12	27	72	252
13	28	73	253
14	29	74	254
15	30	75	255
16	31	76	256
17	32	77	257
18	33	78	258
19	34	79	259
20	35	80	260
21	36	81	261
22	37	82	262
23	38	83	263
24	39	84	264
25	40	85	265
26	41	86	266
27	42	87	267
28	43	88	268
29	44	89	269

Steinbock

	45°	90°	360°
0°	0°	0°	270°
1	1	1	271
2	2	2	272
3	3	3	273
4	4	4	274
5	5	5	275
6	6	6	276
7	7	7	277
8	8	8	278
9	9	9	279
10	10	10	280
11	11	11	281
12	12	12	282
13	13	13	283
14	14	14	284
15	15	15	285
16	16	16	286
17	17	17	287
18	18	18	288
19	19	19	289
20	20	20	290
21	21	21	291
22	22	22	292
23	23	23	293
24	24	24	294
25	25	25	295
26	26	26	296
27	27	27	297
28	28	28	298
29	29	29	299

Wassermann					Fische			
	45°	90°	360°			45°	90°	360°
0°	30°	30°	300°		0°	15°	60°	330°
1	31	31	301		1	16	61	331
2	32	32	302		2	17	62	332
3	33	33	303		3	18	63	333
4	34	34	304		4	19	64	334
5	35	35	305		5	20	65	335
6	36	36	306		6	21	66	336
7	37	37	307		7	22	67	337
8	38	38	308		8	23	68	338
9	39	39	309		9	24	69	339
10	40	40	310		10	25	70	340
11	41	41	311		11	26	71	341
12	42	42	312		12	27	72	342
13	43	43	313		13	28	73	343
14	44	44	314		14	29	74	344
15	0	45	315		15	30	75	345
16	1	46	315		16	31	76	346
17	2	47	317		17	32	77	347
18	3	48	318		18	33	78	348
19	4	49	319		19	34	79	349
20	5	50	320		20	35	80	350
21	6	51	321		21	36	81	351
22	7	52	322		22	37	82	352
23	8	53	323		23	38	83	353
24	9	54	324		24	39	84	354
25	10	55	325		25	40	85	355
26	11	56	326		26	41	86	356
27	12	57	327		27	42	87	357
28	13	58	328		28	43	88	358
29	14	59	329		29	44	89	359

Internationale Nomenklatur

☉	= Sonne	= SO		A	= Aszendent	= AS
☽	= Mond	= MO		M	= Medium Coeli	= MC
☿	= Merkur	= ME		♈	= Widder	= ar
♀	= Venus	= VE		♉	= Stier	= ta
♂	= Mars	= MA		♊	= Zwillinge	= gm
♃	= Jupiter	= JU		♋	= Krebs	= cn
♄	= Saturn	= SA		♌	= Löwe	= le
♅	= Uranus	= UR		♍	= Jungfrau	= vi
♆	= Neptun	= NE		♎	= Waage	= li
♇	= Pluto	= PL		♏	= Skorpion	= sc
☊	= Drachenkopf (Aufst. Mondknoten)	= DR		♐	= Schütze	= sg
hel	= heliozentrisch			♑	= Steinbock	= cp
⊕	= Erde (hel)	= ER		♒	= Wassermann	= aq
				♓	= Fische	= ps

Aspekte (Winkelbeziehungen der Gestirne)

0°	= Konjunktion	=	♂
45°	= Halbquadrat	=	∠
90°	= Quadrat	=	□
135°	= Anderthalb-quadrat	=	⬚
180°	= Opposition	=	☍

p = progressiv

s = mit dem Sonnenbogen vorgeschoben

t = Transit, laufend

r = Radixposition

R = scheinbar rückläufig

st = stationär

// = Parallelschein

Literaturverzeichnis

1 Robert Henseling: *Umstrittenes Weltbild.* Leipzig 1939.
2 Franz Boll: *Sternglaube und Sterndeutung.* Leipzig 1926.
3 Friedrich Feerhow: *Die medizinische Astrologie.* Leipzig 1914.
4 H. A. Strauss: *Jahrbuch für kosmobiologische Forschung.* Augsburg 1928/1929.
5 *Kongreß astrologischer Pioniere* 1932 in Erfurt. Hrsg. Reinhold Ebertin, Erfurt 1932.
6 *Kosmobiologisches Jahrbuch 1939.* Hrsg. Reinhold Ebertin, Erfurt 1938.
7 *Neue Sternblätter.* Hrsg. Reinhold Ebertin, Erfurt 1933.
8 *Kosmobiologisches Jahrbuch 1957.* Erfurt 1956.
9 Rudolf Tomaschek: *Kosmische Kraftfelder und astrale Wirkung.* Aalen 1959.
10 Wilhelm Hartmann: *Die Lösung des uralten Rätsels um Mensch und Stern.* Nürnberg 1950.
11 A. M. Grimm: *Sternenwirken und Willensfreiheit.* St. Heinrich 1957.
12 Reinhold Ebertin: *Das Jahresdiagramm.* Aalen 1971.
13 Wilhelm Gundel: *Neue astrologische Texte des Hermes Trismegistos.* München 1936.
14 A. M. Grimm: *Die geographischen Positionen Europas.* 8. Aufl. Freiburg 1985.
15 Reinhold Ebertin: *Deklinations-Parallelen im Geburtsbild.* 2. Aufl. Freiburg 1979.
16 *Arbeitsgerät für die kosmobiologische Forschung.* Freiburg 1980.
17 Reinhold Ebertin: *Kosmopsychologie.* 6. Aufl. Freiburg 1984.

18 Reinhold Ebertin: *Kombination der Gestirneinflüsse.* 12. Aufl. Freiburg 1983.

19 Lange/Eichbaum: *Genie, Irrsinn und Ruhm.* 6. Aufl. München 1967.

20 Baldur R. Ebertin: *Kosmobiologische Diagnostik.* Loseblattsammlung, Aalen und Freiburg 1978 bis 1984.

21 Reinhold Ebertin: *Ereignistabellen.* 2. Aufl. Freiburg 1979.

22 Hermann Grimm: *Goethe.* Detmold 1948.

23 W. Goetz: *Goethe – sein Leben.* Berlin 1938.

24 Reinhold Ebertin: *Die kosmische Ehe.* 5. Aufl. Freiburg 1984.

25 Reinhold und Baldur R. Ebertin: *Die kosmischen Grundlagen unseres Lebens.* Aalen 1955 und1956.

26 Herbert Freiherr von Klöckler: *Astrologie als Erfahrungswissenschaft.* Leipzig 1927.

27 Gehrke/Lüdecke/Ebertin: *Passen wir zueinander?* Stuttgart 1957.

28 Reinhold Ebertin: *Das Kontaktkosmogramm.* Aalen 1973.

29 *Kosmischer Beobachter.* Aalen 1932.

30 Reinhold Ebertin: *Sterne helfen heilen.* Freiburg 1981.

31 Reinhold Ebertin: *Das Jahresdiagramm.* Aalen 1971.

32 Michel Gauquelin: *Kosmische Einflüsse auf menschliches Verhalten.* Freiburg 1983.

33 Brandler-Pracht: *Astrologische Kollektion zum Selbststudium.* Berlin 1929.

34 Reinhold Ebertin: *Lebensdiagramme.* 3. Aufl. Freiburg 1979.

35 Reinhold Ebertin: *Direktionen – Mitgestalter des Schicksals.* 11. Aufl. Aalen 1973.

36 Bernard Willms: *Philosophie, die uns angeht.* Gütersloh 1975.

37 Reinhold Ebertin: *Das Doppelgesicht des Kosmos.* Aalen 1962.

38 Neil Michelsen: *The American Heliocentric Ephemeris 1901–2000.* San Diego 1982.

39 Die graphischen 45°-Ephemeriden und die graphischen Deklinationen erscheinen jeweils einige Jahre im voraus im Ebertin Verlag, Freiburg.

Ebertin Verlag · Freiburg im Breisgau

Universal-Arbeitsgerät
für kosmobiologische Forschungen

Mit diesem neu entwickelten Arbeitsgerät ist es möglich, sämtliche praktischen Arbeiten für astrologische und kosmobiologische Forschungen auszuführen. Es besteht aus einer Grundplatte zur zeichnerischen Arbeit bis zum Format DIN A 3 mit Schaubildern über die Kombination von 360°/90°-Kreis und den Graphischen Ephemeriden, einer Verschraubung mit durchsichtiger kombinierter 360°/90°-Grad-Rechenscheibe und einem 50 cm langen flexiblen Kurvenlineal zur Erstellung der Lebensdiagramme auf der Basis der Progressionen und Deklinationsparallelen. Auf die Grundplatte aufgedruckt sind die Tierkreise, aufgeteilt in Sektoren für die kardinalen, fixen und beweglichen Zeichen. Zur Grundplatte gehören eine Schnellspannschiene, Blatthalteklemme, ein Zeichenkopf mit genauer Gradeinteilung und Schienen für spezielle Zeichenköpfe.

Meridian

Zeitschrift für Kosmobiologie, Astrologie
und angewandte Psychologie,

ist die Fortsetzung und Erweiterung der Zeitschriften *Kosmobiologie* und *Kosmischer Beobachter,* die 1978 im 45. und 28. Jahrgang erschienen. *Meridian* bringt laufend Beiträge von führenden Fachleuten aller Schulen und Richtungen der Astrologie und Kosmobiologie. *Meridian* berichtet über Charakter- und Ausdruckskunde, Schicksalsforschung, außergewöhnliche Horoskope, Deutungstechniken, Astrologie, Heilkunde sowie individuelle und politische Prognostik (Mundan-Astrologie). *Meridian* ist ein Forum für gegenseitige Information und Diskussion, gedacht für den interessierten Laien und den beruflich tätigen Berater.
Ein Probeheft (Schutzgebühr) erhalten Sie bei Ihrem Buchhändler oder direkt vom

Ebertin Verlag · Freiburg im Breisgau

Bauer AstroComputerService

die perfekte Dienstleistung für Fachastrologen und für alle, die sich für die seriöse Astrologie interessieren.
Wir bieten Ihnen an:
- Sekundengenaue Computerberechnungen nach Programmen, die von Fachwissenschaftlern entwickelt und jahrelang erfolgreich in der Praxis getestet wurden;
- Farbgraphiken höchster Qualität, vom Computer in sieben Farben sorgfältig gezeichnet und mit allen astrologischen Symbolen versehen;
- umfassende Horoskope für nahezu alle gebräuchlichen Methoden der klassischen und modernen Astrologie.

In unserem Lieferprogramm finden Sie:
- Geburtshoroskope: Das Lebensthema (Radix, Kosmogramm, Astrogramm)
- Partnerschaftshoroskope: Das Beziehungsthema
- Solarhoroskope: Das Thema des laufenden Lebensjahres
- Lunarhoroskope: Das Monatsthema
- Transitkalender: Die kosmische Intensität in der Zeit
- Transitrhythmogramm: Die kosmische Intensität in der Zeit
- Progressionshoroskope: Die zeitliche Entfaltung der Radixkonstellationen
- Lebensdiagramme nach Reinhold Ebertin: Die langfristige Entfaltung des Radix
- Primärdirektionen: Die Grundlage der klassischen Prognosekunst.

Sie senden die Geburtsdaten. Unser Computer rechnet sekundengenau und fertigt Farbgraphiken höchster Qualität. Sie übernehmen die kreative Interpretation.

Ausführliches Informationsmaterial erhalten Sie kostenlos vom

Bauer AstroComputerService
Postfach 167, 7800 Freiburg im Breisgau